KB122825

건강과 행복을

님께 드립니다.

사랑배달부 박금출 드림

제1권

습관을 고치는 것은 쉬운 일이다

21 삶의 프로 구구단 & 인생 각도 7도

박금출 지음

BOOK STAR

서문
21세기 삶의 학교 우등생, '건강-행복-성공' 프로

21세기는 '건강-행복-성공'을 동시에 추구해야 하는 시대이다. 누구나 건강하고 행복하고 성공적인 삶을 바란다. 그리고 꿈과 목표를 이루고 발전과 풍요의 계단에 오르는 특별한 삶을 추구한다. 그렇지만 모든 사람이 자신이 바라는 것을 이루는 것은 아니다. 그런데 성공하는 사람들에게는 공통점이 있고, 다른 사람들보다 몇 가지 더 나은 성공의 패턴과 방식을 가지고 있다. 누구나 그 몇 가지 특정한 성공의 패턴과 방식을 알게 된다면, 그리 어렵지 않게 꿈과 목표를 달성할 수 있을 것이다.

21세기는 적응할 수 없을 만큼 빠른 속도로 변화하고 있고, '건강-행복-성공' 등에서 각종 위기와 기회의 크고 작은 산들이 밀려오고 있다. 4차, 5차 산업혁명이 진행될수록 그 변화의 방향과 속도가 점점 더 빠르고 크게 다가올 것이다. 특히 21세기 들어 백 년 동안은 '위기와 기회의 글로벌 경쟁 시대(2000~2050)'와 '생존과 번영의 프로 시대(2050~2100)'라는 인류에게 그동안 한 번도 발생하거나 경험한 적이 없는 특이한 패턴과 방식으로 다가서고 있다. 그러한 변화를 주도하는 그 특이한 패턴과 방식의 중심에는 인공지능과 자동화, 가상현실과 융복합, 환경오염과 기후 변화, 전문화와 세분화, 글로벌화와 극개인화 등이 자리 잡고 있다.

21세기 10년은, 여러 방향에서 20세기 이전의 100년만큼의 속도로 빠르게 변화하고 있다. 그 특이한 패턴과 방식 때문에 많은 사람이 그 변화의 속도와 방향에 적응하기가 어렵고, 미리 예측하여 대비하기 힘든 시대로 접어들고 있다. 그래서 개인이나 사회는 물론 기업이나 국가도 그 변화를 따라잡기 어려워지고 있다. 20세기와 21세기는 모든 면에서 차원이 다른 시대로 전개되고 있다. 그 변화의 차이와 간격은 점점 더 빠르고 심화될 것이다. 그러므로 가정에서 부모나 학교에서 스승이 자녀나 학생의 미래에 대해 목표나 방향성 등을 제시하기가 점점 더 어려워지고 있다. 그래서 누구에게나 자신과 가정을 지키고 경쟁력을 갖추기 위해 21세기 '건강-행복-성공' 프로 달성의 지름길을 안내하는 '21 뉴-하이 플랫폼 학습법'이 요구되는 시대이다.

습관이 운명을 결정한다. 뿌린 대로 거두고 공짜는 없다. 그리고 삶과 운명은 '건강-행복-성공'의 점수라 할 수 있다. 그렇다면 습관의 원리와 특성 그리고 활용법을 알고 있어야 자신의 삶과 운명의 점수를 변화시키고 조절할 수 있을 것이다. 세계 5대 성인인 공자는 '사람은 태어날 땐 같으나 습관에 의해 운명이 달라진다.'라고 했다. 대다수는 영웅과 전설, 베스트나 온리, 꿈과 목표를 이룬 사람들이 자신과는 몇 배 이상의 많은 차이가 나는 다른 종류의 사람들이라고 생각하고 있다. 그런데 삶과 운명의 결정 요소인 습관과 잠재 뇌의 원리와 특성에 대해 50년 세월의 연구를 해오다 보니, 실제로 그 간격은 불과 3-5% 정도의 아주 작은 차이에 의해 결정된다는 것을 발견하게 되었다. 최대로 차이가 난다 하더라도 10% 이내이다. 그러니 누구나 언제든 현재보다 3~10%를 높일 수 있다면 프로나 명품의 경지에 오르게 될 것이다. 21세기는 성공의 패턴과 방식을 누구나 쉽게 얻을 수 있는 정보의 홍수 시대이다. 20세기까지는 아는 것이 힘인 시대였다면, 21세기 정보의 홍수 시대에서는 지혜로운 선택과 지속적인 실천력이 승부의 관건이다.

이 책은 치과대학 1학년 입학 후, 이른 봄 어느 날 꿈속에서 2100년의 후손들의 가정이 각종 질병으로 고통받는 것을 보고서, 그들을 돕고 싶다는 간절한 마음에서 '건강과 습관'에 대한 연구를 목표로 시작되었다. 또한, 21세기 들어 비약적으로 늘어가고 있는 장수 시대를 살아가야 하는, 이 시대의 모든 사람의 건강하고 행복한 삶을 이루기 위한 몇 가지 해결책을 추가로 준비하였다. 2050년경에는 '위기와 기회의 글로벌 경쟁 시대'가 심화되고, 범용 인공지능 로봇의 상용화에 의한 5차 산업혁명이 시작될 것이다. 그때는 본격적으로 세계 3차 경제대전이 심화되고, 고용의 위기가 심각해질 것이다. 그와 더불어 물밑으로 건강과 행복의 위기도 쓰나미처럼 다가오게 될 것이다. 이 시기가 되면, 사회나 국가도 각 개인이나 가정을 보호하기 위한 임계점을 넘어서게 되고, 결국 자신과 가정의 건강과 행복은 스스로 지켜야 할 것이다.

100년 후의 22세기 후손들의 건강과 행복을 위해 그리고 급변하는 21세기에 목표와 방향성을 잃고 방황하는 청소년들과 점차 높아져 갈 '건강-행복-성공'의 위기 쓰나미를 넘어서야 하는 모든 이를 위해 오랜 세월 기획되고 준비해 왔다. 이 책들은, 앞으로 총 3권의 시리즈로 출간될 예정이다. 제1권 《습관 고치는 것은 쉬운 일이다》 21 선언-'원'은 가장 오랜 세월 집중 연구한 '습관과 건강'을 주제로 '건강-행복-성공' 프로 달성의 공식으로 정리한 〈21 삶의 프로 구구단과 인생 각도 7도〉이다. 제2권은 명품 프로 공식과 자기계발의 각종 실천표 작성과 관리법 그리고 '입안에 행복 3대 건강법' 등으로 편성된 〈21 '건강-행복-성공' 프로 달성의 '원-투-쓰리'〉

이다. 제3권은 영웅과 전설 그리고 베스트와 온리의 '21 전설 프로', 21 세기 3대 실용 긍정·생활 습관 명상법, 자연과 우주의 법칙, '수필-시·그림-명언' 등으로 편성된 〈21 함께하는 우리 & 아름다운 동행들〉에 관한 내용으로 진행될 예정이다.

총 50년(1976~2026)의 연구로 완성되는 3권의 책들은 주로 대한민국의 미래를 이끌고 나갈 청소년들과 대학생들의 '21 삶의 프로, 멘토 스쿨'의 교재로 만들어졌다. 21세기 중반경에 다가올 '건강-행복-성공'의 각종 위기의 쓰나미로부터 우선 자신과 가정의 건강과 행복을 지키고 최상위 경쟁력을 갖춘 삶의 프로들, 더 나아가 이웃과 세상으로 그 쉽고도 강력한 해결책을 전파하는 새로운 21 멘토이자 사랑 배달부가 필요한 시대이다. 그래서 '건강-행복-성공' 프로를 동시에 달성하고 명품에 도전하는, 삶의 프로의 길을 안내하는 특별한 21 멘토들을 양성할 목표과 방향성으로 연구되었다.

이 책은 순서대로 읽기보다는 살아가다 반복적으로 다가오는 실패, 역경, 질병 등 각종 문제의 산을 넘어서고 싶거나, 지금보다 한 단계 더 발전과 풍요의 계단에 오르는 자기계발을 시도하고 싶다면, 언제든 각자가 필요한 부분을 선택해서 참고로 하거나 학습할 수 있도록 각 단원별로 정리하였다. 또한, 청소년들의 이해를 돕기 위해 일부 내용이 중복되었거나 숫자와 번호와 밑줄 등으로 정리하였으므로 세상의 모든 어버이들의 자녀 사랑의 마음으로 널리 이해해 주길 바란다. 21세기는 새로운 학습법이 필요한 시대이다. 21세기 중반이 지날수록 심해질 건강과 행복 등 각종 위기의 안전선을 통과하기 위해 초등학교부터 대학원까지의 '21 삶(건강-행복-

성공)의 프로 구구단'이라는 과목이 개설되었으면 하는 것이 바람이다.

자녀를 둔 부모나 학생들을 가르쳐야 될 선생님들이 21세기 새로운 학습법을 먼저 학습하는 것이 자녀 교육에 도움이 될 것이다. 그리고 21세기 들어 급격하게 수명이 늘어나는 행운의 시대를 살아가고 있는 사람들의, 중년과 노년의 건강하고 행복한 삶을 이루는데 도움이 될 수 있기를 바란다. 누구나 21세기 삶의 학교 '건강-행복-성공' 프로가 되어 자신과 가정의 건강과 행복을 지킬 수 있기를 바란다. 더 나아가 '함께하는 우리 & 아름다운 동행들'이 되어 우리 모두가 건강과 행복의 안전선을 통과하고, 최상위 경쟁력을 갖춘 준비된 사람들이 되기를 바란다. 찰스 다윈은 "강한 자가 아닌, 변화에 적응하는 자가 살아남는다."라고 했다.

2023년 3월 사랑배달부 박금출

차례

차례

차례

제1부

◇

21세기 백년 전쟁 편

: 세계 3차 '경제-건강-행복' 대전

시간이 흐를수록 점점 더 예측 불가로 강력하게 진행될 21세기 백년 전쟁은 두 가지 방향으로 전개되고 있다. 첫 번째 방향은 '세계 3차 경제 대전'이다. 그 3차 경제 대전은 2000년도에 들어서자 컴퓨터와 인터넷 등의 발달과 기계화와 스마트폰, 인공지능의 개발 등으로 시작되었다. 그리고 '세계 3차 경제 대전'은 4차 산업혁명 시기인 2050년까지는 '위기와 기회의 글로벌 경쟁 시대'로 전개되고 있다. 빅데이터와 글로벌 경쟁 그리고 자동화와 인공지능 로봇의 개발, 가상현실 등이 진행되는 산업혁명이다. 점차 세계적인 글로벌 경쟁에 의하여 우선순위 '원-투-쓰리'에 들지 못하는 기업은 순식간에 밀려나게 될 것이다. 그 반면에 새로운 기회의 문이 크고 작게 다양한 방식으로 열리고 닫히기를 반복할 것이다. 그 결과로 시대적 요구와 필요에 따른 벤처기업과 글로벌 거대 기업들의 탄생과 소멸도 함께 진행될 것이다.

그런데 사람들이 눈치 채지 못하게 '세계 3차 경제 대전'의 물밑으로 진행되고 있는 두 번째 세계 대전이 있다. 그것은 '세계 건강과 행복 대전'이다. 실제로도 2020년부터 세계로 확산된 바이러스성 전염병인 코로나로 인한 사망자 수가 세계 1, 2차 대전의 희생자를 넘어섰다고 한다. 21세기 들어 환경오염과 인스턴트 증가, 스트레스의 증가에 의한 질병 발생률은 급속도로 증가하고 있다. 인류 질병의 80% 이상인 식생활 습관성 질환은 평균 10~30년의 잠복기를 거쳐 성인병이나 질병으로 발현된다. 개인적으로 노출된 정도에 따라 10~30년의 잠복기가 지나면 본격적으로 질병이 심해지기 시작할 것이다. 그리고 2050년경에 이르면 '건강과 행복 대전'도 '세계 3차 경제 대전'과 마찬가지로, 개인이나 가정에서 감당하기 어려운 수준으로 진행될 것이다. 5차 산업혁명과 함께 '생존과 번영의 프로 시대'로 진입하게 될 것이다.

그러한 예측의 이유는, 1950년부터 2000년도까지 50년 동안 대다수의 질병은 평균 2배 이상 증가하였다. 예상대로 2000년도부터 2050년 사이 또다시 질병이 최소 2배 이상으로 증가한다면, 그 증가된 질병의 포위망을 벗어나 행복한 건강 장수를 누리는 개인이나 가정의 퍼센트는 그리 많지 않을 것이다. 왜냐하면 지금 이 시기에도 평균 10명 중에 2명 이상은 암으로, 1명 이상은 치매로 세상을 떠나고 있다. 그리고 중년이나 노년으로 넘어설수록 각종 성인병이나 퇴행성 질병으로 많은 사람들이 고통받고 있고, 약을 먹는 양도 점점 더 증가하고 있다. 그런데 지금보다 질병이 두 배 이상 확대된다면 최소 50% 이상이 암이나 치매 또는 고통이나 약으로 고생하다 떠나게 될 것이다. 만일 2050년부터 2100년까지 또다시 질병이 2배로 증가한다면 건강과 행복의 위기를 넘어 절벽에 다다르게 될 것이다.

이에 대비하여 개인은 자신과 가정의 건강과 행복을 위해 준비하여야 하고, 일터에서는 성공의 기회와 경쟁력을 갖춘 삶의 프로가 되어야 한다. 그리고 사회와 국가는 암과 치매 등 심각한 질병과 과거의 역병에 가까운 수준으로의 전염성, 재난성 질병의 발생에 대비하여, 각종 요양보호 시설과 관련 인력을 확충해 나가야 한다. 개인과 가정을 넘어 사회나 국가도 특별한 준비가 필요해질 것이다. 그리고 질병 예방과 질병으로 고통받는 많은 사람을 위한 '힐링과 치유 센터' 설립의 필요성도 증가할 것이다. 시대적 요구에 의해 점차 '21세기 힐링과 치유 그리고 명상의 시대'가 열릴 것으로 예측된다.

점차 '21세기 삶의 프로', 즉 '건강-행복-성공'의 프로가 되어야 안전선에 들어갈 수 있는 시대로 진행될 것이다. 삶의 프로란, 어떠한 위기나 예측 불허의 상황이 다가오더라도 삶의 아마추어보다 한 단계 더 높은 대처 능력과 경쟁력을 갖춘 사람들이다. 그러니 누구나 글로벌 기회와 번영을 누리는 경쟁력을 갖추기 위해서는 삶의 프로 달성과 더불어 명품화를 시도하는 것이 가장 효과적인 대비책이 될 것이다. 21세기 백년전쟁의 시기에는 개인이나 가정의 건강과 행복을 스스로 지키고, 어느 사회나 국가가 '함께하는 우리 & 아름다운 동행들'에 한 걸음 더 가까이 다가서느냐에 따라 2100년에 이르렀을 때 백년전쟁의 최종적인 승자와 패자가 갈리게 될 것이다.

2050년부터 2100년 사이에는 인공지능 로봇과 인간이 공존하는 시대가 열릴 것으로 예측되고 있다. 즉 2050년에서 2100년 사이 50년 동안에는 인간이 지구의 주인이라는 개념에서 인공지능 로봇과 공존이라는 새로운 개념으로 지각 변동이 진행되는, 그동안 인류가 한 번도 경험해 본 적이 없는 특이한 변동의 시기가 될 것이다. 인공지능 로봇이 드론과 결합하여 하늘을 날기 시작하는 2100년 이후로는 대다수의 분야에서 로봇이 인간을 넘어서는 로봇 우위의 시대가 지금까지와는 전혀 다른 새로운 형태로 전개될 가능성도 존재한다. 2100년 이후의 지구의 진정한 주인은 과연 누구일까? 하늘은 누구의 손을 들어줄 것인가? 그런데 그 모든 결정은 우리가 선택하는 것일 수도 있다.

1장

당신은 21세기 삶의 아마추어인가, 프로인가?

1-1 1도 모르고, 2%가 부족한 '21 삶의 아마추어들'

'삶의 아마추어'와 '삶의 프로'는 어떻게 구분할 수 있을까? 우리는 그 답을 이미 많이 들어왔다. '1도 모른다'라는 이야기와 '2%가 부족한 사람'이라는 이야기를 들어본 적이 있을 것이다. '1도 모르는 사람'이라는 이야기는 21세기 자신의 삶과 운명에 대해, 즉 '건강-행복-성공'의 점수를 높이는 21세기 뉴-하이 플랫폼을 거의 모른다는 의미이다. 그리고 '2% 부족한 사람'이라는 이야기는 각종 일처리의 패턴과 방식에서 평균 2%가 부족한 '21 삶의 아마추어'라는 뜻이다.

우리는 평소에 '1도 모른다'라는 이야기를 가끔 하거나 듣는다. 일단 '1도 모른다'라는 뜻이 주로 부족하다는 부정적인 의미로 사용되고 있고, 일부의 경우에 겸손의 의미로 사용되기도 한다. 실제로 '1도 모른다'의 본래의 의미는, 세상에는 수천, 수만 가지 직업이 있으며 대다수 사람들은 그중에 하나나 두 가지 일을 하게 된다. 그런데 그 자신의 전문 분야인 한두 가지 일에서도 모든 것을 100% 알기는 어렵다. 만일 100%를 안다고 해도 수천, 수만 가지 직업이나 일 중에 하나인 극히 일부일 뿐이다. 그밖에도 수억 권의 책 중에 내가 읽은 책, 수십억의 사람 중에 내가 아는 사람들, 지구에서 내가 일생 동안 보고 가는 장소들, 어느 분야에서든 1%를 넘기는 어려울 것이다. 그러니 세상에 사람들이 하는 일 중에 자신이 아무리 잘 알고 있거나 잘한다고 해도 만물박사나 척척박사가 아니라면 실제로도 1%를 넘는 사람은 거의 없다고 해도 과언이 아닐 것이다. 소크라테스는 "나는 단지 한 가지만 안다. 그것은 아무것도 모른다는 것이다."라고 했다.

그런데 이처럼 '1도 모른다'에는 여러 가지 많은 의미가 있겠지만, 우선적으로 우리의 삶과 운명의 방향에서 바라보기로 하자. 21세기 삶과 운명은 그 사람의 '건강-행복-성공'의 점수이다. 우리 삶에 있어서 가장 중요한 '건강-행복-성공'의 점수를 안전선이나 우등생으로 올리는 방법을 잘 모르고 있다는 것에 대입하는 것이 가장 적합한 의미를 갖는다. 즉 대다수 사람이 '건강-행복-성공'의 우등생이자 프로에 대해 각각 1도 모른다는 뜻이다.

예를 들어, 누구나 행복하기를 꿈꾸고 있지만 개인의 행복이나 행복한 가정을 위해 무언가를 준비하고 갖추어야 하는지에 대해서는 잘 모르고 있다. 누구나 행복하기를 꿈꾸고 결혼을 하고 있지만, 어떻게 해야 행복 프로를 이루는지 행복 게임 점수를 획득하거나 감점 요인인지에 대한 룰과 규칙을 거의 모르는 채 결혼한다. 그러니 행복 프로를 이루는 게임 공식은 살아 봐야 안다고 또는 살아가면서 부족한 걸 고치면 된다고 생각하고 있는 행복 아마추어의 삶을 살아가고 있다. 플라톤은 "남을 행복하게 할 수 있는 자만이 행복을 얻는다."라고 했다. 모르던 남과 만나 가정을 이루므로 성공적인 대인관계나 긍정의 언어 습관이 필수인데도 미리 준비하고 실력을 갖추는 사람은 드물다. 《손자병법》은 "승자는 이기고 나서 싸우고, 패자는 해봐야 안다."라고 한다. 즉 행복 게임에 플랫폼을 미리 알고, 행복 우등생 습관 두세 가지를 미리 준비한 출발이 행복 가정을 이루는 지름길이 될 것이다.

살아보고 스스로 깨치려면 평균 10~30년이 걸린다. 그러니 거의 살아 보고 나서 중반부가 넘어서거나 마지막쯤에 다가서야 행복에 대해 조금 알아차리게 되는 것이다. 그런데 한 번뿐인 이번 생은 안타깝게도 재방송이 되지 않는다. 많은 사람이 나 자신의 행복에 대해서도 1도 모르는 행복 아마추어로 살아가도 있다고 해도 틀린 말은 아니다. 이제부터라도 행복 우등생 습관을 한두 가지 만들거나 더 갖추는 것이 행복 프로가 되는 지름길이다. 톨스토이는 "행복한 가정은 모두 비슷하다. 그러나 불행한 가정은 모두 각각 다른 불행을 짊어지고 있다."라고 했다. 삶의 학교에서는 늦었다는 것을 발견한 그때가 항상 가장 빠른 때이다.

성공에 대해서도 마찬가지다. 성공하고 싶다는 것은 시대를 막론하고 인류 공통의 영원한 꿈일 것이다. 그러려면 꿈과 목표를 세우고 성공 우등생 습관을 몇 가지 갖추는 것이 성공의 기본 필수조건이다. 그리고 현재 자신이 하고 있는 일을 좋아하고 즐기고 진정으로 사랑할수록 성공 프로 달성이 가능해진다. 그런데 학습의 학교를 졸업하고 새로운 직업이나 일을 갖게 될 때, 성공의 조건이나 성공 프로가 되는 플랫폼을 모르고 시작한다. 그럴 경우, 행복에서 깨닫는 것과 마찬가지로 평균 10~30년이 지나야 그 직업에 대한 성공 프로를 이루는 길에 대해 어느 정도 알아차림이 가능할 것이다. 그러니 중반부가 넘거나 은퇴할 시점이 되어서야 성공 프로의 공식을 알게 되어 지난날을 후회하게 된다. 직업을 갖기 전에 어떻게 하면 성공 프로가 되는지를 알고, 성공 우등생 습관을 미리 준비하고 출발하는 사람이 성공할 가능성이 훨씬 더 높을 것이다.

행복한 건강 장수는 누구나의 바람이며, 건강이 가장 중요하다는 것은 알고 있다. 하지만 건강은 미리 예방하는 것이 최선의 치료인데, 대다수가 대비책이나 준비도 없이 그냥 생각이나 말로만 중요하다고 한다. 건강의 우등생이자 건강 프로를 결정하는 중요한 요소는 직업에서의 성공과 가정에서의 행복이 관련되어 있다. 그리고 건강 점수를 올리는 기본 필수적인 조건들인 먹고, 마시고, 숨 쉬고, 걷는 법도 제대로 모르는 채 살아가고 있다. 또한, 알고 있더라도 실제로 건강의 우등생 습관을 만들려고 노력하는 사람은 별로 많지 않다. 건강에 대해서는 1도 모르고 살고 있는 것과 마찬가지이다.

그런데 '건강-행복-성공'에 대해 가정이나 학교에서 제대로 배우지도 않았고 잘 모르고 있으면서도 본인이 스스로도 찾아보려 하지 않는 채 그냥 살아간다. 20세기까지는 중간만 가도 그래도 건강과 행복에 큰 문제가 발생하지 않았다. 그런데 21세기는 많이 달라지고 있다. 왜냐하면 위기와 기회의 글로벌 경쟁 시대이다 보니 그 안전선이 변하여 점차 중간(40~60점)이 아닌 우등생(80점) 수준으로 변화하고 있기 때문이다. 그래서 21세기에는 삶의 학교 우등생이자 프로라는 새로운 21세기 학습법이 필요한 시기가 되었다.

한 번뿐인 자신의 소중하고 귀한 인생이다. 그런데도 '설마, 어떻게 하다 보면 잘 되겠지' 또는 '글쎄, 그냥 열심히 살면 되겠지'라는 마치 자신의 운명을 운에 맡긴다는 막연한 태도로 살아간다. 꿈과 목표, 긍정의 언어 습관, 성공적인 대인관계법, 성공 프로나 명품화의 공식 등을 준비해야 한다. 그러므로 21세기 삶의 학교 학습법은 '1도 모르는 사람'을 벗어날 수 있는 21 삶의 '건강-행복-성공' 프로 교육이 한 과목 추가되어야 할 것이다. 제임스 볼드윈은 "문제를 인식한다고 해서 반드시 그 문제가 해결되는 것은 아니지만, 문제를 인식하기 전까지는 해결책이 있을 수 없다."라고 했다.

21세기는 자신의 건강을 미리 준비하는 사람, 결혼해서 행복 가정이 이루는 방법이나 자신의 직업이나 일에서 성공 프로가 되는 플랫폼을 미리 숙지하고 준비된 출발을 해야 한다. 항상 행운이 함께하는 준비된 출발이란, '건강-행복-성공'의 각 분야별로 우등생 수준의 습관을 몇 가지 준비하고 갖추는 실력을 의미한다. 노르웨이 탐험가 아문센은

"승리는 준비된 자에게 찾아오며, 사람들은 이를 행운이라 부른다. 패배는 미리 준비하지 않은 자에게 찾아오며, 사람들은 이를 불운이라 부른다."라는 삶의 학교 진리이자 깨달음을 우리에게 들려주고 있다.

1-2 '21 삶의 프로', 부족한 2%를 넘어 3% 달성하기

'21세기 삶의 프로' 달성을 위해 우선 '2%가 부족한 사람'을 지나 앞서거나 다른 3%를 갖추는 쉽고도 강력한 새로운 방식에 대한 연구를 해 왔다. 삶과 운명은 '건강-행복-성공'의 점수이고, 그것은 자신의 긍정과 장점 그리고 부정과 단점에 의해 결정된다. 그런데 아마추어를 넘어 삶의 프로가 되고 싶다면 2%를 넘어 3~5%가 앞서거나 다른 사람이 되어야 한다.

이왕이면 2~3%를 개선할 때 자신만의 주특기인 '원-투' 펀치를 갖추는 방식으로 실천하면 21 삶의 프로인 '건강-행복-성공'의 프로를 달성할 가능성이 그만큼 더 높아진다. 자신이 좋아하거나 잘하는 장점을 한두 가지 늘리고 부족한 단점을 한 가지 개선하는 것을 목표로 한다면, 자신의 삶에 있어 주특기인 '원-투' 펀치를 갖추게 될 것이다. 만일 그 한두 가지 '원-투' 펀치를 집중과 열정 그리고 지속적인 실천으로 삶의 우등생 수준으로 끌어올린다면, 삶의 프로 달성이 쉬워질 것이다. 그 이유는 그러한 목표와 방향성으로 살아가다 보면, '원-투' 펀치의 방향으로 주변에 보고 듣고 느끼는 모든 것들이 플러스로 보완이 되어 실력이 고속으로 발전할 수 있기 때문이다.

21세기는 모든 것을 잘하려는 것보다 한두 가지 종목에서 삶의 우등생이나 장학생 수준으로 발전시킨, 주특기를 가진 특별한 사람을 필요로 하는 시대이다. 그러므로 자신의 주특기인 '원-투' 펀치를 발전시키는 것이 성공 프로 달성에 훨씬 더 유리한 선택과 방향이 될 것이다. 실제로도 21세기는 세분화와 전문화가 심화되어 모든 것을 다 잘하기는 어려운 시대이다. 그러므로 주특기를 만드는 '원-투' 펀치 방식을 선택하는 것이 꿈과 목표를 이루고 발전과 풍요의 계단에 가장 빠르고 높게 오르는 공식이자 비책이다.

오늘 하루의 행위가 운명을 결정한다. 오늘 하루가 모여 1년, 10년이 되고 일생이 된다. 하루에 1%인 한 가지의 실천이 1년이면 365번, 3%의 세 가지 실천이면 1,000번의 실천 기록이 1년 동안에 쌓이는 것이다. 점차 시간이 흘러 수백, 수천 번의 경험이 쌓여갈수록 실력이 늘게 되고, 결코 그 이전의 삶과 같지 않은 미래가 다가서기 시작할 것이다. 10년이면 만 번 이상이 쌓이고, 어느새 삶의 계단과 질이 달라져 있을 것이다. "시작은 미약하였으나 끝은 창대하리라."라는 삶과 습관의 진리이자 특성이다.

그런데 대다수 사람들은 어떻게 불과 3%인 세 가지 정도의 발전으로 삶의 우등생이 될 수 있는가에 대해 의문이 들 것이다. 보통 사람을 삶의 학교 점수로 환산하여 40~60점 사이, 즉 평균이 50점이라 한다면 삶의 우등생의 점수는 80점이다. 그러면 보통과 우등생의 차이는 30점 정도이다. 그런데 30%가 아닌 불과 3%인 세 가지로 가능한 이유는 습관의 원리와 특성에 있다. 습관화의 3년이 지나, 그 후 실력화의 3년으로 계속 진행되면 파스칼의 법칙이 적용되어 한 가지 습관이 열 가지로 확산된다. 즉 1%인 한 가지 습관을 고치면, 시간이 지나면서 경험과 실력이 쌓이면서 10%인 열 가지 습관으로 확산된다. 한 가지인 1%의 실천이 열 가지 이상으로 영향을 미치게 되는 것이다.

그래서 천재가 성공하는 것이 아니라, 목표와 방향성을 정하고 지속적으로 실천하는 것이 성공의 비책이요, 결정 키인 이유이다. 벤저민 디즈레일리는 "성공의 비결은 목적을 향해 시종일관하는 것이다."라고 했다. 만일 두세 가지로 출발한다면, 두세 배의 속도와 범위로 확산되어 "시작은 미약했으나, 끝은 창대하리라."로 작용하게 될 것이다.

21세기 백년 전쟁은 알게 모르게 진행되고 있다. 백년 전쟁의 승자인 '고용-건강-행복'의 안전선을 넘어서고 싶다면, 우선 '1도 모르는 사람'과 '2%가 부족한 사람'을 넘어서는 것을 1차 목표로 시작하면 된다. 그러므로 누구나 '건강-행복-성공'의 각 분야에서 우등생 습관을 3%인 3가지씩을 발전시켜 나가서 '건강-행복-성공'의 '원-투-쓰리'를 갖춘다면, 21세기 안전선을 쉽게 통과하게 될 것이다. 만일 3%를 넘어 5% 이상을 2차 목표로 발전한다면, 누구나 어렵지 않게 최상위 경쟁력을 갖춘 삶의 학교 장학생이자 명품이 될 수 있을 것이다. 최대치는 언제나 10%를 넘지 않는다. 도리스 레싱은 "배움이란 평생 알고 있었던 것을 어느 날 갑자기 완전히 새로운 방식으로 이해하는 것이다."라고 했다.

1-3 21세기 꿈과 목표 달성의 성공과 실패의 3가지 결정 키

누구나 건강하고 행복한 그리고 발전과 풍요의 삶을 바란다. 삶과 운명은 '건강-행복-성공'의 점수이고, 습관이 운명을 결정한다. 그런데 습관을 바꾸거나 새로 만드는 습관의 원리와 특성을 잘 모르고 있다. 대다수의 사람들이 목표와 계획을 세우고 열심히 노력하는데도 번번이 몇 달을 넘기지 못하고 포기와 실패를 반복하는 3가지 결정 요소가 있다. 그것은 많은 사람이 삶의 성공 프로에 도달하지 못하고 아마추어나 세미프로에 머무는 대표적인 원인들을 '21세기 꿈과 목표 달성의 성공과 실패의 3가지 결정 키'로 정리하였다.

(1) 계획과 실천의 양적인 문제

성공과 실패의 첫 번째 결정 키는, 출발부터 한꺼번에 많은 것을 동시에 잘하려는 의욕이 앞서는 양적인 문제이다. 언제나 너무 많은 것을 잘하려고 하면 무거워져서 높이 날아오를 수가 없다. 목표와 계획을 세울 때, 주특기로 '원-투' 펀치를 만들겠다는 방향성으로 실천계획을 세우는 것이 성공 확률이 높아진다. 한두 가지 습관이 주특기인 '원-투' 펀치가 되어 우등생이나 장학생 수준으로 오르게 되면, 습관의 원리와 특성에 의해 나머지 다른 습관들도 마치 꼬리연에 줄줄이 연결되어 날아오르듯이 실력이 동시에 쉽게 발전하게 된다. 몸과 마음이 연결되어 있듯이, 모든 습관도 6세 즈음에 완성되는 원조이자 근원 습관인 습관 세포에 의해 서로 가늘고 굵게 연결되어 있기 때문이다. 국수 잘하는 사람이 대개 수제비도 잘하는 편이고, 김치 잘 담그는 사람이 김치찌개, 김치볶음밥, 김치전도 잘하고 김치를 활용한 다른 요리들도 잘할 가능성이 높다.

(2) 계획과 실천의 질적인 문제

두 번째 결정 키는, 목표와 계획을 세운 후 실천 수준을 처음 출발부터 목표로 하는 100% 수준에 가깝게 실천하려는 질적인 문제이다. 그런데 현재 자신이 부족한 2~3% 이상 또는 최대 5%를 넘지 않는 가벼운 수준으로 즐겁게 진행하는 것이 성공 확률을 높인다. 첫 출발부터 현재보다 두세 배 수준으로 너무 잘하려는 과잉 의욕에 의한 실천은 무리수가 많아 머지않아 제자리로 돌아가게 만든다. 이것이 열심히 하는 많은 사람들이 실패하고 있는 가장 큰 원인이다. 목표 달성을 할 수 있다는 자기 확신과 진행하는 동안 그 일을 즐겁게 실천하는 것이 성공의 필수조건이기 때문이다. 또한, 알아두어야 할 습관의 원리와 특성은 현재의 수준보다 2~3%나 5% 더 나은 실천이 수백 수천 번의 경험과 실력으로 쌓여갈수록 질적인 향상도 목표의 30%, 50%, 80%를 통과하여 점차 처음 목표점인 100%의 수준으로 높아져 간다는 점이다. 양과 질은 연결되어 있어서 양이 늘어 가면 경험이 쌓일수록 실력이 늘게 되어 질적으로도 향상이 되고, 질적으로 발전하면 습관적인 패턴과 방식으로 생활화되어 양적으로도 확장된다. "시작은 미약하였으나, 끝은 창대하리라."라는 습관과 삶과 운명의 진리이다.

(3) 긍정적인 생각과 자기 믿음 그리고 지속적인 실천의 문제

생각하고 말하는 대로, 그리고 감정과 자기 믿음대로 운명이 흘러간다. '건강-행복-성공'의 우등생이자 프로 습관이 없는데도 자신이 전반적으로 잘하고 있다는 착각으로 살아가고 있거나 또는 삶의 프로 달성이라는 목표점이 너무 멀거나 크게 느껴져서 할 수 있다는 자기 확신과 자신감이 부족하기 때문이다. 그것이 무엇이든 달성하고자 하는 목표나 해결책이 내게서 너무 멀고 높거나 해야 할 일이 많다고 생각되면, 지속적인 실천이 힘들고 어려워져서 성공할 가능성도 그만큼 더 줄어들고 멀어지게 된다. 언제든 목표로 하는 그 일을 할 수 있고 이룰 수 있다는 긍정의 주파수로 접근하는 것과 지속적인 실천이 문제 해결이나 성공의 결정 키이다. 무슨 일이든 시작부터 허리와 가슴을 활짝 펴고 웃음과 미소로 시작하는 것이 자신감을 증폭시키고 긍정의 주파수로 진입하는 관문이다. 성공 프로는 할 수 있고 해야 하는 이유 한두 가지로 성공을 만들고, 아마추어는 제각기 할 수 없고 하기 어려운 자신들만의 이유로 실패를 선택한다.

발명왕 에디슨은 "인생에서 실패한 사람들은 대부분 그들이 포기하는 그 순간, 자신이 성공에 얼마나 가까이 다가왔는지 깨닫지 못한다."라고 했다. 삶의 '건강-행복-성공' 프로와 명품을 달성하는 것이 21세기 백년 전쟁의 승자가 되는 최상위 지름길이 될 것이다. 그리고 '21세기 목표 달성의 성공과 실패의 3가지 결정 키'를 고려해서 실천한다면 누구나 삶의 프로가 되어 '건강-행복-성공'의 안전선을 통과는 것이 그리 어려운 일이 아닐 것이다. 아마추어는 항상 '해봐야 안다'고 하고, 프로는 언제든 이기고 나서 싸운다. 토머스 J. 빌로드는 "다른 누군가가 할 수 있거나 인생에서 이룰 수 있는 일이라면, 당신도 할 수 있다."라고 했다.

2장

삶과 운명의 3차('하늘-삶-영혼') 사랑 방정식

우리의 영혼은 빛으로 와서 사랑으로 살아가다 다시 빛으로 돌아간다. 그러므로 우리의 삶이란 사랑으로 태어나서 살아가기 때문에 사랑 에너지로 작동된다. 그래서 사람들의 삶과 운명은 알게 모르게 '하늘-삶-영혼'의 3차 사랑 방정식에 적용을 받게 된다. 수많은 책과 명언 그리고 삶의 진리와 역사와 사건들 속에서 삶과 운명의 해법과 사랑의 미완성 방정식을 찾아서 정리해 보았다. 사랑에 영원한 정답은 없다. 단지 시대와 상황 그리고 각 개인에 따른 해답과 미완성 방정식이 있을 뿐이다.

2-1 삶과 하늘의 사랑 방정식 (1차 사랑 방정식)

(1) 감사하는 기쁨으로 즐겁게 살아가기

삶과 하늘의 1차 사랑 방정식이 있다. 그것은 첫째 하늘은 자신의 창조물들이 감사하는 기쁨으로 즐겁게 살아가기를 바란다. 그래서 감사하는 기쁨은 건강과 행복 그리고 성공과 행운 등 삶의 모든 문제를 해결하는 출발점이다. 우리 모두는 창조주 하늘의 귀한 창조물들이다. 사람은 누구나 인류와 지구의 역사를 합해서 단 하나뿐인 유일한 귀한 존재이다. 그래서 사도 바울은 하늘의 뜻을 이렇게 전하고 있다. "항상 기뻐하라, 쉬지 말고 기도하라, 범사에 감사하라."라고 했다. 부처는 "감사와 기쁨 이외에는 어떤 대의명분도 없다."라고 했다. 즉 나 자신을 사랑하고 즐겁고 감사하며 살아가는 것이 창조주 하늘의 뜻에 따르는 삶이 될 것이다.

(2) 창조주를 대신하여 사랑과 칭찬의 말 전하기

하늘은 자신의 창조물들에게 직접적으로 사랑의 말과 행동을 전할 수 없다. 그래서 하늘은 자신을 대신해서 다른 창조물들을 기쁘고 행복하게 하는 말과 행동을 실천하는 사람에게 가장 큰 축복과 선물을 주신다. 창조주 하늘은 첫째로 나 자신을 사랑하기를 바라고, 둘째는 다른 창조물인 이웃 사랑을 실천하기를 바라고 있다. 그러므로 창조주는 나 자신을 사랑하고 이웃 사랑을 실천하며 살아가고, 다른 창조물들에게 피해를 주지 않기를 바란다. 이것이 하늘의 편에 줄을 서는 공식이다. 다른 창조물에 대한 분노, 비난, 지적 등은 각자에게 주어진 창조주 하늘의 발전 프로그램을 비난하고 부정하는 것과 마찬가지다.

(3) 태어난 잠재력을 최대로 계발하는 사랑 배달부

자신의 잠재력을 최대로 발휘하여 발전과 풍요의 계단에 오르고, 그 사랑 에너지를 이웃에 배달하고 오기를 바란다. 그래서 누구에게나 무엇이든 할 수 있고 될 수 있는 백 명의 명의와 백 명 이상의 잠든 거인을 넣어 주셨다. 누구에게나 건강과 행복 그리고 성공과 행운이 함께하는 마법의 삶과 기적의 치유가 가능하도록 안배해 두셨던 것이다. 그런데 하늘은 스스로 돕는 자를 돕는다. 각자가 자기계발의 노력을 통하여 긍정의 힘이나 좋은 습관 등을 발전시키고, 부정이나 단점을 개선시킨 사람에게 가장 큰 축복과 선물을 준비해 두고 있다. 자신이 발전시킨 삶의 계단에 따라 그에 걸맞은 사람, 상황, 조건 등을 안배해 두었다. 월러스 와틀즈는 "당신의 잠재력을 최대로 발현하는 것보다, 신과 인류에 대해 더 훌륭한 봉사는 없다."라고 했다.

2-2 삶과 운명의 사랑 방정식 (2차 사랑 방정식)

2차 사랑 방정식은 삶과 운명의 사랑 방정식이다. 삶과 운명의 2차 사랑 방정식은 삶과 하늘의 1차 사랑 방정식에 적용을 받으므로 그에 대입하고 참고할수록 그 효과가 커진다. 그것은 하늘의 축복과 선물을 받는 통로인 하늘의 편에 줄을 서는 것이라 할 수 있다.

(1) 사랑의 완성 공식

삶과 운명의 2차 사랑 방정식 첫 번째는 '감사'로부터 시작하여 '용서'로 완성되는 '사랑의 완성 공식'이다. '감사'는 사랑의 가장 고귀한 표현법으로, 내 삶으로 모든 좋은 것을 끌어당기는 시동 키이다. '용서'는 사랑의 최상위 실천법으로, 부정과 단점을 극복할 수 있고, 넘어서는 관문이다. 최종적인 '용서'는 하늘의 몫이다. 우리들이 할 수 있는 작은 의미의 '용서'는 이해와 배려 그리고 있는 그대로의 존중을 실천하는 것으로, 나를 위해 선업을 쌓는 일이다. 살아서는 '건강-행복-성공'의 점수를 높이고, 영혼이 되어서는 건너야 할 용서의 다리를 지나기 위한 선업을 쌓는 일이다.

(2) 사랑의 끌어당김 공식

2차 사랑 방정식 두 번째는 '나 자신을 사랑하는 것'으로부터 시작하여 '이웃 사랑'으로 완성되는 '사랑의 끌어당김 공식'이다. 내 삶으로 모든 좋은 것을 끌어당기는 '긍정의 끌어당김의 법칙'은 사랑 에너지로 작동된다. 그리고 그 사랑 에너지는 항상 나 자신을 사랑하는 것으로부터 출발한다. 사도 바울은 "네 이웃을 내 몸처럼 사랑하라."라는 한 문장으로 모든 성경 말씀과 하늘의 뜻을 알 수 있다고 하였다. 상대를 기쁘고 행복하게 하는 말과 행동을 실천하는 이웃 사랑으로부터 사랑 에너지는 무한대로 확장되기 시작한다. 찰스 해넬은 "파워는 우리 안에서 생긴다. 그러나 먼저 주어야 받을 수 있다."라고 했다.

(3) 사랑의 명품 프로 공식

2차 사랑 방정식 세 번째는, 태어난 잠재력을 최대로 발전시켜 자신의 수준과 가치를 올려서 삶의 계단과 질을 높여 나가는 '사랑의 명품 프로 공식'이다. 21세기는 삶의 프로를 달성하고, 최상위 5% 명품 프로에 도전하여야 한다. 21세기 삶의 프로란, '습관-인성-지혜-실력-명품'의 프로로서 삶과 운명인 '건강-행복-성공'의 점수를 다룰 줄 아는 사람이다. 뿌린 대로 거두고 공짜는 없다. 자신의 수준과 가치를 한 계단씩 올려갈수록 그 발전된 계단에 따라 사랑으로 공평하게 안배된 사람과 상황과 조건 그리고 축복과 선물을 받게 될 것이다.

2-3 삶과 영혼의 사랑 방정식 (3차 사랑 방정식)

3차 사랑 방정식은 삶과 영혼의 사랑 방정식이다. 내 영혼은 발전하기 위해 이번 생을 방문했다고 한다. 누구나 삶의 아름다운 마무리와 영혼의 천사가 되기를 바란다. 그리고 그것은 누구에게나 이번 생에 자신의 삶에 대한 최종 평가표가 된다. 발전하기 위해 방문한 이번 생에 내 삶과 영혼이 발전시켜야 하는 숙제를 해결하는 사랑 방정식이다. 사랑 에너지가 발전할수록 하늘 은행에 더 많은 저축이 쌓여갈 것이다.

(1) 1일 3선의 오늘 하루 실천 공식

삶과 영혼의 첫 번째 사랑 방정식은 '1일 3선'의 오늘 하루 실천 공식이다. '1일 3선'의 실천 공식은 '첫째, 내가 먼저 웃으며 친절하게 인사하기- 둘째, 내가 먼저 미소로 감사와 칭찬의 말 전하기-셋째, 하루에 한 번 이상 화낼 일 넘어서고 용서하기'이다. '1일 3선'의 공식은, '긍정의 언어 습관'과 '성공적인 대인관계'의 오늘 하루 실천법으로 '건강-행복-성공'의 점수를 높이는 공식이다. 이것은 선한 영향력을 실천함으로써 사랑 에너지를 충전시키고 하늘 은행에 선업을 저축하는 방식이다. 이러한 선한 영향력을 실천하는 하루를 살아가는 것은 자신에게 긍정의 힘을 길러 주어 긍정적인 사람으로 살아가게 할 것이다. 그리고 평소에 이러한 긍정적인 선한 영향력으로 살아간다는 것은 일상으로 다가오는 크고 작은 산들을 잘 해결하는 방식인 긍정의 주파수를 타는 일이다.

(2) '습관의 만능 키'와 '21 고객 감동의 실천 공식'

사랑 에너지를 최상위로 발전시키는 삶과 영혼의 두 번째 사랑 방정식으로 '습관의 만능 키'와 '21 고객 감동의 실천 공식'이 있다. '습관의 만능 키'는 '웃음과 미소-목소리와 말투-하늘 은행에 저축'이다. 습관의 만능 키를 활용하여 하늘 은행에 저축을 최대로 늘리는 비책은 '부드럽고 친절한 미소와 말투-품격 있고 존중하는 태도와 목소리'로 말과 행동을 실천하는 것이다. 하늘은 자신의 창조물 모두에게 사랑 에너지를 높여 주기를 바란다. 그래서 누구나 마음만 먹으면 쉽게 실천할 수 있는 곳에 사랑 에너지를 최대로 높일 수 있는 특별한 비책을 넣어 두셨다. 일상의 가장 평범하고 사소한 것들 속에 삶과 영혼의 모든 것들을 해결할 수 있는 만능 키를 넣어 주신 것이다.

그리고 '습관의 만능 키'를 발전과 풍요의 계단에 오르는 공식이자 힐링과 치유의 비책으로 발전시키는 '21 고객 감동의 실천 공식'이 공식이 있다. 그것은 사랑 에너지를 한 단계 더 높이는 공식으로 '부드럽고 친절한 미소와 말투-품격 있고 존중하는 태도와 목소리'로 '나와 상대의 장점을 칭찬하고 단점을 있는 그대로 받아들이고 존중하기'를 추가로 실천하면 된다. 삶과 영혼의 천사는 '웃음과 미소'로 판별할 수 있고, 삶과 영혼의 공통점은 '목소리와 말투'이다. 하늘이 어버이의 큰 사랑으로 내려 준 최고의 선물이자 축복은 삶과 영혼의 천사로 이어지는 '웃음과 미소'와 '목소리와 말투'일지도 모른다.

(3) 용서와 깨달음의 사랑의 미완성 공식들

사랑은 삶의 학교에서 공부해야 하는 영원한 숙제이자 미완성의 공식이다. 창조주 하늘은 우리를 사랑으로 창조했고, 우리 영혼은 이번 생에 발전하기 위해 찾아왔다고 한다. 그러려면 삶과 영혼의 발전 숙제이자 과제, 이번 생에 털고 가야 하는 것들, 삶과 영혼으로 이어지고 연결되는 것들에 대한 알아차림과 깨달음이 필요하다. 그래야 내 영혼이 잠시 다녀가는 삶의 여름방학에서 생의 마지막 시점에 이르러 덜 후회하고 떠나갈 수 있을 것이다.

첫 번째로 내 삶과 영혼의 발전 과제이자 숙제는 자신에게 다가서는 실패, 역경, 질병 등 각종 문제에서 감사와 교훈 찾기이다. 그리고 부모나 스승의 단점은 내 삶과 영혼의 가장 중요한 개선과 발전의 숙제이다. 그들은 내 은인이자 훈련 조교이다. 언제든 '감사와 교훈의 안경'을 착용하는 것이 발전과 풍요의 삶에 이르는 길이다. '감사와 교훈의 안경'은 하늘이 우리에게 주는 모든 것을 사랑으로 받아들이는 '마법의 천사봉'이다.

두 번째로 털고 가야 되는 것은 나와 상대에 대한 용서이다. 용서는 나 자신도 살아오면서 주변에 알게 모르게 부족함이나 잘못한 것에 대한 용서를 구하는 것으로부터 시작해야 한다. 또한, 용서는 상대와는 상관없이 내 마음의 감옥에서 그를 놓아주는 일이다. 용서는 내 건강과 행복을 위해 그리고 나 자신이 건널 용서의 다리를 만드는 선업을 쌓는 일이다. 결국 나를 위한 일이다. 사랑은 언제나 감사로 시작해서 용서로 완성된다. 감사는 사랑의 가장 고귀한 표현법이요, 용서는 사랑의 가장 위대한 실천법이다.

세 번째로 알아차림과 깨달아야 할 일은 생로병사도 영혼의 훈장이라는 것이다. '내 일생이라는 연극' 무대에서 내가 맡은 배역이 다양할수록 우여곡절이 많을수록 하늘의 사랑을 가장 듬뿍 받은 영혼의 주인공이 되는 일이다. 사람과 자연과 우주만물 그리고 창조주 하늘과의 연결 고리이자 주파수는 사랑 에너지이다. 그런데 사랑 방정식은 대입하는 사람의 상황과 대처하는 실력에 따라 각자가 다른 해답을 얻는, 미리 정해진 정답이 없다는 특성이 있다. 그래서 사랑은 일생을 통해 배우고 알아가야 하는 미완성의 사랑 방정식이라 할 수 있다.

세상에 예외 없는 법칙은 없다. 살아가다 보면 '하늘-삶-영혼'의 3차 사랑 방정식으로 해결되지 않는 문제들도 있을 것이다. 그럴 경우를 대비해서 내 마음의 휴게실에 '내 인생의 미스터리 박스'를 미리 준비해 두는 지혜가 필요하다. 그 안에는 각각의 칸을 만들어 용서 못할 일, 이해가 안 되는 일, 내 삶과 영혼의 숙제 등 각종 미해결 숙제나 문제들을 넣어 두는 내 마음의 미스터리 해결 상자이다. 그래도 도저히 용서나 이해할 수 없는 억울한 일도 있을 것이다. 그럴 경우는 내게 남겨진 날들의 건강과 행복을 위해 훗날 영혼이 되어 하늘의 의도를 알아보기로 미루어 두어야 한다.

하늘은 우리가 세상을 떠날 때까지 그 사람에 대한 평가를 미루고 마지막까지 기다려 주신다. 영국의 문학가 사무엘 존슨은 "하느님도 한 사람에 대한 평가는 그 사람이 죽은 후에 내린다."라고 했다. 그것은 마지막까지 용서할 수 있는 기회를 주기 위해서라고 한다. 우주나 지구의 역사로 볼 때 정말 짧은 인간의 역사로는 자연과 우주 법칙 그리고 하늘의 사랑 방정식이나 작동 방식 또한 예외의 법칙들까지 전부 이해하고 알 수는 없는 일이다.

제2부

◇

삶의 학교 편

: 21 뉴-하이 플랫폼과 오계절 학교

21 삶의 프로, 자녀 교육의 핵심 포인트

3-1 자녀 교육의 핵심 목표, '3가지 사람 만들기'

21세기는 위기와 기회의 경쟁 시대라 한다. 그리고 4차 산업혁명이 시작되었고, 본격적인 글로벌 경쟁 시대로 돌입되고 있다. 그래서 최상위 경쟁력이 요구되는 시대가 열리고 있다. 또한, 건강과 행복의 위기도 점점 더 빠른 속도와 크기로 쓰나미처럼 다가서고 있다. 그러므로 누구나 '건강-행복-성공'의 안전선 진입이 1차 목표가 되어야 한다. 21세기 안전선에 돌입할 실력을 갖춘 사람을 '21세기 삶의 프로'라 한다. 그러므로 21세기 자녀 교육의 핵심 목표도 '건강-행복-성공'의 안전선을 돌파하는 '21세기 삶의 프로'가 되어야 한다. 그리고 최상위 경쟁력을 갖추고 싶다면 최상위 5% 명품 프로에 도전하면 된다.

생각하고 말하는 대로 운명이 흘러간다. '21세기 삶의 프로'를 달성하려면, 생각 속에 항상 '3가지 사람의 이미지'를 갖추는 것이 유리하다. 이미지는 생각, 마음, 믿음, 확신, 경험, 가치관 등 모든 것이 종합되어 완성된다. 내 삶으로 모든 좋은 것을 끌어당기는 '긍정의 끌어당김의 법칙'은 사랑 에너지의 법칙으로 작동한다. 그 사랑 에너지는 '나 자신을 사랑하는 것'으로부터 생성되어 이웃 사랑으로 완성된다. 그 사랑 에너지를 생성 발전시켜 꿈과 목표를 이루고 발전과 풍요의 계단에 오르는 데는 항상 '3가지 사람의 이미지'가 그 중요한 긍정의 끌어당김 에너지의 중심축이다.

그 '3가지 사람의 이미지'는 첫째 '나는 항상 운이 좋은 사람', 둘째 '나는 참 좋은 사람', 셋째 '나는 무엇이든 할 수 있는 슈퍼-히어로'이다. 이러한 생각과 마음속에 셀프 이미지로 존재하는 '세 가지 사람의 이미지'는 자기 확신과 긍정의 믿음과 확언 등으로 만들어진다. 헤세는 "운명은 어딘가 다른 데서 찾아오는 것이 아니고 자기 마음속에서 성장하는 것이다."라고 했다. 세 가지 사람의 이미지는 자신의 삶과 운명의 점수, 즉 '건강-행복-성공'의 현재와 미래의 점수를 높이는 결정 요인이다.

첫째 '나는 항상 운이 좋은 사람'이라는 행운의 이미지는 좋은 일에 더욱 감사하는 기쁨이 늘어나 점점 더 좋은 일을 끌어당기게 되고, 삶의 역경, 실패, 문제 등에서도 '그럼에도 불구하고 감사와 교훈'을 얻을 수 있는 특별한 사람으로 성장 발전하게 할 것이다.

둘째 '나는 참 좋은 사람'이라는 긍정의 이미지는 나를 사랑하는 긍정의 사람으로 성장 발전하고, 이웃 사랑을 실천하게 만드는 필수 이미지이다. 내 삶으로 바라는 대로의 사람, 상황, 부와 성공 등 모든 좋은 것을 끌어당기는 사랑 에너지의 크기와 세기를 결정하는 원천 이미지이다.

셋째 '나는 무엇이든 할 수 있는 슈퍼-히어로'라는 자신감의 이미지는 꿈과 목표를 이루고 발전과 풍요의 계단에 오르는 삶의 프로를 달성하는 특급 조건을 갖추는 일이다. 태어난 잠재력을 최대로 발휘하여 내 안에 잠든 거인을 깨울 가능성이 높아질 것이다.

자신과의 승부에서 승리하는 공식이다. '나는 항상 운이 좋은 사람', '나는 참 좋은 사람', '나는 무엇이든 할 수 있는 슈퍼-히어로'라는 '3가지 사람의 이미지'를 만들어 내는 좋은 방법이 있다. 그것은 매일 아침 눈뜨기 직전이나 후에 반복적으로 '아침 긍정의 확언'을 실천하는 좋은 습관이다. 또 한 가지는 성정 발달 과정에 따른 '사랑-칭찬-감동'의 3차 물주기가 있다. 이 두 가지 방식은 자기 확신과 긍정의 믿음을 강화시켜 '3가지 사람의 이미지'를 더욱 선명하게 그릴 수 있도록 도울 것이다. 그리고 자녀 교육의 가장 중요한 목표점은 내 삶으로 모든 좋은 것을 끌어당기는 공식인 '나를 사랑하는 사람'으로 성장시키는 데 있다.

3-2 '아침 긍정의 확언'과 '사랑-칭찬-감동'의 3차 물 주기

(1) 활기찬 하루를 여는 '아침 긍정의 3가지 확언'

활기찬 하루를 여는 아침 긍정의 3가지 확언이 있다. 시작은 반이다. 활기차게 아침을 여는 것은 하루를 멋지게 살아갈 수 있는 원동력이 될 것이다. 그리고 이왕이면 내 삶의 '건강-행복-성공'의 점수를 높일 수 있는 긍정의 문구를 선언하는 것이 유리하다. 자기 계발에 있어 가장 중요한 우선순위에 따라 정리해 보았다.

아침 긍정의 선언 첫 번째는 '어제보다 나은 오늘, 나는 모든 것이 점점 더 좋아지고 있다!'이다. 이 긍정의 문구는 '어제보다 나은 오늘'과 '나는 모든 것이 점점 더 좋아지고 있다.'가 결합된 것이다. '어제보다 나은 오늘'은 삶의 학교에서 발전과 풍요의 삶을 살아가는 데 가장 필요한 문구이다. 잠재 뇌의 첫 장에 기록해 두어야 할 자기 계발의 필수 문구이다. 삶의 학교에서 일생을 배운다는 자세로 살아간다는 것은 나이 들어 갈수록 계속 발전을 지속하여 더 멋져지는 것을 의미한다.

'나는 날마다 모든 것이 점점 좋아지고 있다.'라는 문구는 심리치료의 선구자인 프랑스의 에밀 쿠에의 치유 문구이다. 수술 전에 이 문구를 반복적으로 선언하게 한 후 수술했을 때 수술 결과가 훨씬 더 좋아졌고, 수술 후에도 이 문구를 선언하게 하면 완치되어 퇴원하는 속도도 좋아졌다고 한다. 그래서 그 이후로 심리치료라는 새로운 과목을 개설하게 되었다.

긍정 선언 두 번째는 '나는 항상 운이 좋아, 모든 것이 다 잘 될 거야.'이다. 이 문구는 빌 게이츠 등 성공한 많은 사람이 긍정의 확언으로 권장하는 문구이다. 그리고 '건강-행복-성공'도 항상 운이 좋다고 생각하는 사람에게 찾아온다. 항상 운이 좋다는 생각은 좋은 일이 있을 때는 감사하는 기쁨으로 받아들일 수 있을 것이다.

그리고 내게 다가오는 질병, 실패, 역경 등 각종 문제의 산에서는 그 안에 담겨 있는 기회를 발견하여 극복해 낼 수 있는 가능성을 높여 준다. 역경은 나를 단련시킬 기회라고 긍정적으로 생각하게 될 것이다. 그래서 실패는 성공의 어머니라는 명언처럼 내 삶에 다가오는 장애물들을 디딤돌로 변화시킬 수 있는 확률을 높여 줄 것이다. 우리의 생각이나 말은 물건을 끌어당기는 자력을 지닌 자석(지남철)이다. 자신이 생각하고 말하는 대로 삶과 운명이 끌어당겨진다.

긍정 선언 세 번째는 '나는 할 수 있다, 나는 무엇이든 될 수 있고 이룰 수 있다.'이다. 성공의 제1 조건은 '자기 확신'이다. '나는 할 수 있다.'라는 자신감과 긍정의 믿음이 꿈과 목표를 이룰 가능성을 높여 준다. 자신의 현 상황이 아무리 불투명하고 다가올 미래에 많은 장애물이 있더라도 '나는 이룰 수 있다.'라는 믿음을 가지고 있다면, 극복하고 통과할 가능성이 그만큼 높아질 것이다. 실제로도 우리는 백 명의 명의와 백 명의 잠든 거인을 가지고 있다. 그중 한 명이라도 깨운다면 마법의 삶과 기적의 치유가 일어날 것이다.

이러한 아침 긍정의 확언을 반복하다 보면 특별한 마인드와 긍정의 이미지가 자리 잡게 될 것이다. 그것은 '3가지 사람의 이미지'인 '나는 항상 운이 좋은 사람', '나는 참 좋은 사람', '나는 무엇이든 할 수 있는 슈퍼-히어로'를 만들기 쉬워질 것이다. 아침 긍정의 확언을 통해 활기차게 아침의 문을 열고 하루하루의 삶을 살아가는 동안 '3가지 사람의 이미지'로 '건강-행복-성공'을 끌어당기고 이루는 21 삶의 프로로 살아가기 바란다.

(2) 성장 발달의 3차 터닝포인트와 '사랑-칭찬-감동'의 물 주기

사람은 누구나 태어나서 평생토록 몸과 마음의 성장 발달과 퇴화의 과정을 겪게 된다. 그런데 그 특별한 과정은 성장 발달의 3차 터닝포인트와 퇴화의 3단계 건강의 계단을 통과한다. 몸과 마음의 커다란 변화가 발생하는 시기가 몇 차례 존재한다. 그 특별한 시기에 따라 미리 잘 준비하고 대처한다면 저절로 '건강-행복-성공'의 프로로 성장할 수 있을 것이다.

태어나서 떠날 때까지의 삶의 학교 일정 동안의 몸과 마음의 성장 발달과 퇴화의 과정을 한 장의 그래프인 'Dr. Park's 오계절 그래프'로 만들어 보았다. 그 오계절 그래프의 탄생은, 첫째 뇌의 성장 발달과 퇴화 과정, 둘째 치아의 유치 영구치 등 치아의 맹출과 퇴행성 변화, 그리고 셋째 인체의 대표적인 기관인 시력, 청력, 근력, 성력, 뼈 등의 성장 발달과 노화의 과정 등을 평균치로 종합 분석하였다.

인체 각 부위의 성장 발달과 퇴화는 서로 가늘고 굵게 연결되어 있다. 특히 치아와 뇌의 성장과 퇴화는 거의 일치한다. 몸과 마음에 대표적인 영향을 미치는 특별한 변곡점들을 찾아 3차 터닝포인트와 3단계 건강의 계단을 포함한 오계절 그래프를 만들었다. 그리고 그곳에 삶의 학교의 필수 일정인 습관과 긍정의 힘, 면역력 등을 추가로 대입하여 삶과 운명의 '몸과 마음의 성장 발달과 퇴화의 Dr. Park's 오계절 그래프'로 발전시켰다. 몸과 마음도 연결되어 있고, 치아는 몸과 마음의 건강과 행복의 신호등이라 할 수 있다. 그래서 입안에서 건강과 행복의 신호등을 다각도로 찾아서 21세기 질병 예방과 노화 방지의 해법을 얻기 위해 '입안의 행복 건강법'을 연구해 왔다.

태어나서 21~25세 사이에 몸과 마음의 성장 발달의 1~3차 터닝포인트를 갖는다. 이 시기에는 몸과 마음의 특별한 변화나 뇌와 치아 그리고 인체의 급속한 성장과 발달이 서로 연관되어 일어나는 시기이다. 삶의 프로 달성을 바란다면, 나 자신을 사랑하는 사람으로 성장 발전시키는 것은 자녀 교육의 중요한 목표이다.

1차 터닝포인트는 6세까지의 일생을 살아나갈 모든 습관 세포가 형성되는 시기이다. 첫 번째 어금니인 제1대구치의 맹출과 뇌 세포의 폭발적인 성장으로 일어난다. 사는 일과 먹는 일은 삶에서 긴밀하게 연결되어 있다. 그래서 '살기 위해 먹느냐, 먹기 위해 사느냐? 이것이 문제로다!'라는 철학적인 질문도 있다. 이 시기까지에는 '사랑의 물 주기'에 의해 자존감을 길러 주는 것이 필요하다. 2차 터닝포인트는 청소년기라 하는 15~16세 전후에는 두 번째 어금니인 제2대구치의 맹출과 몸의 성장이 폭발적으로 진행되는 시기이다. 이 시기까지는 '칭찬의 물주기'에 의한 '나는 할 수 있다'라는 자신감을 길러 주는 것이 중요하다. 3차 터닝포인트는 21세 정도까지 뇌의 성장이 완료되고 사랑니가 맹출하는 시기이다. 이 시기까지에는 '감동의 물 주기'에 의한 긍정심을 심어 주는 것이 중요하다. 일생을 긍정의 사람으로 살아가게 하는 원동력이 된다.

이러한 몸과 마음의 성장 발달의 3차 터닝포인트까지 필요한 긍정의 힘과 좋은 습관을 만들어 주어야 한다. 그 후로 추가해야 하는 가장 중요한 사항은 25세 무렵에 일생을 살아가는 삶의 패턴과 방식으로 정해지는 습관의 항상성인 습관의 거대 공룡이 탄생한다. 그리고 30세경까지 생각과 행동 그리고 선택과 결정의 각종 한계의 벽들이 고정되어 간다. 평생 고려해야 할 사항으로는 40, 60,

80세경에 다가올 건강의 2, 3, 4계단에 대한 준비와 대비책이다. 21세기 위기와 기회의 경쟁 시대 최상위 경쟁력을 갖춘 자녀로 성장시키기 위해서는 1~3차 터닝포인트, 습관의 거대 공룡, 삶의 패턴과 방식, 각종 한계의 벽, 건강의 계단, 삶의 거듭나기 등을 참고로 해야 한다.

21세기 위기와 기회의 시대를 넘어 생존과 번영의 시대가 다가왔을 때, 안전선을 통과하는 '21세기 삶의 프로'로 성장할 수 있을 것이다. '사랑-칭찬-감동'의 물 주기에 의한 '자존감-자신감-긍정심'을 길러 주는 것은 21 삶의 프로 달성의 씨앗인 나 자신을 사랑하는 사람으로 성장 발전시킨다. 또한, 자기 자신에 대한 '건강-행복-성공'의 긍정적인 셀프 이미지를 갖추게 할 것이다. 나를 사랑하는 사람과 긍정적인 셀프 이미지는 내 삶으로 모든 좋은 것을 끌어당기는 긍정의 끌어당김의 법칙을 작동하는 사랑 에너지로 발전하게 될 것이다.

그것은 자녀에게 물려줄 최고의 유산이 될 것이다. 부모, 이웃, 선생님, 사회, 국가 등 자녀나 학생을 가르치거나 교육 목표나 방향을 설정해야 하는 사람들은 기억해 둘 필요가 있다. 자녀는 우리가 기대하고 믿는 대로의 방향으로 성장하고 발달하기 때문이다. 자녀 교육은 그 가정과 가문을 넘어 이웃과 국가의 미래이다.

3-3 내 삶으로 좋은 것을 끌어당기는 '나를 사랑하는 법'

건강하고 행복한 삶을 이루기 위한 자녀 교육의 최종 목표 중의 하나는 '나를 사랑하는 사람'으로 성장 발전시키는 일이다. 그리고 발전과 풍요의 계단에 오르는 성공과 실패의 80% 결정 키로 알려져 있는 성공적인 대인관계의 출발점은 나 자신과 진정으로 사랑하는 관계를 유지하는 것이다. 자기 계발이나 부와 성공의 끌어당김의 법칙에 대한 수많은 책을 읽어 보면 공통적으로 중요하다고 강조하고 있는 핵심 문구가 있다. 그 중요한 핵심 문구는 내 삶의 모든 좋은 것들이 끌어당겨지기 시작한다는 '나를 사랑하는 법'이다. 내 삶으로 모든 좋은 것을 끌어당기는 것은 사랑 에너지로서, 그 사랑 에너지는 나를 사랑하는 것으로부터 생성과 출발이 된다는 의미이다. 명언, 철학, 종교, 심리, 건강과 치유, 부와 성공 등에 관련된 수많은 책에서 나를 사랑한다는 말이 들어가는 문장들을 찾아 모으고 정리해 왔다. 그 정리된 것들을 최종적으로 세 가지로 압축하였다.

(1) 나 자신을 소중하고 귀하게 여기기

사람은 누구나 소중하고 귀하게 태어난다. 실제로도 지구와 인류 역사에 단 하나뿐인 귀한 창조물이다. 그리고 누구나 잠재 능력으로 무엇이든 할 수 있고 이룰 수 있는 백 명의 명의와 백 명 이상의 잠든 거인을 가지고 있다. 나 자신보다 소중하고 귀한 것은 세상에 없다. 자존감이 중요한 이유는, 나 자신이 스스로 생각하는 자존감만큼의 사람과 상황이 내게 끌어당겨진다고 한다. 헤밍웨이는 "나에 대한 사람들의 평가는 내가 스스로 어떻게 평가하느냐에 따라 좌우된다."라고 했다. 자존감은 나를 사랑하는 것과 자신의 수준과 가치를 올릴수록 높아진다. 그러므로 나 자신의 사랑 에너지를 높이는 것은 자신의 삶의 계단과 질을 높이는 일이요, 자신과 주변의 사람과 상황을 변화시키는 가장 빠른 공식이다.

(2) 매사에 감사하는 기쁨으로 살아가기

사랑은 감사로 시작해서 용서로 완성이 된다. 그러므로 감사는 내 삶으로 모든 좋은 것을 끌어당기는 시동 키이다. 감사와 더불어 사랑 에너지의 출발점으로는 웃음과 칭찬이 있다. 감사는 행복의 씨앗이요, 웃음은 건강의 씨앗이요, 칭찬은 성공의 씨앗이기 때문이다. 삶과 운명은 뿌린 대로 거둔다. 어떤 '건강-행복-성공'의 씨앗을 뿌리느냐는 자신의 삶과 운명을 결정하게 된다. '매사에 감사하는 기쁨'과 '모두가 잘되기를 바라는 좋은 감정'은 행운의 여신이 항상 함께하는 특급 조건이다.

(3) 나와 상대의 장점을 칭찬하고 단점을 있는 그대로 받아들이고 존중하기

소크라테스는 "이것은 모든 것을 능가하는 원칙이다. 너 자신에게 진실해져라. 자신의 장점은 칭찬하고, 결점은 인정하라."라고 했다. 루이스 헤이는 베스트셀러 《치유》라는 책에서 '있는 그대로 받아들이기'가 나와 상대의 힐링과 치유의 시작점이라고 했다. 자신의 운명을 결정하는 대표적인 명언이자 공식으로는 사무엘 스마일스의 "생각을 바꾸면 행동이 바뀌고, 행동을 바꾸면 습관이 바뀌고, 습관이 바뀌면 인격이 바뀌고, 인격이 바뀌면 운명이 바뀐다." 즉 '생각-행동-습관-인격'이 운명을 결정하는 대표적인 공식이자 비법이다. 그런데 그 인격은 습관에 경험과 감정 그리고 가치관 등이 더해져 만들어진다. 그러한 모든 것들을 종합해서 '나를 사랑하는 법'으로 완성한 '나와 상대의 장점을 칭찬하고 단점을 있는 그대로 받아들이고 존중하기'는 힐링과 치유 그리고 인격의 첫 관문이다.

'나를 사랑하는 법' 세 가지는 자신의 삶과 운명인 '건강-행복-성공'의 점수를 결정하는 공식이자 비책이다. 그러므로 지금보다 더 나은 발전과 풍요의 삶을 원하거나 반복되는 문제를 해결하기를 원한다면, 우선 나를 사랑하는 세 가지 공식을 점검하고 개선해 나가는 것이 최상위의 해결책 중 하나가 될 것이다.

4장

삶의 오계절 학교와 오계절 그래프

4-1 '21 마법의 삶과 기적의 치유' 시크릿

(1) 21세기 '마법의 삶과 기적의 치유' 개념의 변화

20세기와 21세기는 '건강-행복-성공' 등 여러 가지 면에서 너무도 많은 차이점이 존재한다. 20세기 못 먹어서 병들던 시기에서 21세기 너무 먹어서 비만이 질병의 주요 원인인 시대로 변화하였다. 누구나 열심히 하면 잘 살던 시대에서 열심히 하고 잘해야 성공하는 시대로, 누구나 착하고 성실하면 건강하고 행복한 시대에서 그에 더해 지혜로워야 건강하고 행복한 시대로 바뀌어 가고 있다.

21세기 마법의 삶과 기적의 치유가 20세기까지와는 개념이 달라져야 한다. 20세기까지 기적의 치유란, 암 등 불치의 병에서 기적적으로 치유가 되는 경우를 의미했다. 하지만 질병에서 기적의 치유가 되었다고 해서 몸과 마음이 정상적인 건강 상태로 돌아오는 것은 아니다. 단지 질병에서 기적적으로 치유되었다는 것을 의미할 뿐이다. 그런데 4, 5차 산업혁명을 넘어 21세기 중후반이 되어갈수록 점차 다가오는 '건강-행복-성공'의 쓰나미가 거세질 것이다. 그 위기의 시기가 다가올수록 질병과 건강의 안전선을 넘어, 각종 질병으로부터 벗어나서 항상 건강한 삶을 유지하는 특별한 사람들이 존재할 것이다. 그 특별한 사람들을 '21 기적의 사람들'로 21세기 기적의 치유의 범주에 추가로 포함시켜야 한다.

그리고 마법의 삶에 대한 개념도 달라져야 한다. 20세기까지는 꿈과 목표를 이루고 발전과 풍요의 계단에 오르거나 베스트나 온리 그룹에 도달한 성공적인 삶을 마법의 삶이라 하였다. 하지만 21세기 중·후반이 되어 고용의 위기와 건강과 행복의 위기가 절정으로 치달았을 때, 언제든지 그 위기를 벗어나 21세기 삶의 프로나 명품의 단계에 오르는 사람들이 존재할 것이다. 그처럼 각종 위기와는 상관없이 항상 성공과 행복의 삶을 살아가는 최상위 경쟁력을 갖춘 사람들을 '21 마법의 삶'의 범주에 추가로 넣어 주어야 할 것이다. 21세기 후반부가 되면 20세기까지의 마법의 삶과 기적의 치유의 개념이 바뀌어 갈 것으로 예상된다. 이 책이 추구하는 목표인 삶의 프로와 명품화의 방향성도, 21세기 새로운 개념의 마법의 삶과 기적의 치유이다. 아인슈타인은 "세상을 보는 데는 두 가지 방법이 있다. 하나는 아무것도 기적으로 보지 않는 것이고, 다른 하나는 모든 것을 기적으로 보는 것이다."라고 했으며, 자신은 후자라고 했다.

(2) 21 마법의 삶과 기적의 치유 3대 결정 요소

21세기 마법의 삶과 기적의 치유를 이루는 3대 결정 요소가 있다. 그것을 이루는 것은 그리 어려운 일이 아니다. 우리가 잘 알고 있는 사소하고 평범한 일상의 크고 작은 일들 중에 몇 가지를 자기 계발을 통해 비범하게 처리하는 실력을 기르면 되는 것이다. 그중에서도 21 마법의 삶과 기적의 치유 3대 결정 요소인 '긍정의 힘-사랑 에너지-알아차림과 깨달음'의 정보 중에서 몇 가지를 선택하면 더욱 효과적일 것이다. 그 3대 결정 요소는 한 가지로만 작용하는 것이 아니라 세 가지가 합산되어 적용된다. 삶의 학교 일정과 각 개인의 상황에 따라 각각 %씩이 다르게 합산되어 작동된다. 습관과 잠재 뇌 그리고 삶의 공통적인 작동 원리와 특성은 "시작은 미약했으나 끝은 창대하리라."이다.

① 긍정의 힘

21 마법의 삶과 기적의 치유 첫 번째 결정 요소는 '긍정의 힘'이다. 긍정의 힘을 기르는 필수 습관인 '감사-웃음-칭찬-인사-친절' 등과 인성을 기르는 명품 습관인 '존중-배려-절제-겸손-나눔' 등을 발전시키는 것이 긍정의 힘을 기르게 한다. 그리고 좋은 생활 습관과 장점을 늘려갈수록 긍정의 힘이 강해진다. 또한, 부정과 단점을 줄이는 것도 긍정을 늘리는 효과가 발생한다. 부정 습관은 '근심·걱정, 불평·불만, 지적·짜증, 분노·두려움, 게으름' 등이 있다. 긍정의 힘이 높아질수록 발전과 풍요 그리고 힐링과 치유의 에너지가 강해진다.

긍정과 부정의 자가 점검과 평가표는 상대가 세상의 좋은 긍정적인 면이나 장점을 더 보려하거나 말하고 있는가, 아니면 부정적이거나 단점이 더 크고 많이 보이고 말하고 있는가를 자세히 들여다보면, 자신의 긍정과 부정의 점수를 예측할 수 있을 것이다. 각자의 삶의 계단과 질은 자기 계발을 통하여 긍정과 장점을 발전시키고, 부정과 단점을 개선하고 줄이는 정도와 수준에 비례하여 결정된다. 절대 긍정에 가까워질수록 21 마법의 삶과 기적의 치유에 다가서게 될 것이다.

② 사랑 에너지

두 번째 결정 요소는 '사랑 에너지'이다. 사랑 에너지를 발전시키는 것은 언제나 나 자신을 사랑하는 것으로부터 출발하여 이웃사랑 실천으로 완성된다. 나 자신을 사랑하는 사람이 되는 것은 내 안에 사랑 에너지를 발전시키는 길이다. 그리고 내 가정이나 직업으로 만난 사람들에게 사랑 에너지를 배달할 의무를 갖는다. 그것을 넘어 이웃, 국가, 인류, 조상과 후손, 자연과 우주 만물, 창조주 등으로 사랑 에너지를 확대해 나갈 수 있다.

일상생활에서 사랑 에너지를 높이는 가장 쉽고도 강력한 공식이자 비책으로 습관의 만능 키가 있다. 습관의 만능 키는 '웃음과 미소-목소리와 말투-하늘 은행에 저축'이다. 웃음과 미소는 하늘이 준 최고의 명약이자 사랑 에너지이다. 그리고 목소리와 말투를 발전시키면 내 삶의 모든 부위에 발전과 풍요 그리고 힐링과 치유의 점수가 올라간다. 목소리와 말투는 내 삶의 모든 것들의 종합 평가표이자 사랑 에너지의 평균 점수이기 때문이다. 또한, 하늘 은행에 복과 덕이 선한 영향력으로 쌓여갈수록 '21 마법의 삶과 기적의 치유'의 작동 능력이 높아져 갈 것이다. 하늘 은행은 사랑 에너지로 저축된다. 윌라 캐더는 "위대한 사랑이 있는 곳에 언제나 기적이 있다."라고 했다.

사람의 일생에 대한 종합 평가는 '무엇을-얼마나-어떻게 사랑하였고', 그 사랑을 '언제-얼마나-어떻게 배달하였는가?'로 평가할 수 있다고 한다. 기억 속에 아름답게 자리 잡은 사랑과 사랑 배달부에 대한 시가 있다.

"연탄재 함부로 발로 차지 마라 / 너는 / 누구에게 한번이라도 뜨거운 사람이었느냐." - 안도현 시인, 〈너에게 묻는다〉 중에서

③ 알아차림과 깨달음

세 번째 결정 요소는 '알아차림과 깨달음'이다. 내 삶에 모든 것들은 덮어쓰기 공식으로 일시에 변화시키는 알아차림과 깨달음의 공식은 '비우기-내려놓기-낮추기'이다. 실패, 질병, 역경 등은 주로 내 삶의 부정적인 면이나 부족한 것들이 모여서 발생한다. 그것을 개선하는 공식은 첫째는 '비우기'이다. 더 발전하거나 문제를 해결하기 위해서 가장 먼저 해야 할 일은 내 안을 비우는 것이다. 둘째는 '내려놓기'이다. 내가 알고 있고 현재 가지고 있는 삶의 패턴과 방식을 더 나은 수준으로 변화시켜야 다가서는 각종 문제의 산들을 넘어설 수 있을 것이다. 셋째는 '낮추기'이다. 낮추기란 삶의 학교 장학생들의 공통적인 학습의 열정과 자세로 비우고 내려놓기를 반복하는 일이다. 내 삶으로 다가서는 장애물들을 디딤돌로 전환

시킬 수 있다.

자신의 꿈과 목표를 이루고 힐링과 치유의 경지에 오를 때까지 비우고 내려놓기를 계속 반복하며 발전해 나가야 한다. 하늘은 우리를 사랑으로 창조하였다. 그리고 우리가 해결할 수 없는 문제나 역경은 결코 제출하지 않는다고 한다. 또한, 항상 문제라는 이름의 포장지 속에는 축복과 기회라는 선물이 들어 있다. 그러므로 실패, 질병, 역경 등도 그 안에 어떤 교훈이나 사랑의 의미가 들어 있을 것이다. '생로병사'마저도 삶과 영혼의 입장에서 바라보면 하늘의 선물이라 한다. 알아차림과 깨달음은 삶에 대한 시각과 관점을 바꾸어 순식간에 자신의 수준과 가치를 한꺼번에 몇 계단을 끌어올리는 공식이다. '21 마법의 삶과 기적의 치유'를 가장 크고 높게 이루는 비책이다.

4-2 삶의 '학습-경험-성숙-결실-오계절' 학교

삶은 학교이다. 간디는 "영원히 살 것처럼 배우고, 내일 떠날 것처럼 즐겨라."라고 했다. 그런데 삶은 과연 어떤 학교일까에 대해서 궁금증을 가져야 한다. 그리고 자신의 삶을 건강하고 행복하게 그리고 성공적으로 살아가려면 삶이 어떤 학교인지를 좀 더 구체적으로 자세하게 나눌 필요가 있다. 초등학교-중학교-고등학교-대학교에 따라 학습하는 것과 삶의 목표와 방향성이 다를 것이다. 이처럼 21세기 삶의 학교를 몸과 마음의 성장 발달과 퇴화의 과정 그리고 삶과 운명의 중요한 터닝포인트들을 참고로 하여 다섯 개의 학교로 구분하였다. 그것은 '학습-경험-성숙-결실-오계절' 학교이다. 학교마다 그에 맞는 목표와 계획을 세워야 자신의 삶과 운명인 '건강-행복-성공'의 점수를 높일 수 있을 것이다. 그래야 잠시 다녀가는 내 삶의 여름방학에서 삶의 학교 우등생과 장학생이 되는 길도 쉬워질 것이다.

(1) 학습의 학교

태어나서 가정과 학교를 통해 배우는 과정이다. 성장 발달의 3대 터닝 포인트가 있다. 6세가 될 때까지 사랑의 물 주기에 의한 자존감을 길러 주어야 하고, 청소년기까지 칭찬의 물 주기에 의한 자신감을 높여 주고, 뇌가 완성되는 21세까지 감동의 물 주기에 의한 긍정심을 길러 주어야 한다. 삶과 운명의 3대 사랑 축은 가정에서 부모와의 사랑 축, 그리고 학교에서 스승과의 사랑 축 그리고 자신의 꿈과 목표에 따른 멘토와의 사랑 축이다. 이 세 가지 사랑 축이 원만하고 바르게 세워져야 삶의 프로가 될 가능성이 높아진다. 또한, 일생을 살아나갈 긍정의 언어 습관과 성공적인 대인관계 그리고 건강과 체력을 준비해야 하는 중요한 시기이다. 이처럼 학습의 학교에서 잘 준비된 사람이 되어야 '건강-행복-성공'의 점수가 높은 삶의 우등생이자 프로가 될 가능성도 그만큼 더 높아질 것이다.

(2) 경험의 학교

학교를 졸업하고 직업을 갖거나 결혼을 통해 자신의 가정을 갖게 되는 경험의 학교이다. 경험의 학교는 학습의 학교로부터 부모, 학교, 이웃, 세상으로부터 받은 모든 사랑과 기대를 돌려주고 갚아 주어야 하는 이웃 사랑 실천의 시기이다. 시작이 반이다. 잘 준비된 출발이 성공을 결정한다. 경험의 학교를 들어서기 전에 어떻게 하면 행복 가정을 이룰 수 있는지, 그리고 직업을 통해 성공 프로 달성의 공식을 미리 준비하고 출발하는 것이 중요하다. 새로운 환경에 적응하는 첫 3~6개월 그리고 습관의 패턴과 방식이 80% 이상 정해지는 첫 1년이 중요한 적응 기간이다. 3년이 지나면 습관의 항상성에 의해 새로운 삶의 패턴과 방식이 만들어진다. 그 후로는 특별한 계기가 없는 한 습관의 항상성이라는 습관의 거대 공룡에 알게 모르게 이끌려 다니는 습관의 노예가 되어 살아간다.

(3) 성숙의 학교

40세를 전후하여 삶의 황금기를 맞이하게 된다. 인생의 반환점을 맞이하여 내 인생의 중간 점검이 필요한 변화의 시기이다. 이 시기부터는 성인병이 발생하는 시기이므로 면역력을 회복하기 위해 두세 가지 긍정의 힘이나 좋은 습관을 추가하여야 한다. 중년 이후의 몸과 마음의 변화에 따라 적응하고 대처하는 새로운 건강법에 대한 21세기 정보가 필요하다. 먼 훗날 덜 후회하고 떠나가는 건강하고 행복한 삶을 원한다면 인생의 반환점에서 새로운 목표를 세우고 미리 잘 준비해야 하는 성숙의 학교이다. 청소년기에 꿈과 목표를 세우는 것이 건강과 행복 그리고 발전과 풍요의 삶을 준비하는 데 가장 중요한 시기였다. 그런데 인생의 반환점을 돌아서는 이 시점에서 내 인생에 대한 중간 점검과 또 한 번의 새로운 목표와 계획을 세워야 한다. 그것은 앞으로 남은 평생의 삶의 계단과 질을 결정하게 될 것이다.

(4) 결실의 학교

60세 전후에는 대다수의 사람이 직업적으로나 경제적으로 제2의 인생을 살아가게 되는 시기이다. 그리고 개인이나 가정적으로도 많은 변화가 진행되고 건강적인 측면에 있어 퇴행성 질병이 발생하는 시기이다. 40대와 마찬가지로 떨어지는 면역력을 회복하기 위해 두세 가지 긍정의 힘이나 좋은 습관을 추가하여야 한다. 이 시기에는 그동안 해오던 일상이나 운동 등을 무리하지 않게 줄이는 대처와 적응이 필요하다. 또한, 노화와 상실의 시대에 대비한 비우고 내려놓는 훈련도 필요하다. 그 사람에 대한 최종적인 평가가 어떠한 유종의 미를 거두느냐에 달려 있다. 20세기 이전에는 평균 수명이 60세가 안 되었다. 그런데 21세기 들어 인류의 수명이 급격하게 증가하고 있다. 그러다 보니 60세 이후의 건강과 행복 등 삶의 지침이나 학습 교과서가 거의 없는 상태이다. 이제는 백세 시대 건강과 행복에 대한 대비, 경제적인 준비, 그리고 삶의 재출발과 멋진 마무리를 동시에 시작하여야 한다.

(5) 오계절 학교

80세가 넘으면 보너스의 계절이요, 영혼의 학교를 준비해야 하는 학교이다. 21세기 들어 인류의 수명이 기하급수적으로 발전하여 개설된 특별한 학교이다. 이 시기에는 이별, 경제, 질병, 고독 등으로 어려움이나 고통을 받는 사람들이 많다. 누구든 건강과 행복이 함께하는 아름다운 삶의 마무리를 원하거나 영혼의 천사가 되기를 바란다면 세 가지 숙제를 실천하면 도움이 될 것이다. 첫 번째 숙제는 항상 밝고 따뜻한 웃음과 미소 천사가 되어야 한다. 두 번째는 부드럽고 친절한 목소리와 말투로 감사와 칭찬의 말을 전하는 감동 천사가 되어야 한다. 세 번째는 나와 상대를 용서하는 깨달음과 정화의 사랑 천사가 되어야 한다. 삶의 아름다운 마무리 단계의 모습 그대로가 훗날 자신이 바라는 영혼의 천사로 이어질 것이다.

결실의 학교나 오계절 학교에 들어섰다면 삶과 영혼의 아름다운 마무리를 준비하는 것이 지혜로운 일이다. 영혼의 계절에 대해, 그것을 믿고 안 믿고는 어느 쪽이든 자신이 생각과 믿음대로 선택하면 된다. 로마 황제이자 《명상록》의 저자인 마르크스 아우렐리우스는 "신이 있다면 죽는 것도 즐겁지만, 신이 없다면 사는 것도 슬프다."라고 했다.

4-3 Dr Park's 성장 발달과 퇴화의 오계절 그래프

(1) 성장 발달과 퇴화의 Dr Park's 오계절 그래프 건강법

사람은 태어나서 평생토록 몸과 마음의 성장 발달의 1~3차 터닝포인트와 퇴화 과정의 1~3단계 건강의 계단을 맞이하게 된다. Dr Park's 오계절 그래프의 탄생 과정은 첫째 몸과 마음의 조정자이자 삶과 운명의 선장인 뇌의 성장 발달과 퇴화 과정, 둘째 삶과 영혼의 길동무이자 건강의 신호등인 치아의 성장 발달과 퇴화 과정, 셋째 인체의 주요한 파트인 시력(눈), 청력(귀), 뼈, 근력, 성력, 면역력 등의 성장 발달과 퇴화의 과정 등 세 가지 파트를 종합 분석하여 그 공통점과 평균치를 산출해 낸 그래프이다.

태어나서 평생토록 몸과 마음의 성장 발달의 1~3차 터닝포인트와 퇴화 과정의 1~3단계 건강의 계단이 있다. 그 특별한 과정에 따른 준비가 건강하고 행복한 삶의 계단과 질을 결정하게 될 것이다.

(2) 몸과 마음의 성장 발달의 3차 터닝포인트

① 1차 터닝포인트(6세 전후)

1차 터닝포인트는 뇌의 폭발적인 성장과 더불어 입안에서는 6세 구치라 하여 첫 번째 어금니인 영구치가 맹출하는 시기이다. 치아의 맹출과 뇌의 폭발적인 성장의 시기는 거의 비례한다. 또한, 나이가 들어 치아가 상실되면 그 후 뇌의 퇴화도 급속도록 진행된다. 이때까지는 사랑의 물 주기에 의한 자존감을 길러 주는 시기이다. 그리고 이 시기까지는 일생을 살아가는 동안 필요한 원조 습관 세포가 만들어지는 중요한 시기이다. 원조 습관 세포는 훗날 '습관-인성-지혜-실력-명품' 등 내 삶에 모든 것의 씨앗이 된다.

② 2차 터닝포인트(14~15세 전후)

2차 터닝포인트는 청소년기를 중심으로 발생한다. 이 시기에는 뇌의 폭발적인 성장과 더불어 두 번째 최후방 어금니인 영구치가 맹출하는 시기이다. 두 번째 어금니가 맹출되면 인체의 성장이 급속도록 빨라진다. 그리고 이처럼 인체의 특별한 변화가 진행될 때는 몸과 마음에서도 새로운 변화와 학습 등을 수용하기 쉬운 시기이다. 그래서 자기 계발이나 습관이나 인성 등을 기르기에 가장 적절하고 중요한 시기이다. 이 시기에는 칭찬의 물 주기에 의해 자신감을 길러 주는 시기이다. 건강하고 행복한 미래를 위해 긍정의 언어 습관이나 성공적인 대인관계 등을 학습해야 하고 건강과 체력을 길러 주어야 한다. 그리고 내 인생의 예비 점검으로 꿈과 목표를 세워 삶의 방향성을 갖추는 것은 훗날 발전과 풍요의 계단에 오르고 삶의 우등생을 준비하는 중요한 일이다.

③ 3차 터닝포인트(21세 전후)

3차 터닝포인트는 뇌의 성장이 완성되는 시기이며, 세 번째 어금니인 사랑니가 맹출하는 시기이다. 태어날 때 1,000억 개의 뇌세포가 효율성을 높이기 위해 자주 사용하는 140억 개 정도로 정리되어 완성되는 시기이다. 이때까지는 마음의 성장과 성숙이 진행되는 시기이므로 긍정의 힘을 길러 주는 것이 중요하다. 이 시기에는 감동의 물 주기에 의해 긍정심을 키워 주어야 한다. 이러한 몸과 마음의 성장 발달과 퇴화의 시기에 따른 1-3차 터닝포인트에 적절한 '사랑-칭찬-감동'의 물 주기가 진행된다면, '자존감-자신감-긍정심'이 제대로 형성되어 건강하고 행복한 그리고 성공적인 삶을 살아갈 가능성이 높아진다.

(3) 몸과 마음의 퇴화의 1~3차 건강의 계단

태어나서 평생토록 몸과 마음의 성장 발달의 퇴화 과정의 1~3차 건강의 계단이 있다. 1~3차 건강의 계단에 따른 특별한 변화와 과정에 대해 알아보기로 하자.

① 제1 건강의 계단(25세 전후)

제1 건강의 계단은 25세를 전후로 몸과 마음의 성장과 성숙이 완성되어 가는 인체의 최정상에 도달하는 시기이다. 그 후에는 뇌와 치아 그리고 인체의 모든 부분에서 서서히 퇴화가 진행된다. 이 시기에는 습관의 항상성이라는 습관의 거대 공룡이 탄생하는 시기이다. 30세 즈음까지 일생을 살아나가는 삶의 패턴과 방식이 결정되고, 생각과 행동의 각종 한계의 벽이 정해지는 시기이다. 그 후로 습관의 거대 공룡은 나 자신을 대신하여 모든 선택과 결정을 대신하게 된다. 또한, 일생을 살아나갈 필요한 건강과 체력을 점검하고 준비해야 한다. 그리고 행복 가정 만들기와 성공 프로 달성의 공식을 학습해 두어야 한다. 내 인생의 출발 점검이 필요한 시기이다.

② 제2 건강의 계단(40세 ±5)

제2 건강의 계단은 인생의 반환점인 40세를 전후하여 맞이하게 된다. 청소년기에 성공을 위한 꿈과 목표를 세우는 것이 중요했다면, 인생의 반환점에서 나머지 삶에 대한 중간 점검과 건강과 행복의 계획표를 세우는 것이 중요한 일이다. 청소년기가 인생의 사춘기라면 중년인 이 시기는 인생의 사추기라 할 수 있다. 이때부터는 건강이 한 계단 떨어지고 성인병 발생이 진행되는 시기이다. 치아가 흔들리고 시려지는 잇몸 염증과 풍치가 시작되는 등 뇌와 인체의 본격적인 퇴화가 시작되고, 풍치와 더불어 흰머리와 노안 등 노화의 3대 불청객이 찾아온다. 그러므로 중년 이후에 떨어지는 면역력을 보강하기 위해 두세 가지 긍정의 힘이나 좋은 습관을 발전시켜야 한다. 그래야 앞으로 진행될 성인병을 예방하고, 건강과 행복의 떨어지는 계단을 만회할 수 있다.

③ 제3 건강의 계단(60세 ±5)

제3 건강의 계단은 60세를 전후하여 진행된다. 25세 최정상으로부터 40세 전후로 한 계단이 떨어지고, 60세가 되면 한 계단 더 내려가 성인병 진행과 더불어 퇴행성 질병이 본격적으로 발생하는 시기이다. 치아가 흔들려 상실되는 발치가 진행되는 등 몸과 마음의 퇴화가 급격하게 일어난다. 그러므로 내 인생의 결실 점검과 노년기 이후에 건강을 지키는 핵심 요소들을 지켜 나가야 한다. 누구에게나 찾아오는 은퇴, 이별, 질병 등에 잘 대비하는 삶의 아름다운 유종의 미를 준비하고 제2의 인생을 출발하는 시기이다. 몸과 마음의 건강을 동시에 챙겨야 하는 시기이다.

21세기 인류의 수명이 비약적으로 연장되어 맞이하게 되는 제4 건강의 계단인 80세 전후에는 가장 강력하고 급격한 퇴화와 노화가 진행되는 시기이다. 그동안 물려받은 유전적으로 강하거나 미리 잘 준비된 사람만 질병과 노화를 대비할 수 있게 되어 행복한 건강 장수가 가능해진다. 보너스의 계절 또는 영혼의 계절이라 하여 '오계절 학교'라고 새로운 이름을 명명하였다. 삶을 아름답게 마무리해야 하고 몸과 마음의 건강과 훗날 영혼의 천사를 준비하는 시기이다.

제3부

◇

습관 편

: 21 뉴-하이 습관 선언 '원-투-쓰리'

삶과 운명에 대한 습관의 중요성을 강조하는 수많은 명언과 삶의 진리가 있다. 세계 5대 성인인 공자는 "사람은 태어날 때 같으나 습관에 의해 운명이 달라진다."라고 했다. 그리고 파스칼은 "습관은 제2의 천성으로 천성을 파괴한다."라고 했다. 하버드대 심리학 교수인 윌리엄 제임스는 "습관이 운명을 만든다."라고 했다. 이처럼 습관은 우리 삶과 운명의 가장 중요한 결정 요소이다.

21세기 백년 전쟁의 '건강-행복-성공'의 위기를 극복하기 위해서는 습관을 고치거나 만드는 공식을 알고 있어야 한다. 20세기까지는 습관 고치는 것은 어려운 일이였다. 인류 역사로 볼 때 아직까지 그 해결책이나 지름길이 알려지지 않는 문제는 항상 어려운 일이다. 그렇지만 누군가에 의해 해결책이나 새로운 지름길이 발견되면 그때부터는 쉬운 일로 바뀐다. 현미경이 발견되어 바이러스나 세균에 의해 질병이 발생된다는 것이 밝혀지기 이전에는 질병은 부정을 탔거나 하늘이 벌을 줬거나 마귀가 침범한 것으로 간주되었다. 그리고 지구가 평평하다고 믿고 있던 시기에는 둥글다고 말하는 것은 위험한 일이었다. 삶의 진리도 마찬가지이다. 이처럼 삶의 진리마저도 시대에 따라 새로운 발견이나 발명이 되지 않았을 때는 오류를 진실로 믿고 있던 시대도 있었다. 21세기 현재도 아직 모르고 있거나 진실이라고 믿고 있는 곳에서도 언제나 오류는 존재할 수 있다.

우리의 삶과 운명을 결정하는 습관도 마찬가지로 습관에 대한 원리와 특성이 다양하게 밝혀지지 않았을 때는 습관 고치는 것이 항상 어려운 일이였다. 벤저민 프랭클린은 "사람은 25세에 죽고 75세에 묘지에 묻힌다."라고 했다. 25세 무렵에 탄생되는 삶의 패턴과 방식, 각종 한계의 벽 등 습관의 항상성이라는 습관의 거대 공룡은 평생토록 거의 변하지 않는다는 뜻이다. 그래서 "세 살 버릇 여든 간다."라는 속담도 있다. 그런데 21세기 후손들을 위한 50년 세월의 연구로, 이제 21세기에는 '습관 고치는 것은 쉬운 일이다.'라고 선언하고자 한다. 21세기 삶의 프로나 명품이 되고 싶다면 그 첫 번째는 '습관의 7가지 원리와 특성', 두 번째는 '습관 고치기와 만들기 3대 공식', 세 번째는 '습관 방정식과 빅뱅 도미노'에 대한 정보가 도움이 될 것이다.

5장

습관 고치는 것은 쉬운 일이다!
21 선언-'원'

21 습관 선언-'원': 습관의 7가지 원리와 특성

5-1 습관의 형성과 발달 과정 '3주-3개월-3년'

습관은 생각과 행동이 반복적으로 지속되어 발생한다. 그런데 그것에는 항상 일정한 습관 형성의 공식이 적용되고 있다. 가장 먼저 알아두어야 할 습관의 원리와 특성은 습관 형성과 잠재 뇌에 습관의 폴더 완성 과정이다. 그것은 '3주-3개월-3년'의 공식으로 습관이 완성된다. 좋은 일이든 나쁜 일이든 자신이 스스로 반복하는 일은 습관이 된다.

(1) 3주: 습관의 씨앗

반복되는 생각이나 행동은 3주가 지속되면 뇌의 기억세포인 해마세포에서 인정을 하게 된다. 그래서 무슨 일이든 새로운 습관을 만들거나 변화시키고 싶다면, 첫 번째 관문인 3주 이상 반복적으로 지속해야 한다. 좋은 습관의 씨앗을 뿌려야 훗날 좋은 열매를 얻게 된다. 그러니 좋은 목표와 계획을 작성한 후 시작할수록 좋은 습관을 얻을 가능성이 높아진다. 그러므로 새로운 습관을 만들기 이전에 어떤 준비가 되었는가가 성공적인 출발과 완성에 영향을 미치게 된다.

(2) 3개월: 습관의 떡잎과 뿌리

새로운 습관을 시작한 지 3주가 지나 3개월 동안 반복되면, 내 몸의 세포들이 새로운 습관을 받아들이기 시작한다. 내 몸 세포는 신진대사에 의해 3~6개월에 90% 이상이 항상 새롭게 대체된다. 내 몸의 새롭게 대체된 세포들이 새로운 습관을 인지하고 경험하게 되는 것이다. 그러므로 습관 형성의 두 번째 관문은 3개월 이상을 지속하느냐에 달려 있다. 3개월을 넘어 1년 정도 지속하면 새로운 습관의 초기 항상성이 발생한다.

(3) 3년: 습관의 줄기와 열매

새로운 습관을 3년 동안 지속적으로 반복하면 잠재 뇌에 정식으로 새로운 습관의 폴더가 만들어진다. 3년이 지나면 습관의 항상성이 발생한다. 즉 그 일을 무의식적으로 행동할 수 있게 만들어지는 것이 습관의 항상성이다. 일단 습관의 폴더가 만들어지면 그 후로는 에너지 효율과 시간 낭비를 줄이기 위해 선택과 결정을 습관의 폴더에 위임하게 된다. 나 자신의 삶과 운명을 지금보다 더 나은 방향으로 변화시키고 싶다면 새로운 습관화에 최소 3년의 노력이 요구된다는 의

미이다. 하늘은 우리에게 축복과 선물을 주는 조건으로 최소 3년의 노력과 실천을 요구하는 것인지도 모른다.

습관의 형성과 발달은 '3주-3개월-3년'의 과정으로 완성된다. 그러므로 어떤 일을 계획하든, 시작하기 전에 꿈과 목표를 정하고 3년을 지속적으로 실천하는 계획을 세워야 한다. 3년이 지나 잠재 뇌에 새로운 습관의 폴더가 완성되면 그때부터는 새로운 습관의 열매를 평생토록 얻을 수 있다. 그래서 천재가 성공하는 것이 아니라, 지속적으로 실천하는 사람이 성공하는 천재이다. 습관은 경험이 쌓일수록 점차 실력화의 수준으로 강화되기 시작한다.

습관의 1% 시크릿: 예외 없는 법칙은 없다.

내 삶으로 모든 좋은 것들을 끌어당기는 긍정의 끌어당김 법칙은 사랑 에너지로 작동된다. 습관에는 언제나 '3주-3개월-3년'이라는 습관의 형성과 완성 과정 그리고 실력화 과정 등이 적용되고 있다. 그런데 세상에는 항상 예외의 법칙이 작동하고 있다. 3년이라는 습관화나 실력화의 필수 기간이나 과정이 적용되지 않으면서도 습관 중에 가장 사랑 에너지 레벨이 높은 '습관의 1% 시크릿'이 있다. 태초와 인류 탄생으로부터 생존과 상호 간 교통의 수단으로 유전적으로 이어져 내려온 원조 습관이다. 그것은 사람이 태어나서 3~6세경에 최초로 만들어지는 근원 습관이기도 하다.

그 원조이자 근원 습관 중 대표적인 두 가지는 '웃음과 미소' 그리고 '목소리와 말투'이다. 이 두 가지 습관은 언제든 실천하는 수준에 따라 즉각적으로 효력이 발생하고, 내 삶의 모든 것이 동시다발적으로 발전하는 특별한 효과가 있다. 즉 3년이라는 최소 기간이 면제되는 특별한 경우이다. 그래서 누구든 더 나은 발전과 풍요의 계단에 오르기를 바라거나 반복적으로 다가서는 삶의 문제를 넘어서기를 원한다면 항상 자기 계발의 최우선 순위로 고려하면 효과적일 것이다. 사랑 에너지의 레벨이 가장 높은 '웃음과 미소' 그리고 '목소리와 말투'는 내 삶으로 모든 좋은 것을 끌어당기고 이루는 '습관의 만능키'이자 '습관의 1% 시크릿'이라 할 수 있다.

5-2 습관 만들기 진행 과정 '1-2-3년 차'

새로운 습관을 만들거나 습관 고치기를 하다 보면 항상 주의해야 할 세 가지 핵심 요소가 있다. 그것은 습관을 만드는 '1-2-3년 차'의 과정 중에 발생한다.

(1) 1년 차: 습관의 의무 돌봄기

습관 만들기를 시작한 후, 1년 차 동안에 주의해야 할 특별한 사항이 있다. 그것은 뇌 속 해마세포에 기억되는 3주라는 기간과 내 몸의 새로운 세포로 교환되는 3개월이라는 기간을 잘 넘겨야 한다. 그리고 습관이 완성되는 3년을 채우기 전에 1년이라는 습관의 초기 항상성이 형성되는 기간을 거친다. 즉 1년간 지속한 습관은 3년 동안 지속될 확률이 80%에 달한다. 그래서 결혼이든 직업이든 새로운 어떤 일을 습관화할 때는 첫 1년이 앞으로 새로운 일을 받아들이고 처리하는 방식과 패턴이 만들어지는 너무도 중요한 기간이다. 언제든 좋은 목표와 계획 그리고 미리 준비하고 시작하는 것이 진행 과정이나 최종적인 결과에 커다란 영향을 미치게 된다.

습관 만들기 1년 차가 '습관의 의무 돌봄기'인 이유는 이 시기가 새로운 습관의 내면의 질을 결정하기 때문이다. 새로운 습관을 만든다는 것은 기존의 습관보다 단 0.01%라도 더 나은 습관을 만드는 것이 중요한 일이다. 그러한 생각과 실천으로 시도하지 않으면 지금까지 자신의 내면에 이미 존재하는 수백, 수천 가지 습관과 비슷한 것을 계속 만드는 결과를 초래한다. 그래서 첫 1년 동안이 그 모든 것을 결정하는 중요한 결정 키가 된다. 기존의 습관보다 더 나은 습관을 만드는 결정 키인 1년 차 '습관의 의무 돌봄기'를 잘 지내는 것은 중요한 일이다.

(2) 2년 차: 습관의 권태기와 슬럼프

습관의 형성 과정 중 가장 어려운 시기는 2년 차이다. 2년 차는 지속적인 실천력과 발전하고자 하는 첫 출발의 마음을 잃어버리지 않는 것이 관건이다. 처음에는 의욕적으로 출발했지만 1년쯤 지나면 대다수가 권태기나 슬럼프를 맞이하게 된다. 왜냐하면 습관의 열매는 3년이 지나야 열리게 되어 주변에서 인정과 칭찬을 받게 된다. 그런데 1년 동안 열심히 했는데 나 자신이 많이 변하지도 않았고, 아직 주변에서의 인정과 칭찬이 시작되지 않았기 때문이다. 사람은 누구나 인정받고 싶고 칭찬받고 싶은 욕구를 가지고 있다.

무슨 일이든 그 일을 처음 시작할 때는 누구나 그것을 잘해 보고자 하는 의욕을 가지고 열심히 한다. 실제로는 3년쯤 지나야 그 일을 파악하고 잘하게 되는데, 1년쯤 지나서 어느 정도 알게 되면 마치 다 아는 것 같은 착각을 한다. 이처럼 더 발전하고자 하는 의욕이 줄어들어서 2년차 징크스를 앓게 되는 경우가 많다. 2년 차 징크스를 극복하지 못한다면 평범한 수준에 머물게 될 확률이 높다. 그런데 2년 차 징크스를 맞이하는 가장 큰 이유는, 살아오면서 형성한 새로운 일을 받아들이고 처리하는 삶의 패턴과 방식에 문제나 오류가 있거나 지속적인 실천력을 습관화하지 못한 점에 들어 있다.

권태기와 슬럼프를 대비하여 2년 차는 첫째, 좋은 멘토나 성공한 전문가나 인생 선배 등의 강연이나 책 등을 통해 조언을 얻는 것이 좋은 방법이다. 그리고 자기가 왜 이 일을 꼭 해야 하는지, 할 수 있는 이유는 무엇인지를 적어 보고, 스스로를 격려하고 칭찬하며 즐겁게 진행하는 것이 성공의 비결이다. 둘째, 목표를 이룬 후 좋아져 있는 자신의 성공 이미지를 상상하는 것과 꿈 너머의 꿈을 그려 보는 것도 많은 도움이 된다. 이것은 자신의 셀프 이미지를 강화하는 일이다. 셋째, 가볍고 흥미를 유발하는 취미 생활이나 등산, 낚시, 운동, 영화감상, 봉사 활동 등 새로운 일을 하나 시도해 본다. 또는 하던 일을 잠시 놓아 버리고 마음껏 뒹굴뒹굴하며 쉬어 가거나 재충전할 수 있는 특별한 프로그램들을 미리 만들어 두는 것이 유리하다.

특별한 프로그램이란, '21세기 문제 해결의 비상구와 탈출구'나 '내 인생의 버킷 리스트' 등을 미리 만들어 두는 것이다. 미리 만들어 두는 것이 중요한 이유는 막상 권태기나 슬럼프에 빠졌을 때에는 좋은 해결책을 떠올리기 어렵기 때문이다. 진행하던 일을 잠시 내려놓고, 미리 만들어 둔 특별한 프로그램들 중 한두 가지를 가볍게 조건과 제약 없이 즐겁게 진행한다. 가볍게 기분을 전환하고 재충전을 한 후, 다시 원위치로 돌아와 진행하면 도움이 될 것이다.

(3) 3년 차: 습관의 탄력기

2년 차 권태기나 슬럼프를 잘 넘기면 이제는 3년 차 '습관의 탄력기'에 들어선다. 3년 차가 '습관의 탄력기'인 이유는 새로운 습관이 자신의 삶에 서서히 적용되어 반영되기 시작하고 주변에서도 발전된 나의 변화를 느끼고 인정하기 시작한다. 그래서 조금만 더하면 목표를 이룰 수 있다는 가시권에 들어오기 시작한다. 결승점이 보이면 힘이 나는 마라톤 선수와 같다. 그런데 이 시기에도 커다란 함정이 하나 숨겨져 있다. 이 시기에는 한 가지만 주의한다면 별로 문제가 발생하지 않는다. 그것은 결승점을 앞에 두고 자만심을 갖게 되는 것이다. 주변에서의 칭찬과 인정이 가끔 독이 되는 경우가 있다.

아직 한 걸음 더 잘 마무리해야 원하는 좋은 품질의 습관이 만들어진다. 처음 출발할 때 '1년 차 의무 돌봄기'를 잘 만드는 것이 중요했듯이 마지막 3년 차 마무리가 잘 되어야 유종의 미를 거둘 수 있다. 이 시기에 찾아드는 자기 자신의 자만심이나 주변의 인정과 칭찬에 게을러져서 발전 속도를 멈추는 일을 주의해야 한다. 이처럼 끝날 때까지는 끝난 것이 아니라는 주의 사항만 기억한다면 3년 차는 그리 어려운 일 없이 목표를 달성할 수 있을 것이다. 마라톤 선수가 항상 마지막 스퍼트를 잘해야 좋은 기록이 탄생하는 이치와 마찬가지이다.

5-3 습관의 항상성과 거대 공룡의 탄생 '1-2-3단계'

습관의 항상성이라는 습관의 공룡들이 탄생한다는 것은 내 삶에 있어서 중요한 순간들이다. 사람은 누구나 수백, 수천 가지 습관의 항상

성들을 가지고 있다. 태어나면서부터 무엇이든 3년 이상 내가 좋아서 반복적으로 생각하고 행동한 것은 습관이 된다. 그리고 그것이 좋은 것이든 나쁜 것이든 구별하지 않고 모두 내 잠재 뇌 속에 습관의 항상성으로 자리 잡게 된다. 이것들이 모여 훗날 성장 발달의 최정점인 25세를 전후로 습관의 거대 공룡이라는 '습관의 대통령'을 선출한다. 습관 프로가 되고 싶다면 습관의 항상성과 습관의 거대 공룡의 탄생에 대한 정보가 필요하다.

(1) 1단계: 습관의 항상성, 초기 단계 (1년, 80%)

습관의 항상성이 형성되는 과정에는 몇 가지 중요한 단계가 있다. 그것은 새로운 습관이 시작된 지 1년이 지나면 습관의 항상성의 1단계 초기 단계가 시작된다. 그래서 무엇이든 새롭게 시작한 일을 1년 동안 습관적으로 반복하게 되면 새로운 패턴과 방식의 초기 단계가 형성된다. 그리고 그 새로운 패턴과 방식은 그 후 3년 동안 지속될 가능성이 80%가 넘어선다. 그러므로 무슨 일이든 첫 1년 동안 그 일을 받아들이고 처리하는 새로운 패턴과 방식을 제대로 만드는 것이 중요하다. 특히 결혼이나 새로운 직업을 갖게 되었을 때, 첫 1년 동안의 진행 과정은 자신의 삶에서 중요한 의미를 갖는다.

(2) 2단계: 습관의 항상성, 성숙 단계 (2년, 90%)

새롭게 출발한 지 2년이 지나면 습관의 항상성의 중간 단계인 2단계가 형성된다. 앞으로 그 방식대로 진행될 확률이 90%를 넘어서게 된다. 이 시기는 '습관의 권태기와 슬럼프'를 잘 넘어서는 것이 관건이다. 2년 차의 단계는 그 일을 성숙시키는 과정이기에 최종적으로 습관을 잘 완성하는 사람이 될지를 결정하는 기간이다. 스스로와 주변의 칭찬과 인정 그리고 지속적인 실천이 요구되는 시점이다.

(3) 3단계: 습관의 항상성, 완성 단계 (3년, 99%)

습관의 완성 단계로 들어서는 3년 차가 되면 습관의 항상성이라는 습관의 공룡들의 윤곽이 서서히 드러난다. 무엇이든 3년을 반복하면 습관의 항상성이자 습관의 공룡들이 만들어진다. 그러므로 사람에게는 세 살 이후로부터 평생토록 이러한 수천, 수만 가지 습관의 항상성이 만들어진다. 마치 영화 〈쥬라기 월드〉와 같은 습관의 공룡 랜드가 우리의 뇌 속에 만들어진다. 뇌세포가 정리되는 21세 무렵까지 자신이 주로 사용하는 습관은 항상성이 점점 더 강해진다. 시간이 지나면 습관의 항상성은 점점 경험과 가치관이 쌓여 나가며 실력화로 진행되어 습관의 공룡들의 실력이 강해진다.

(4) 습관의 대통령 선출과 습관의 거대 공룡 탄생 (21~25세)

21~25세가 되면 인체에서는 특별한 일이 발생한다. 그것은 그동안 3세 이후에 만들어진 수많은 습관의 공룡들이 모여, 그중에서 '습관의 대통령'인 습관의 거대 공룡을 선출하게 된다. 지금까지 나 자신이 만들어 온 모든 습관의 항상성들이 앞으로 일생을 살아가는 동안에 자신만의 삶의 패턴과 방식이 정해져 간다. 습관의 공룡들의 우두머리이자 리더인, 습관의 거대 공룡이라는 '습관의 대통령'을 선출하는 과정을 겪게 된다. 평소 나 자신이 가장 많이 생각하고, 말하고,

관심을 갖고, 자주 찾고, 좋아하는 공룡일수록 '습관의 대통령'으로 선출될 가능성이 높아진다.

그렇게 선출된 '습관의 대통령'은 자신의 삶의 패턴과 방식으로 고정되어 앞으로 평생토록 나 자신을 대표해서 내 삶의 모든 선택과 결정 등을 대신하게 된다. 대다수의 사람은 25세가 지나서 특별한 계기가 없다면 자신이 선택한 '습관의 거대 공룡'의 방식으로 일생을 살아간다. 그리고 25~30세가 되면 삶의 패턴과 방식 그리고 각종 한계의 벽 등이 고정된다. 처음에는 사람이 습관을 만들지만 나중에는 습관이 사람을 만든다.

5-4 습관의 일생 그래프와 제1~3의 새로운 나 탄생

습관의 성장과 발달은 일생을 통한 제1~3의 탄생 과정이 있다. 그것은 천성과 습관의 일생으로 '내 일생의 습관 그래프' 또는 '삶과 운명의 습관 그래프'라 할 수 있다. '내 일생의 습관 그래프'는 자신의 '건강-행복-성공'의 점수를 높이고 싶다면 내 삶에 적용해야 할 필수 정보이다.

(1) 제1의 원조 습관 세포 탄생 (6세 전후)

6세를 전후해서 '내 일생의 습관 그래프'이자 '삶과 운명의 습관 그래프'의 1단계인 '제1의 습관 세포'가 탄생한다. 부모나 조상으로부터 선천적으로 물려받은 유전적 형질과 특성이 있다. 그 선천적인 형질과 특성은 후천적으로 태어나서부터 3~6세 무렵에 만들어지는 습관들과 결합을 한다. 그래서 6세를 전후하여 내 삶의 모든 것에 기본

재료가 되는 원조 습관 세포가 탄생한다. 세 살 버릇 여든 간다고 한다. 원조 습관 세포는, 첫째 태어나서부터 보고 듣고 느끼는 오감과, 둘째 울고 웃는 감정, 그리고 셋째 부모나 주변 사람들로부터 주고받는 사랑 에너지가 중요한 재료가 되어 만들어진다.

이 세 가지 '느낌-감정-주변의 사랑 에너지'는 3~6세 무렵에 처음으로 만들어지는 원조 또는 근원 습관으로 작용하고, 습관 세포의 중요한 3대 구성 성분이 된다. 그래서 훗날 성인이 되어서도 느낌과 필(feel)에 영향을 받고, 생각보다 감정에 좌우되며, 주변 사람의 생각과 말에도 여전히 영향을 받으며 눈치와 신경을 쓰게 된다.

느낌과 감정 그리고 주변의 사랑 에너지로 구성된 원조 습관 세포는 6세 이후 10년 정도가 지나 15세 무렵에 사춘기라 불리는 청소년기에 이르면 자신만의 생각과 행동의 패턴과 방식으로 성장한다. 청소년기를 지나면서 점차 경험과 가치관 그리고 지식 등이 쌓이면서 또다시 10년 정도가 지난 25세 무렵까지 '습관-인성-지혜-실력-명품' 등 내 삶과 운명의 모든 것으로 발전해 나가게 된다. 그래서 현재 가지고 있는 내 삶의 모든 것들의 가장 내면의 핵심부에는 원조 습관 세포라는 삶과 운명의 씨앗이 들어 있다. 명상에서는 이 시기를 삶을 변화시키는 가장 중요한 열쇠로 여기며, 5~6세 무렵에 형성되는 '내면의 어린아이'라고도 한다.

(2) 제2의 새로운 나 탄생 (25세 전후)

사람은 누구나 25세를 전후하여 습관의 항상성이라는 습관의 거대 공룡을 탄생시킨다. 이것을 '제2의 새로운 나의 탄생'이라 한다. 이 시기에 선출된 습관의 거대 공룡은 그 후로 나 자신을 대표로 하여 내 삶의 모든 것을 결정하게 된다. 25세가 넘으면 특별한 계기가 없는 한 자신이 선출한 습관의 거대 공룡에게 모든 것을 위임한 채 알게 모르게 습관의 노예가 되어 살아가게 된다.

살아오면서 만들어진 수천, 수만 가지의 습관이 항상성이라는 습관의 공룡들이 모여 습관의 거대 공룡이라는 '습관의 대통령'을 선출한다. '습관의 대통령'은 앞으로 일생을 살아 나가는 동안 자신을 대표하여 모든 것을 처리한다. 그리고 특별한 계기가 없는 한 습관의 거대 공룡에게 모든 것을 위임한 채 살아간다. 하지만 현재까지의 나를 대표하는 '습관의 대통령'일 뿐이다. 자기 계발을 통하여 언제든 새로운 '습관의 대통령'을 선출할 수 있다. 21세 무렵에는 잠재 뇌의 깊은 곳에 넣어둔, 누구나 무엇이든 할 수 있고 될 수 있는 '명품의 나'가 잠재되어 있다. 그러므로 '현재의 나'는 내 앞에 존재하는 습관의 거대 공룡과 내 뒤에 존재하는 내 안의 잠든 거인을 포함하고 있는 '명품의 나'를 잘 조율해 가며 살아가야 한다.

(3) 제3의 거듭나기 탄생 (평생토록)

25세를 전후하여 만들어지는 습관의 항상성이라는 거대 공룡은 그 후 30세 즈음에 이르면서 경험, 가치관 등이 쌓이며, 삶의 패턴과 방식, 그리고 각종 한계의 벽들이 고정된다. 대다수의 사람은 특별한 계기가 없다면 자신이 만든 삶의 울타리를 벗어나지 않으며, 평생토록 거의 크게 변하지 않는다. 그런데 우리의 영혼은 발전하기 위해 이번 생을 다니러 왔다고 한다. '제3의 거듭나기 탄생'이란, '제2의 새로운 나 탄생'에서 한 단계 더 발전하는 것을 의미한다. 프롬은 "사람이 인생에서 이루어야 할 주요 과제는 자기 자신을 다시 태어나게 하는 것이다."라고 했다.

25세를 전후하여 이미 삶의 프로나 명품에 오른 사람은 그리 많지 않다. 40세나 60세가 되면 건강과 면역력의 계단이 한 계단씩 떨어진다. 그에 대비하여 삶의 프로에 도전하고 이루는 '제3의 거듭나기 탄생'이 필요하다. 삶의 프로에 오른다는 것은 '건강-행복-성공'의 점수를 삶의 우등생 수준으로 높이는 것을 의미한다. 발전과 풍요의 계단에 오르기 위해서는 25~30세 전후에 만들어진 삶의 울타리를 넘어서야 한다. 그것은 습관의 거대 공룡인 '습관의 대통령'을 새롭게 선출하는 '제3의 거듭나기 탄생'을 의미한다.

5-5 습관의 근원세포와 연령별 내부 구성 5단계

→ '생각(느낌과 감정)하고 말하는 대로 자기 믿음대로 운명이 흘러간다.'

(1) 1단계 (3~6세)
: 생각(느낌과 감정) → 습관 세포의 탄생 시기

세 살 버릇 여든 간다. 좋은 것이든 나쁜 것이든 3년 동안 반복되는 생각이나 행동은 습관이 된다. 6세 무렵에 일생을 살아나가는 원조이자 근원 습관 세포들이 만들어진다. 그것은 주로 울고 웃는 감정과 보고 듣고 느끼는 느낌으로 만들어진다. 이 시기에는 주로 시각과 청각에 의한 웃음과 미소, 목소리와 말투로 적과 아군을 판단하고, 후각과 촉각을 허용하는 접근 거리가 결정된다. 그 이유는 생존과 소통이 가장 중요한 시기이기 때문이다. 6세 즈음에 형성되는 원조 습관 세포는 그 후로 만들어지는 내 삶의 모든 것들에 작용하게 된다. 그래서 생각 속에서의 느낌과 감정은 삶의 모든 선택과 결정의 우선순위가 된다. 생각하는 대로 운명이 흘러가게 된다.

(2) 2단계 (6~12세)
: 생각(느낌과 감정)+말(언어) → 혼용 시기

6세가 지나면서 점차 생각을 말로 표현할 수 있는 능력이 자란다. 이 시기에는 질문과 호기심이 많아지고 자신만의 판단과 주장이 하나둘 생기기 시작한다. 자신의 생각을 제대로 표현하는 말하는 법을 배워가는 중요한 시기이다. 사랑과 칭찬 그리고 존중으로 자존감을 길러 주어야 한다. 일생을 건강하고 행복하게 살아가는 데 필수적인 언어 습관과 대인관계 능력을 학습하는 생각과 말의 혼용 시기이다.

(3) 3단계(12~21세)
: 생각+말+자기 믿음 → 습관의 성장 발달 시기

12세가 넘으면 대다수가 자신의 생각을 말로 표현할 수 있는 수준을 갖추게 된다. 그래서 주로 말에 의해 모든 것이 받아들여지고 처리된다. 사춘기라 불리는 15세 무렵 청소년기로부터 뇌 성장이 완료되는 21세까지는 몸과 마음의 성장 발달이 가장 왕성한 시기이다. 습관이 인성과 지혜, 실력 등으로 발전해 나가는 삶의 학교에서 가장 중요한 학습의 시기이다. 이 시기로부터는 말하는 대로 운명이 흘러가기 시작한다.

(4) 4단계(21~30세)
: 삶의 패턴과 방식 → 습관의 거대 공룡 탄생 시기

뇌 세포가 완성되는 21세 무렵부터 육체적으로 최절정기인 25~30세에 이르면 삶의 패턴과 방식 그리고 각종 한계 벽들이 고정된다. 이것을 습관의 항상성이자 '습관의 거대 공룡의 탄생'이라 한다. 경험이 쌓일수록 가치관, 판단 기준 등이 정해지며, 자신과 주변의 평가를 종합하여 자신에 대한 자화상이자 셀프 이미지를 형성하게 된다. 그리고 자신이 스스로 믿고 있는 '건강-행복-성공'에 대한 셀프 이미지에 따라 생각과 행동의 한계가 정해진다. 이 모든 것이 종합되어 내 삶의 울타리가 만들어지고 특별한 계기가 없는 한 평생토록 그대로 유지하게 된다. 이 시기부터는 알게 모르게 습관적으로 정해진 자기 믿음의 방식으로 마치 습관의 노예처럼 살아가게 된다. 생각하고 말하는 대로 그리고 자기 믿음대로 운명이 흘러간다.

(5) 5단계(30~60세)
: 삶의 프로 달성 → 새로운 습관의 대통령 선출 시기

30세가 넘으면 자신만의 삶의 패턴과 방식 그리고 삶의 울타리가 굳어지고 강화된다. 그런데 젊은 나이에 완성되는 '25세의 습관의 거대 공룡'으로 일생을 살아 나가는 것은 많은 무리가 따르게 된다. 살다 보면 경제, 질병, 퇴직, 이별 등 가정이나 직업적으로 여러 가지 상황들이 다가서게 된다. 특히 40세나 60세가 되면 건강의 계단이 한 계단씩 떨어지게 된다. 그러므로 현재보다 더 나은 삶을 바라거나 떨어지는 건강과 면역력을 만회하려면 40세와 60세 등 평생 최소 2번 이상은 '습관의 거대 공룡'을 새로 선출하는 '삶의 거듭나기'가 필수적인 일이라 할 수 있다. 결국 자기 계발을 통하여 발전시킨 자신의 수준과 가치가 삶의 아마추어인가, 프로나 명품인가에 따라 삶과 운명이 달라진다. 강한 자가 이기는 것이 아니라 언제든 적응하는 자가 강한 자이다.

5-6 습관의 3가지 속성 '속도-세기(강도)-양(질)'

오랜 세월 건강과 습관에 대한 특별한 연구를 진행하였다. 그러다 양치와 식사 습관에 따른 치아의 마모와 잇몸 염증 등을 관찰하게 되었다. 입안에서 치아와 잇몸을 관찰하며 연구해 오다 보니, 그 사람의 질병, 노화, 성격, 습관, 적성 등 많은 정보가 들어 있다는 것을 알게 되었다. 그리고 모든 습관들은 '속도-세기(강도)-양(질)' 등 3가지 특별한 속성으로 구성되어 있다는 특별한 발견을 하게 되었다. 그리고 습관의 3가지 속성을 변화시키고 조절한다면, 새로운 습관 만들기와 고치기가 쉽게 가능해진다는 놀라운 사실을 알아차리게 되었다.

(1) 습관의 속도

습관의 3가지 속성 중에 첫 번째는 습관의 속도이다. 습관의 속도는 '빠름-보통-느림'으로 구성되어 있다. 습관을 변화시키고 조절하는 습관 프로가 되고 싶다면 우선 습관의 속도로부터 변화와 조절을 시작하면 된다. 그래서 진료 중에 양치나 식사의 속도가 빠른 사람은 치아의 교합면이나 치경부의 마모도가 높아진다는 것을 발견하게 되었다. 그 사람이 가진 모든 습관의 3대 구성 성분 중에 습관의 속도가 문제인 것이다. 그럴 경우 양치와 식사를 천천히 할 것을 권장한다. 습관의 속도를 조절하면 그것이 내 삶의 모든 습관에 영향을 미쳐, 삶의 속도를 빠르고 느리게 조절하는 활용 범위가 넓어지는 실력을 갖추게 될 것이다. 시간을 다룰 줄 아는 사람이 된다는 것은 삶과 운명을 다룰 줄 아는 시간 조절자(Time Controller)가 되는 일이다.

(2) 습관의 세기(강도)

습관의 속성 두 번째는 습관의 세기(강도)이다. 습관의 세기(강도)는 '약함-보통-강함'으로 구성되어 있다. 그러한 습관의 세기는 내 삶의 모든 곳에 작용하고 있을 것이다. 그래서 양치나 식사의 강도가 센 사람에게는 양치와 식사를 부드럽게 할 것을 권장한다. 습관의 세기(강도)가 건강하고 행복한 삶에 문제를 발생할 가능성이 높다. 그러니 습관의 세기(강도)를 변화시키고 조절할 수 있다면 점차 내 삶과 운명의 파워를 강약으로 조율하는 범위가 넓어지게 될 것이다. 습관과 삶의 세기(강도)를 조절할 수 있는 사람은 파워 조절자(Power Controller)가 되는 일이다.

(3) 습관의 양(질)

습관의 속성 세 번째는 습관의 양(질)이다. 습관의 양(질)은 '적음(낮음)-보통-많음(높음)'으로 구성되어 있다. 양치 시간이 3분 이내인 사람은 습관의 양이 부족한 사람이다. 이럴 경우 평소보다 30초나 1분 정도 늘려 3분 이상의 양치법을 실천하여 습관의 양을 늘릴 것을 권장한다. 그리고 양치 시에 입안의 최후방 어금니 두 대를 30초~1분 더 정성껏 닦아, 양치 습관의 질을 개선할 것을 권장한다. 건강의 계단이 한 단계 떨어지는 40세가 넘으면 건강 장수의 좋은 습관으로 음식을 두 숟가락(20%) 정도 줄여서 먹고, 반으로 잘라 두 배로 천천히 오래 씹을 것을 실천하여, 식사 습관의 양과 질을 개선시킬 것을 권장한다. 그리고 50, 60, 70세이면 한 번씩 더 작게 잘라 천천히 오래 씹는 행복한 건강 장수의 첫 관문을 권장한다. 양치나 식사 습관을 양과 질을 개선함으로써 시간이 흐를수록 자신의 삶과 습관의 모든 것들이 양이나 질적으로 특별한 변화가 발생할 것이다. 파스칼의 습관 법칙에 의해 한 가지 습관을 고치면, 나머지 열 가지 습관이 개선된다. 습관과 삶의 양(질)를 조절할 수 있는 사람은 만능 조절자(Super Controller)가 되는 일이다.

5-7 습관과 잠재 뇌 그리고 삶의 진리 작동법

21세기 삶의 프로 달성이 목표라면, 습관과 잠재 뇌 그리고 삶의 진리가 자신의 삶과 운명에 어떻게 작용하고 있는지에 대한 정보와 학습이 필요하다. 삶의 진리는 내 몸과 마음 그리고 습관과 뇌에도 같은 방식으로 적용된다. 그리고 자연과 우주의 법칙과 창조주 하늘의 사랑 방정식과도 연결되어 있다.

(1) 잠재 뇌와 하늘은 오직 예스만 있다.

잠재 뇌와 하늘은 나 자신이 생각하고 행동하는 모든 것을, 그것이 좋은 것이든 나쁜 것이든, 옳든 그르던 구별하지 않고 이루어 주는 방향으로 움직인다. 그러므로 평소에 그대로 이루어지면 안 되는 부정적인 말이나 거친 행동을 주의해야 한다. 항상 원하지 않는 것이 아닌 내가 필요로 하고 원하는 것을 긍정적으로 생각하고 말하는 훈련과 연습이 필요하다. 이처럼 긍정의 주파수를 타는 훈련을 해야 삶과 운명을 발전과 풍요의 방향으로 진행할 수 있다.

(2) 잠재 뇌와 하늘은 남이 없다.

나에게 하는 생각이나 말 또는 상대나 세상과 우주만물에 대해 현재 자신이 하고 있는 생각이나 말 그리고 행동 등은 모두 나에게 영향을 미친다. 그러므로 세상에 대한 불평이나 불만, 그리고 상대에 대한 험담이나 지적, 짜증, 분노 등은 모두 나에게 하는 것과 같은 마이너스 효과가 발생한다. 그러므로 평소에 긍정적인 생각과 말을 하는 좋은 습관을 길러야 한다.

(3) 잠재 뇌와 습관은 자신의 충실한 하인이다.

내가 원하는 것과 내용을 주문을 해야, 그때부터 끌어당기고 이루기 시작한다. 꿈과 목표를 정해야 그때부터 우리의 잠재 뇌는 그에 맞는 사람, 상황, 조건 등을 내 주변으로 끌어당겨 그것을 이루는 방향으로 진행하기 시작한다. 꿈과 목표를 정하지 않는다는 것은 잠재 뇌나 하늘 주방장에게 아무것도 구체적으로 주문하지 않는 것이므로 내가 원하는 어떠한 음식도 먹을 수 없을 것이다.

(4) 공짜는 없고 뿌린 대로 거둔다.

세상은 공짜는 없고 내가 먼저 뿌려야 거둘 수 있다. 잠재 뇌와 하늘에 자신이 먹고 싶은 음식(목표)을 주문했다면 우리는 음식값을 지급해야만 한다. 음식값은 사랑 에너지의 충전 공식인 긍정의 힘과 좋은 습관을 늘리거나 부정이나 단점을 개선하는 것으로 지급하면 된다. 세상과 우주 만물은 사랑 에너지라는 공통의 주파수로 연결되어 있다. 만일 내가 긍정의 힘과 좋은 습관을 발전시킨다면 그 사랑 에너지의 수준과 가치에 비례하여 음식이 제공될 것이다. 잠재 뇌와 하늘은 공평의 원칙에 의해 움직인다. 언제든 내가 먼저 지금보다 더 좋은 긍정과 장점의 씨앗을 뿌리지 않는다면 현재보다 더 나은 열매를 거둘 수는 없을 것이다.

(5) 할 수 있는 가능성을 믿고 있지 않는 일은 결코 이루어지지 않는다.

생각이나 말속에서 그것은 할 수 없거나 이루어지기 어렵다고 믿고 있으면, 그 일을 할 수 있는 능력이 발생하지 않는다. 그래서 현재 상황이 아무리 어렵고 미래가 불투명하더라도 우선 내가 할 수 있다고 선언하는 것이 성공 가능성의 문을 여는 공식이자 비법이다. 또한, 성공이라는 목표점이 멀리 있거나 그 길이 어렵다고 생각하면 이룰 가능성이 그만큼 멀어진다. 즉 꿈과 목표를 달성하고 성공 프로에 도달하는 가깝고 쉬운 지름길이 있다고 믿는 것이 성공으로 가는 출발점이다. 그러니 일단 나 자신이 그 일을 할 수 있다고 믿고 선언하는 것으로부터 성공이 시작된다. 루이스 헤이는 "우주는 항상 당신이 하는 말이나 생각을 그대로 받아들이고, 당신이 원한다고 말하는 것을 그대로 제공한다. 항상 그것이 우주의 법칙이다."라고 했다.

(6) 하늘은 스스로 돕는 자를 돕는다.

하늘은 누구에게나 백 명의 명의와 백 명 이상의 잠든 거인을 넣어 주셨다. 누구든 무엇이든 할 수 있고 될 수 있는 가능성을 갖고 있다. 그렇지만 생각이나 말뿐이 아닌, 직접 행동하고 실천해야 스스로 돕는 자가 될 것이다. 그냥 바라기만 하는 것이 아니라, 목표와 계획을 세우고 지속적으로 노력하고 실천하여야 발전과 풍요의 계단에 오를 수 있다. 만일 건강이나 행복의 우등생을 바란다면 현재보다 더 나은 우등생 습관을 몇 가지 더 갖추어야 이루어질 것이다. 삶과 운명은 줍는 것(Taking)이 아니라 만들어 가는 것(Making)이다. 하늘은 그 사람의 삶의 계단에 걸맞은 사람, 상황, 조건이라는 축복과 선물을 안배해 두고 있다.

(7) 시작은 미약했으나 끝은 창대하리라.

하루의 행위가 운명을 결정한다. 하루하루가 모여 1달, 1년, 10년, 일생이 된다. 그 작고 사소한 차이들이 쌓여 자신의 삶과 운명이 만들어진다. 미소, 칭찬, 친절 등 3가지를 하루에 한 번씩만 더 실천해도 '1년이면 천 번, 3년이면 삼천 번, 10년이면 만 번…'의 앞선 실천이 쌓인다. 삶과 운명의 계단과 질에 있어 그 차이가 점점 더 커져 갈 것이다. 무엇이든 3년, 천 번 이상의 실천이 넘으면 점차 습관의 습관화인 실력화가 진행된다. 하루에 한 번씩이 점차 두 번, 세 번, 열 번으로 확대되어 간다. 그리고 그 실력화의 영향은 일상 모든 것으로 확산되어 자신의 '건강-행복-성공'의 점수로 작용하게 된다. 현재 하고 있는 일상의 일들을 좋아하고 즐기고 그리고 사랑하는 방식으로 진행할수록 습관과 삶의 진리인 '시작은 미약했으나 끝은 창대하리라'가 더 크게 작동될 것이다.

6장

습관 고치는 것은 쉬운 일이다!
21 선언-'투'

21 습관 선언-'투': 습관 만들기와 고치기 3대 공식

습관은 그 사람의 몸과 마음 그리고 내 삶의 '건강-행복-성공' 등 모든 것에 점과 선으로 가늘고 굵게 연결되어 있다. 누구든 꿈과 목표를 이루고 발전과 풍요의 계단에 오르고 싶다면 가장 먼저 습관의 벽을 넘어서야 한다. 기존의 습관을 바꾸거나 새로운 습관으로 대체하는 세 가지 방식이 있다. 첫째는, 기존의 습관을 자신이 목표로 하는 새로운 습관으로 발전시켜 나가 바꾸는 자기 계발의 방식이다. 둘째는, 기존의 습관을 바꾸기보다는 더 나은 새로운 습관을 만들어 새롭게 대체하는 방식이다. 셋째는, 새로운 시각이나 관점을 갖거나 또는 특별한 알아차림이나 깨달음 등을 통하여 기존의 습관을 순식간에 점프하듯이 새롭게 변화시키는 덮어쓰기 방식이다.

21세기는 삶과 운명인 '건강-행복-성공'의 점수를 다룰 수 있는 습관 프로가 되어야 한다. 습관을 변화시키고 바꾸는 데 가장 중요한 새로운 습관 만들기와 고치기에 대한 3대 공식이 있다. 이 3대 공식은 습관 프로 달성의 결정 키이다. 첫 번째는 '습관의 눈사람 굴리기'이다. 습관 만들기와 고치기의 문제점을 찾아내어 개선할 수 있는 점검과 평가표라 할 수 있다. 이 점검과 평가표를 활용한다면, 누구나 그동안 꿈과 목표를 이루지 못한 자신의 문제나 오류를 스스로 찾아내어 개선할 수 있을 것이다.

두 번째는 '습관의 백 계단 오르기'이다. 내게 다가오는 일상의 크고 작은 산들을 넘는 공식이다. 습관과 삶의 산을 넘는 방식과 패턴에 의해 '아마추어-프로-명품' 등으로 삶의 계단과 질이 달라질 것이다. 세 번째는 '습관의 생수 한 병 채우기'이다. 알아차림과 깨달음의 공식으로 습관과 삶의 정상에 오르는 비책이다. 습관의 항상성인 습관의 거대 공룡을 넘어서서 내 안에 잠든 거인을 깨우는 공식이다.

21세기는 위기와 기회의 글로벌 경쟁 시대이다. 그러므로 꿈과 목표 그리고 발전과 풍요의 삶을 이루기 바란다면 자기계발을 통하여 실력을 늘려나가 최상위 경쟁력을 갖추어야 한다. 이때 습관 만들기와 고치기의 3대 공식을 참고로 하면 삶의 프로와 명품의 계단에 가장 빠르고 높게 오르게 될 것이다.

6-1 습관의 눈사람 만들기

습관의 산 위에서 습관의 씨앗을 굴려 3년에 걸쳐 산 아래에 습관의 열매인 습관의 눈사람이 만들어진다. 꿈과 목표로 하는 좋은 품질과 품격의 열매를 얻는 3년 과정 동안에 일어나는 '1년 차 의무 돌봄기-2년 차 권태기-3년 차 탄력기'에 대한 이야기이다. '습관의 눈사람 만들기'가 그동안 '왜 습관 고치는 것이 어려운 일이였는가?'에 대한 각자의 문제점을 점검하고 해결책을 찾아서 누구나 습관 만들기와 고치기를 성공할 수 있기를 바란다.

'습관의 눈사람 만들기 3대 원칙'

(1) 목표와 방향성을 제대로 잡고 눈사람의 씨앗은 2개 이내로 뿌린다.

습관의 산 위에서 습관의 씨앗을 뿌릴 때, 자신이 쉽게 관리할 수 있는 숫자만큼 뿌려야 한다. 그런데 우리는 손이 두 개다. 그러므로 처음부터 2개 이내로 굴릴 때, 잘 가꾸고 관리할 수 있다. 그리고 만일 한 개 정도를 더 추가하고 싶다면 두 발로 잘 몰고 갈 수 있도록 아주 사소한 것이어야 한다. 만일 새로 만들거나 고칠 습관이 클 경우에는 한 개씩 굴리는 것이 효과적이다.

습관에 대한 21세기 최신 정보를 준비하여 목표와 계획을 세우고, 첫 출발부터 도착할 자신이 원하는 목적지를 향해 올바른 방향성을 잡아 굴려야 성공할 확률이 높아진다. 그러므로 시작하기 전의 정보 수집과 선택, 그에 따른 개인적인 준비의 정도에 비례하여 성공 가능성의 문이 크고 작게 열리게 될 것이다. '1년 차 의무 돌봄기'를 잘 지켜야 습관의 눈사람 내면의 품질이 높아진다. 그리고 '2년 차 권태기와 슬럼프'를 자신만의 특별한 방식으로 잘 극복해야 지속적인 실천력이 발생한다. '3년 차 탄력기'에 유종의 미를 거두기 위해서는 자만심에 주의하고 눈사람의 외적 형태를 표면의 거칠기나 불순물을 제거하여 동그랗게 잘 마무리해 주어야 한다. 습관의 씨앗을 뿌린 후 정성으로 가꾼다면, 최종적으로 만 3년이 지나서 자신이 바라는 우수한 품질의 습관의 눈사람을 얻게 될 것이다.

(2) 처음부터 욕심을 내어서 큰 덩어리를 굴리면 실패의 원인이 된다.

처음 시작할 때 콩알만 한 작은 습관의 씨앗을 굴려야 한다. 그런데 아직 경험이나 실력이 부족한데도 의욕이 앞서거나 잘하려는 마음이 커서, 양손 가득 크게 뭉친 다음 굴리는 사람들이 많다. 처음부터 너무 크게 뭉쳐서 굴리기 시작하면, 순식간에 자신이 통제하거나 조절할 수 없는 크기로 불어나서 그대로 진행하기가 힘들고 버거워질 것이다. 그러다 보면 머지않아 대다수가 새로운 눈사람 만들기를 포기하게 될 것이다. 그것이 많은 사람이 실패하는 또 한 가지 이유이다. 의무 돌봄 기간인 1년 안에는 내가 충분히 잘 굴리고 제대로 관리할 수 있는 개수와 크기로 굴려야 성공할 가능성이 높다. 성공에 대한 도전 의욕과 할 수 있다는 자신감을 유지하는 것이 지속적인 실천력과 성공 가능성을 높일 것이다.

(3) 즐겁고 지속적인 관리로 3년 후, 좋은 습관의 열매가 열린다.

실패하는 대다수의 원인은 지속적인 관리를 할 수 없는 개수와 크기 그리고 속도로 진행했기 때문이다. 잠재 뇌에 새로운 습관의 폴더가 형성되는 데에는 3년이 걸린다. 미리 도착했어도 3년 동안은 잠재 뇌의 습관의 문 앞에서 지루하게 대기하여야 한다. 그럴 바에는 가는 동안 충분히 즐기거나 쉬어 가며, 과정을 좋아하고 즐길 줄 아는 여유로운 자세가 필요하다. 실패의 3대 조건인 '급하거나, 부러워하거나, 조급하게 서두르면 지는 게임'이다. 생각하고 말하는 대로 운명이 흘러간다. 이러한 자신의 생각 속에 알게 모르게 자리 잡고 있는 결핍과 빈티지 모드는 부정의 주파수로 출발하는 것이므로 항상 좋은 결과를 얻기 힘들다.

만일 크기와 속도 조절에 실패해서 습관의 눈덩어리가 중간에 계곡이나 절벽에서 떨어져 버렸다면 실망하거나 포기할 필요가 없다. 떨어진 그 자리에서 지금까지 굴려오던 크기의 반 또는 잘할 수 있을 만한 크기로 잘라서 또다시 굴려 내려가면 된다. 목표와 방향성을 잘못 설정하여 길이 막혔다면, 그때는 성공을 위해 안 되는 길을 하나둘 제거해 나가는 과정으로 여기면 된다. 만일 목표가 크거나 버겁다고 느낀다면, 그 일을 천천히 진행하거나 쉽거나 즐겁게 할 수 있는 더 작은 크기로 나누는 계획을 세워야 한다.

그런데 3년에 걸쳐 습관의 산을 내려왔는데도 처음 목표로 하는 좋은 습관의 눈사람을 얻지 못할 수도 있다. 그럴 경우에는 그 부족한 원인을 점검하고 목표와 방향성 그리고 문제점들을 조정하고 개선해 나가다 보면, 머지않아 실패는 성공의 어머니가 될 수 있을 것이다. '습관의 눈사람 만들기'에 대한 최신 정보를 미리 알고 실천한다면, 성공으로 가는 길에 대한 자가 점검과 셀프 개선으로 성공 확률도 그만큼 높아질 것이다.

6-2 습관의 백 계단 오르기

'습관의 백 계단 오르기'는 자신의 삶과 운명의 주인공이 될 수 있는 습관 프로가 되는 공식이다. 누구에게나 다가오는 크고 작은 삶의 산들을 처리하는 방식과 실력에 따라 삶의 아마추어, 프로, 명품, 전설 등으로 삶과 운명이 달라질 것이다. 우리의 삶이란 이처럼 평생토록 다가오는 수많은 산들을 넘는 과정이라 할 수 있다. 한 개의 산을 땀과 눈물로 넘어서면 어느새 또 다른 산이 슬며시 다가온다.

우리 영혼은 발전하기 위해 왔다. 산다는 것은 다가서는 산들을 넘는 반복 훈련을 통하여 삶의 아마추어를 벗어나 삶의 프로나 명품에 도달하는 과정이라 할 수 있다. 누구에게나 살아가는 동안에 다가오는 크고 작은 모든 산들을 그것이 무엇이든 '백 계단의 산'이라고 가정하기로 한다. 그 삶과 운명의 백 계단을 오르는 특별한 과정은 3단계 과정으로 이루어져 있다.

습관의 백 계단 오르기 3단계 과정

(1) 1단계: 50계단 오르기 과정

사람들은 보통 2%가 부족하다. 그 이야기는 2%를 넘으면 보통 사람이 되고 3~5% 이상을 달성하면 목표가 이루어지거나 그 분야의 프로가 된다는 의미이다. 그리고 최대로 많이 부족해야 10% 이내이다. 삶에서 다가오는 모든 산들은 이러한 원리에 적용된다. 자신이 부족한 만큼의 계단 수는 평균 3~5계단이다. 그러므로 긍정적인 출발을 하고 나서 3~5계단을 오르는 과정을 터닝포인트의 기간이라고 한다. 그런데 불과 3~5계단 이상으로 열심히 오르다 보면, 각자가 부족한 부분을 넘어서는 점핑 임계점에 도달하게 될 것이다. 그러면 순식간에 티핑 현상이 일어나 어느새 50계단으로 점프하게 된다. 백 계단 중 50계단이라는 것은 산의 절반에 오른다는 것으로, 인생의 산들을 넘고 대처하는 방식에서 아마추어를 넘어 세미프로에 도달했다고 할 수 있다. 최대로 부족해도 10계단을 넘는 경우는 드물다.

습관의 변화에서 알아 두어야 할 가장 중요한 포인트는 점핑 임계점과 습관의 터닝과 티핑의 발전 과정이다. '할 수 있다'라는 긍정적인 자기 확신과 믿음이 1차 점핑 임계점에 도달하는 가장 중요한 성공의 결정 요소이다. 만일 '내가 할 수 있을까?'라는 부정적인 출발을 한다면, 백 계단의 산을 처음부터 끝까지 걸어 올라야 하기 때문에 성공할 확률이 희박해진다. 다가오는 산들이 출발하기 전부터, 내 생각과 눈에서 멀고 높아 보이면 언제나 목표점에 도달하기 어려울 것이다.

실패의 대다수 원인은 한꺼번에 너무 많이 하거나 너무 잘하려고 해서 마치 산에 오를 때 배낭에 너무 많거나 큰 짐을 가득 넣은 채 오르기 때문이다. 그래서 '급하거나, 부러워하거나, 조급하게 서두르면 지는 게임'이라는 성공과 실패에 관련된 참고 사항을 기억해 두어야 한다. 대다수 사람이 첫 번째 티핑 현상이 일어나기 직전에서 맴돌다 내려가는 안타까운 사연과 이유들이다. 처음 출발은 언제나 가볍고 즐거운 자유로운 산행일수록 1차 점핑 임계점에 도달할 가능성이 높아진다. 삶과 운명의 산 중턱과 정상 그리고 중간중간에는 언제나 휴게실과 편의점 그리고 식당과 숙박 시설 등이 이미 잘 준비되어 있다. 그러한 21세기 최신 여행 정보를 미리 검색해서 계획을 세우고 출발해야 즐거운 산행이 가능할 것이다.

(2) 2단계: 80계단 오르기 과정

습관의 1차적인 터닝과 티핑 공식에 의해 50계단에 올랐다면, 이제 또다시 3~4계단을 오르다 보면, 2차적인 터닝과 티핑 공식에 의해 80계단으로 점프하게 될 것이다. 처음에 바라볼 때 높아 보이던 습관의 산 백 계단 정상에 어느새 가까이 다가서게 된 것이다. 2차 점핑 임계점은 첫 번째보다 기간이 짧아진다. 그 이유는 첫 번째 1차 통과 과정에서 연습과 훈련을 통해 기초와 경험이 조금씩 쌓였기 때문이다.

그런데 두 번째 티핑 현상이 일어나는데 가장 크게 영향을 미치는 결정 요소가 있다. 그것은 그 일을 '좋아하고 즐기며 지속적으로 실천'하는 데 있다. 좋아하고 즐겨야 진행하는 동안 집중과 열정이 발생하고, 지속적인 실천은 언제나 성공의 결정 키이다. 그리고 성공 프로는 항상 내가 할 수 있거나 해야 하는 한두 가지 이유를 찾아 지속적으로 실천하는 긍정 주파수의 사람이다. 언제든 실패하는 아마추어는 내가 그 일을 할 수 없는 다양한 이유를 먼저 생각하거나 안 되는 현재의 상황과 조건이 더 커 보이는 부정 주파수의 사람이다.

50계단으로의 1차 티핑이 삶의 아마추어를 넘어 세미프로의 수준에 도달한 것이라면, 80계단으로의 2차 점핑은 다가오는 산들을 처리하는 실력이 삶의 프로 단계에 도달했다는 것을 의미한다. 세미프로란 아마추어에 비해 일을 괜찮은 방식으로 삶의 프로는 잘하는 방식으로 처리한다. 만일 프로를 넘어 95계단 이상에 오르는 명품이 된다면 누구나 인정하는 탁월한 방식으로 처리하게 될 것이다. 명품 중에 명품인 전설의 단계에 오른다면, 자신의 삶과 운명을 사랑과 예술의 차원으로 끌어올린 것으로 위대한 이웃 사랑을 실천한 것이다.

습관을 바꾸거나 새롭게 발전시키는 데 가장 기억해 두어야 할 성공과 실패의 결정 요인이 있다. 대다수 삶의 아마추어나 세미프로가 성공 프로의 마지막 관문을 돌파하지 못하는 결정적인 이유이기도 하다. 그것은 우선은 양적인 실천 횟수를 늘리는 습관화가 먼저이다. 그리고 질적인 실력 향상은 습관화 이후로 나중에 추구하여야 한다는 점이다. 처음에는 하루에 실천하는 횟수에 집중해서 늘려 나가는 것이 새로운 습관을 만드는 성공의 결정 요인이다. 만일 이때 많은 사람이 시도하고 있는 대표적인 오류인, 처음부터 너무 잘하려는 질적인 실력화를 같이 추구하다 보면 매일매일 실천하기가 버겁고 힘들어질 것이다. 그로 인해 점핑 임계점의 관문을 통과하지 못할 확률이 높아진다. 그래서 양적인 실천이 늘어 습관화가 어느 정도 이루어진 후, 질적인 실력화로 진행하는 것이 성공 확률을 높인다.

1~3차 습관의 점핑 임계점을 통과하는 조건이자 자격을 갖추려면 '습관 박사(천사)의 성공 시크릿'을 알고 있어야 한다. 습관 박사나 습관 천사를 성공적으로 이루는 성공의 시크릿에는 세 가지 특별한 과정이 있다. 1차 임계점 통과는 '습관의 운전면허증' 따기이고, 2차 임계점 통과는 '습관의 초보 운전'이다. 예를 들어 자동차를 처음 운전하려면, 첫 시작은 운전 학원에 등록해서 자동차 운전면허증을 따는 데 있다. 운전 학원에서 연습하는 1차 목적은 운전면허증을 따기 위한 반복 연

습이자 훈련이지, 나중에 일상에서 운전을 잘하는 데 있는 것이 아니다. 새로운 좋은 습관 만들기를 성공하려면, 우선 1차적으로는 만들고자 하는 자신의 새로운 습관을 잠재 뇌에 소개하고 인사부터 시켜야 한다. 내 몸과 마음에서 그 습관을 거부하지 않고 받아들이고 인정하는 데 있는 것이지, 시작부터 최종 목표처럼 잘하는 데 있는 것이 아니라는 '습관 발전의 원리와 특성'을 알아차려야 한다.

일단 반복 연습과 훈련 횟수를 늘려 '습관의 운전면허증'을 따는 것이 먼저이다. 일상에서 운전을 잘하는 질적인 발전을 시도하는 것은 그다음의 일인 것이다. 그리고 2차 임계점 통과는 '습관의 초보 운전'이다. 운전면허 시험 성적이 1등이냐 꼴등이냐에 상관없이 합격했어도 바로 다음 날 능숙하게 운전하는 것이 아니므로 도로 주행 운전 연수를 받게 된다. 무슨 일이든 처음 시작할 때는 누구나 초보로 출발한다. 반복 연습과 훈련을 하는 동안에 수도 없는 실수와 실패의 경험들을 통해 진정한 자기 실력으로 성장하고 발전해 간다. 이것은 누구나 거쳐야 하는 성공의 중간 필수 과정이다. 하지만 몇 주나 몇 달의 초보 운전 기간을 거치면 2차 임계점을 통과하게 된다. 2차도 1차와 마찬가지로 운전 연수나 초보 운전은 그 목표가 운전을 잘하는 데 있는 것이 아니라 운전을 안전하게 하거나 앞으로 잘하기 위한 기초를 닦는 데 있다.

그 후로 1~3년이 지나갈수록 점차 운전 경험이 쌓여 가면 누구나 운전을 잘할 수 있게 된다. 운전을 시작하기 전에는 주변에서 이미 운전을 하고 있는 사람들이 대단하고 특별한 기술을 갖춘 것으로 보였을 것이다. 그런데 본인이 직접 운전 면허증을 따고 도로 연수와 초보 운전을 거쳐 현재에 이르는 대다수의 과정이 지나고 보면 너무 힘들거나 그리 어려운 일이 아니었다는 것을 알아차리게 되었을 것이다. 또한, 운전이라는 새로운 습관이나 기술을 습득하는 것이 처음부터 특별히 잘하려 하지 않아도 시간이 흐르면 질적으로 발전해 간다는 '습관 발전의 원리와 특성'도 깨닫게 될 것이다.

이러한 '습관 발전의 원리와 특성'은 몸과 마음이 연결되어 있듯이 습관의 양과 질도 가늘고 굵게 연결되어 있기 때문이다. 취미, 요리, 운동, 실력, 건강, 행복 등 대다수의 새로운 습관들도 이와 비슷한 과정으로 발전한다. 만일 특수차 운전이나 자동차 경주 등을 직업으로 하거나 실력을 명품 수준으로 올리고 싶어 한다면, 그때는 추가 학습이나 특별한 질적 향상이 요구될 것이다. 그런데 질적 향상은 1~2차가 아니라 2차를 넘어선 후나 3차 점핑 임계점에 도전할 때, 즉 '습관의 박사(천사) 자격증' 취득에 필요한 사항들이다. '습관 박사(천사)의 성공 시크릿'은 '습관의 운전면허증-습관의 초보 운전-습관의 박사(천사) 자격증'의 3단계 과정으로 발전한다.

(3) 3단계: 95계단 이상에 오르기 과정

습관의 산 80계단에 도착한 후 또다시 2~3 계단을 최선을 다해 오르다보면, 세 번째 티핑의 발전 공식에 의해 95계단 이상으로 3차 점프가 일어나게 될 것이다. 그러므로 습관의 백 계단 오르기는 백 계단을 하나씩 오르는 것이 아니다. 보통 사람들은 출발로부터 평균 10걸음 정도를 오르다 보면, 어느새 자신이 목표로 하는 습관의 95계단 이상 명품의 계단에 오르게 될 것이다. '백 리 길도 한 걸음부터'이고,

'태산이 높다 하되 하늘 아래 뫼(동산)이로다.'라는 속담이 있다. 1, 2차 티핑 현상이 일어나는 50, 80계단의 세미프로와 프로의 단계에 오르는 데는 주로 긍정이나 장점을 발전시키는 것이 유리하다. 1차 50계단의 점핑 임계점을 통과하는 세미프로의 길은 제각기의 수많은 방식으로 몇 걸음만 더 노력하면 통과가 가능하다.

그런데 2차 삶의 프로인 80계단을 통과하는 길부터는 7~8가지 정도로 줄어들고, 3차 최상위 명품은 3~5가지 성공의 길로 압축된다. 1%의 전설 프로에게는 베스트나 온리 그리고 예외성의 3가지 길만 남는다. 그러므로 2차 성공 프로로부터 3차 명품의 산에 오르려면, 그 이전에 통과에 성공한 사람들의 공통적인 성공의 패턴과 공식들을 학습하고 참고로 해야 한다. 그런데 이왕이면 산 아래로부터 길게 연결된 크고 넓은 7~8가지 성공 프로의 길이나, 3~5개의 명품 고속도로를 우선적으로 선택하는 편이 가장 지혜로운 결정이 될 것이다.

삶의 프로 달성에는 몇 가지 특별한 공통점이 작용하고 있다. 그중 최상위 공통점은 '성공 프로 달성의 공식'으로 '좋아하기-즐기기-사랑하기'이다. 현재 내가 하고 있거나 일상의 크고 작은 모든 일들을 좋아하고 즐기기를 넘어서 진정으로 사랑하는 것이다. 즉 현재 내가 일상에서 하고 있는 일을 진정으로 사랑한다는 것은 나와 내 삶과 운명의 모든 것을 사랑하는 훌륭한 일이다. 각자의 나이와 상황 등에 따라 개인적으로 필요한 종목을 선택해서 자신의 장점이자 주특기로 발전시키면 꿈과 목표를 이루고 발전과 풍요의 계단에 오르는 지름길이 될 것이다.

어느 분야에서든 최상위 5% 이상인 명품의 단계에 들어서는 실력을 갖춘다는 것은 전문가나 달인을 이룬 것으로 베스트나 온리의 그룹에 도달한 것이다. 그리고 내가 깨운 '감사 천사(박사), 미소 천사, 칭찬 천사, 인사 천사, 친절 천사, 정리 천사, 감동 천사…' 등이 늘어갈수록 내 안에 잠든 거인들이 하나둘 깨어나는 삶의 거듭나기가 진행될 것이다. 삶과 습관의 진리는 "시작은 미약했으나 끝은 창대하리라."이다.

6-3 습관의 생수 한 병 채우기

알아차림이나 깨달음은 현재의 관점이나 시각을 변화시켜 삶의 패턴과 방식 그리고 각종 한계의 벽들을 발전시키는 삶의 거듭나기에 중요한 과정이다. 알아차림과 깨달음의 공식인 '비우기-내려놓기-낮추기'에 대한 이야기는 그동안 너무도 많이 들었지만, 어떻게 해야 그 일을 실천하는 것인지는 잘 모르고들 있다. 21세기는 힐링과 치유가 필요한 시대이므로 이 공식을 가장 쉽게 설명할 수 있는 연구를 계속해 왔다. 그래서 '깨달음의 물'에 대해 21세기 식으로 쉽고도 강력한 효과를 얻을 수 있는 새로운 공식인 '깨달음과 생수 한 병'을 연결시켜 '습관의 생수 한 병 채우기'를 만들었다.

습관의 항상성인 습관의 거대 공룡이 탄생하는 25세 무렵 이후에 95% 이상 가득 찬 내 자신의 생수병을 비우지 않는다면, 더 이상의 변화나 발전은 멈추게 될 것이다. 발전과 풍요 그리고 힐링과 치유의 삶을 바란다면 '습관의 생수 한 병 채우기'가 도움이 될 것이다. 그리고 그 알아차림과 깨달음의 정도에 따라 '계곡물-옹달샘-약수-명약'을 마시게 될 것이다. 알아차림과 깨달음은 감동의 에너지를 분출시켜 '마법의 삶과 기적의 치유'를 내 삶과 운명으로 끌어당긴다.

'습관의 생수 한 병 채우기 3가지 과정

(1) 비우기
: 가득 찬 자신의 생수 한 병에서 얻고 싶은 만큼 비우기

기존의 습관을 바꾸거나 새로운 습관을 만들고 싶다면 일단 비우기로부터 출발해야 한다. 만일 생수 한 병이 가득 차 있다면 새로운 것을 받아들이거나 변화의 여지가 없을 것이다. 단 현재 자신이 삶의 프로나 명품을 달성한 상태라면 필요에 따라 비우기를 실천하면 된다. 그러므로 우선 내가 받아들이거나 변화하고 싶은 만큼 미리 비우는 것으로부터 시작하여야 한다. 그래야 지금보다 더 발전할 가능성이 존재하게 된다. 비우면 커지는 것이요, 채우면 머무는 것이다. 단 50% 이상을 비우는 것은 자신의 중심을 지키는 마지노선이므로 완전히 새로 시작하려 하거나 특별한 경우가 아니면 주의해야 한다.

우리가 습관의 벽, 삶의 패턴과 방식, 각종 한계의 벽, 판단 기준과 가치관 등 각자 자신만의 가득 찬 생수 한 병을 가지고 있다고 가정해 보자. 그럴 때 더 나은 것들이 들어오려면 우선 가득 찬 생수의 일부를 비워야 한다. 가득 차 있는 생수 병에는 어떠한 것도 더 들어올 수가 없기 때문이다. 그런데 누구나 현재보다 더 발전된 건강하고 행복한 그리고 성공적인 삶을 바란다. 그래서 살아가며 꿈과 목표도 세우고 많은 시도를 하게 된다. 변화를 시도하거나 새로운 것을 받아들일 준비와 과정을 '비우기'라 한다. 만일 현재 자기 계발을 통하여 자신의 수준과 가치를 올려 나간다면 지금보다 더 나은 물인 좋은 약수를 마실 수 있을 것이다.

(2) 내려놓기
: 일부를 비운 생수 병을 손에 들고 있지 않고 내려놓기

만일 일부를 비운 생수 병을 앞에다 내려놓지 않고 손으로 계속 들고 있다면, 그 후로 생수 병에 아무리 좋은 것들이 들어온다 하더라도 내 체온과 향기로 다시 원래의 내 방식으로 희석되고 말 것이다. 그렇게 되면 무엇이든 내가 살아오던 삶의 패턴과 방식으로 해석하고 받아들여서 굴절되고 왜곡되어 내 안으로 재흡수되어 간다. 만일 직접 손에 들고 있지 않고 앞에다 가만히 내려놓았다면 공정하게 섞여서 쉽게 좋은 것을 받아들이고 발전할 수 있었을 것이다.

어떠한 방식으로든 손에 들고 있다는 것은 내 삶의 울타리 안에 두었다는 뜻이고, 앞에다 내려놓았다는 것은 내 울타리 밖에 두었다는 뜻이다. 대다수의 사람이 발전과 풍요의 삶을 위해 열심히 노력하고 있지만, 그만큼의 성과를 거두지 못하는 이유 중의 하나이다. 항상 비우고 내려놓는 겸손한 자세는 현재 내가 가진 것보다 더 나은 해결책이나 더 좋은 길이 있다는 것을 인정하고 배우려 하는 삶의 학교 우등생이 갖추어야 할 최상위 덕목이다. 비우고 내려놓기를 통하여 '어제보다 나은 오늘의 나'로 발전해 나간다면, 현재보다 더 나은 삶의 프로나 명품이라는 성공의 물을 마실 수 있을 것이다.

자기 계발의 노력으로 어떤 한 가지 분야에서 '알아차림과 깨달음의 산' 정상에 올랐더라도 '비우고 내려놓기'의 필요성은 더욱 중요해진다. 일단 깨달음을 얻었더라도 그 후로 산 너머의 깨달음의 산들이 계속 기다리고 있다. 첫 번째 산은 내가 가진 다른 모든 곳에 적용하여 스스로 가다듬는 과정의 종합 정리의 산이다. 한 가지 깨달음을 내 삶의 여러 곳에 활용할 수 있게 다듬는 과정이다. 두 번째 산은 다른 사람들에게 쉽게 전달하고 적용할 수 있게 조율하는 일반화 과정의 공감의 산이다. 세 번째 산은 일반화를 통하여 깨달은 것을 다시 내게로 적용하여 종합적으로 완성하는 진정한 깨달음의 산이다. 이처럼 최소 세 번의 산을 더 넘어서야 자기 깨달음의 경지에 올랐다고 할 수 있다.

성철 스님은 "물은 물이요, 산은 산이로다."라고 했다. 그런데 그 세 번의 깨달음의 산 너머에도 또 다른 산들이 줄줄이 대기하고 있기에 '비우고 내려놓기'는 계속되어야 한다. 그것은 깨달음의 산에 오르는 다양한 방식과 또 다른 길들, 과거의 깨달음들과 공통점과 차이점 분석, 현재와 미래의 깨달음 발전 과정에 대한 직관과 통찰 그리고 예지의 산들이 계속 줄줄이 대기하고 있다. 그래서 삶은 영원히 배우고 깨달아야 하는 학교이다. 삶에서 다가오는 대다수 산은 항상 끝날 때까지는 끝난 것이 아니다.

(3) 낮추기
: 목표를 이룰 때까지 비우고 내려놓기를 반복하기

습관을 바꾸거나 새로운 습관을 만들 때 대다수 사람이 실패하는 가장 큰 원인이 내려놓거나 낮추기가 안 되기 때문이다. 낮추기란 자신이 목표로 하는 것을 이룰 때까지 비우고 내려놓아서 어느 정도 채워지면 또다시 비우고 내려놓기를 반복하는 일이다. 그런데 많은 사람이 처음 비우고 내려놓아서 어느 정도 나아진 것 같으면 자신도 알게 모르게 그냥 물병을 손으로 들고 있게 된다. 그렇게 되면 조금 나아진 것 같았던 상황들이 어느새 내 체온과 향기로 굴절되어 또다시 내 방식 안으로 희석되어 버린다. 이것이 가장 큰 실패의 원인이다. 중국 속담에 "습관을 바꾸는 것은 산을 옮기는 것이요, 욕심을 버리는 것은 바다를 메우는 일이다."라고 했다.

조금 나아졌을 때 방심하지 말고 목표점 이상으로 완전히 넘어설 때까지 '비우기-내려놓기-낮추기'를 계속 반복해야 목표를 달성하게 될 것이다. 비우고 내려놓기를 반복하는 낮추기는 '성공의 물'을 '삶의 명약'으로 발전시켜 나가 '21 마법의 삶과 기적의 치유 경지'로 이끌어줄 것이다. 나를 고집하는 것은 변화를 거부하여 항상 제자리걸음 하는 일이요, 나를 끊임없이 낮추는 것은 언제든 한 없이 커질 수 있는 성공의 날개를 활짝 펴는 일이다. 부처와 공자도 "오늘 깨달음을 얻는다면 내일 죽어도 원이 없다."라고 했다.

세계 5대 성인이자 명상과 깨달음의 대명사라 할 수 있는 부처는 훗날 사람들에게 스승으로 기억되기를 가장 바랐다. 그는 자신의 깨달음을 염화시중의 미소와 행동으로 실천하여 인류의 위대한 큰 스승이 되었다. 제자들이 "살면서 가장 중요하게 실천해야 하는 것은 무엇입니까?"라는 질문에 '유종의 미 명상'이라 하였다. 모든 것에는 시작과 끝이 있다. 변하지 않는 것은 아무것도 없다. 현재하고 있는 일이나 사람들과의 만남도 언젠가는 끝나는 날이 올 것이다. 유종의 미 명상법은 '오늘이 언젠가 다가올 날인 마지막 날이라고 가정한다면, 나는 과연 오늘을 어떻게 살아갈 것인가?'를 미리 생각하며 살아가는 것이라 하였다. 21세기 중반 5차 산업혁명 이후로 '생존과 번영의 프로 시대'로 들어서면 본격적으로 마음 수련과 명상의 시대로 진입하게 될 것이다. '유종의 미 명상법'은 비우고 내려놓기의 대표적인 '21세기 실용 긍정·생활 습관 명상법'으로 떠오르게 될 것이고, 부처는 21세기 명상의 시대에도 전설의 멘토이자 가장 위대한 스승이 될 것이다.

스티브 잡스는 스탠퍼드대학 졸업식 강연에서 17세 때 "하루하루를 인생의 마지막 날이라고 가정하고 산다면, 당신은 옳은 삶을 살 것이다."라는 문구를 읽고 감동을 받았다고 했다. 그리고 그날 이후로 33년 동안 매일 아침 거울을 보면서 자신에게 '오늘이 내 인생의 마지막 날이라면 내가 오늘 하려 하는 일을 과연 하게 될까?'라고 묻고 생각해 보는 것으로부터 하루를 시작했다고 한다. 지금 이 순간 내가 어떤 생각과 행동을 선택하고 있는지에 따라 시시각각으로 삶과 운명이 변화하고 달라지고 있다.

'습관의 생수 한 병 채우기'인 '비우고-내려놓고-낮추기'의 3가지 과정을 실천하는 삶을 살아간다면, 알아차림과 깨달음을 통해 점차 새로운 시각과 발전된 관점을 갖추게 될 것이다. 삶이란 실패, 질병, 역경 그리고 생로병사 등 내 삶으로 다가오는 모든 것들이 사랑의 법칙으로 작동되고 있다는 것을 깨달아 가는 과정이라 할 수 있다. 내 영혼이 이번 생에 지구별을 사람으로 방문했다는 것 그 자체가 언제 다시 주어질지 모르는 가장 큰 사랑의 축복이자 선물이라는 것을 알아차려야 한다. 그리스의 극작가 소포클레스는 "삶의 모든 무게와 고통으로부터 우리를 자유롭게 해 주는 말 하나가 있다. 그것은 바로 사랑이다."라고 했다.

7장

습관 고치는 것은 쉬운 일이다!
21 선언-'쓰리'

21 습관 선언-'쓰리': 습관 방정식과 빅뱅 도미노

습관 고치는 것은 쉬운 일이다. 21 습관 선언 세 번째는 '습관 방정식과 빅뱅 도미노'이다. 우주의 탄생의 빅뱅 이론에 따르면, 약 138억 년 전 초기 우주가 대폭발을 일으켜 현재의 팽창하는 우주가 탄생하였다고 한다. 그래서 빅뱅이란 어떠한 임계점을 지나면 갑작스럽게 폭발적인 큰 변화가 일어나 널리 퍼져나가는 것을 의미하는 말로 사용되고 있다. 그리고 도미노란 어느 한두 가지를 넘어뜨리면 연쇄적으로 그 효과가 계속 다른 곳으로 이어지는 것을 의미한다.

삶과 습관의 진리에서도 이러한 빅뱅 도미노가 알게 모르게 작동되고 있다. 긍정의 힘이나 좋은 생활 습관 등 한두 가지를 임계점이 넘을 정도로 끌어올린다면, 어느 한 순간에 발전 효과가 내 삶의 모든 곳에 동시다발적으로 빅뱅 도미노처럼 번져나간다. 내 삶 전체가 송두리째

한 계단 점프가 되는 현상이 발생한다. 그 이유는 6세 무렵의 원조 습관 세포에 의해 내 삶의 모든 씨앗들이 형성된다. 그리고 그 원조 습관 세포에 의해 내 삶과 운명을 결정하는 '습관-인성-지혜-실력-명품' 등의 모든 것이 만들어져 온 것이다. 그러므로 몸과 마음 그리고 '건강-행복-성공' 등 내 삶과 운명의 모든 것들은 점과 선으로 가늘고 굵게 연결되어 있다. 무엇이든 한두 가지를 임계점 이상으로 끌어 올린다면, 삶 전체로 덮어쓰기 현상인 습관의 빅뱅 도미노가 발생하게 된다.

발전과 풍요의 계단에 오르는 데는 내 삶의 수천, 수만 가지의 생각이나 행동을 다 바꾸는 것이 아니라, 단지 몇 가지를 그것도 아주 쉽고 사소한 것으로 선택하여 임계점을 넘어서면 되는 일이다. 그래서 언제든 3~5%를 개선하면, 점차 파스칼의 원리로 습관의 빅뱅 도미노가 발생하여 내 삶과 운명이 변화하게 된다. 누구나 삶의 우등생이나 장학생이 되기를 바란다. 그러려면 무언가 한두 가지 나를 대표하는 장점이나 주특기 또는 매력 포인트를 만들어야 한다. 전반적으로 잘하는 것도 좋은 일이다. 그런데 감사, 칭찬, 미소, 인사, 친절 등 무언가 한 가지 이상을 천사 소리를 들을 만큼 명품으로 발전시키는 것은 습관의 벽을 넘어 내 안의 잠든 거인을 깨우는 훌륭한 일이다. 그것은 태어난 잠재력을 최대로 발휘하는 일이요, 누군가의 가슴속에 영원히 꺼지지 않는 북극성을 띄우는 이웃 사랑을 실천하는 아름다운 일이다. 이번 생에 자신과의 위대한 승부에서 승리한 명품 프로라 할 수 있다.

7-1 습관의 점핑 임계점, 터닝과 티핑의 공식

습관을 고치거나 만들 때 항상 적용되는 공식이 있다. 그것은 습관의 점핑 임계점과 터닝과 티핑의 공식이다. 만일 내가 넘고자 하는 습관의 산이 백 계단이라고 가정을 하자. 그럴 경우 백 계단을 모두 오르는 것이 아니다. 3~5계단을 오르다 습관의 점핑 임계점을 넘으면 50계단으로 점프하는 티핑 현상이 발생한다. 각 개인에 따라서 차이는 있지만 최대 10계단을 넘는 경우는 드물다. 또다시 3~4계단 오르다 보면 어느새 80계단으로 점프한다. 80계단에서는 2~3계단이면 95계단 이상으로 오르게 될 것이다. 이처럼 발전을 위해 출발하는 터닝포인트로부터 각자의 점핑 임계점에 도달하면 습관의 티핑 현상이 발생한다. 물은 섭씨 100도라는 정해진 점핑 임계점 온도에 도달하여야 갑자기 끓기 시작한다. 그런데 습관의 점핑 임계점은 시도하는 습관의 종류와 각자 개인의 경험과 실력에 따라 다르게 적용된다.

'나는 할 수 있다'라는 자기 확신과 믿음 그리고 자신감으로 긍정의 출발을 하였을 때 터닝과 티핑 현상이 작동한다. 그렇지 않은 부정적인 출발일 경우에는 백 계단을 하나씩 오르게 될 것이다. 결국 긍정적인 시작이 반인 것이다. 첫 번째 티핑의 임계점을 넘어서는 것이 성공의 가장 중요한 관건이 된다. 두 번째부터는 성공의 임계점을 넘는 것이 점점 더 쉬워진다. 습관의 티핑 현상이 발생하는 임계점은 진행할수록 점점 더 짧아지기 때문이다. 그래서 습관 고치기나 만들기를 시작할 때, 가급적이면 가장 쉽고도 사소한 것으로 시작할수록 앞으로 성공할 가능성이 높아진다. 작은 성공 습관으로 임계점 통과를 경험하게 하여 'Yes, I Can'이라는 자기 확신과 자신감을 길러 주는 것이 성공의 핵심 포인트이다.

7-2 습관의 '습관화-실력화-셀프화'의 '3-3-3' 공식

수천, 수만 가지 습관을 모두 삶의 우등생이나 장학생의 수준으로 올리는 것이 아니다. 어떤 습관이든 한두 가지를 넘어 세 가지 정도를 삶의 우등생이나 장학생의 수준으로 발전시킨다면 습관의 빅뱅 도미노가 발생한다. 세 가지 이상의 종목이나 분야에서 기준선을 통과하면, 그 이후로는 시간이 흘러 경험이 쌓일수록 성공의 공식과 패턴이 습관화되기 시작한다. 그것을 '습관의 실력화'라 한다. 그 후로 그 종목이나 분야에서 시간이 흘러 경험과 실력이 늘어갈수록 점점 더 쉽게 자동적으로 처리가 되는 '습관의 셀프화'로 진행될 것이다. 이것이 습관의 '습관화-실력화-셀프화'의 '3-3-3'공식이다.

좋은 일이든 나쁜 일이든 내가 반복적으로 지속하는 일은 3년이 지나면 습관화가 된다. 그리고 한 가지 습관이 만들어진 후 3년이 더 지나 경험이 쌓이면 실력화로 진행되어, 파스칼의 법칙에 의해 연결되어 있는 열 가지 습관으로 발전하게 된다. 또다시 3년의 경험과 실력이 더해지면, 삶의 모든 곳에 영향을 미치고 점차 패턴과 방식으로 고정이 된다. 패턴과 방식으로 고정이 되면 그 후로 자동적으로 진행되는 셀프화가 완성이 된다.

그러므로 '3년의 습관화-3년의 실력화-3년의 셀프화'로 총 9년이 지나 습관의 10년 차가 되면, 그 일에 전문가나 프로로 진입하기 시작한다. 즉 습관은 '3-6-9-10'의 공식으로 성공 프로로 발전하고 확산된다. 그런데 전문가나 프로의 진입과 단계는 각 개인의 실력과 집중과 열정 그리고 어떠한 멘토를 설정하거나 만났느냐 등에 따라 성공의 계단이 또 달라지고 획기적으로 단축되거나 수십 년이 더 걸릴 수도 있다.

7-3 습관의 성공 프로와 꼬리연 달기 공식

사람들은 많은 것을 실천하고 도전해야, 내 삶의 계단과 질이 바뀔 것이라고 생각하고 있다. 그래서 처음부터 많은 것을 시도하거나 또는 어려운 종목을 선택해서 바꾸려고 시도한다. 그럴수록 성공할 확률이 희박해진다. 그런데 첫 시작을 아주 작고 사소한 한두 가지로 시작할수록 성공의 터닝과 티핑이 쉽게 일어날 것이다. 그러한 작은 성공 습관을 여러 번 경험할수록 실력이 늘어가서 성공에 대한 자기 확신이자 믿음이 강화될 것이다. 그리고 두 가지 이상의 습관을 임계점을 넘어 습관의 성공 프로의 경지로 끌어올린다면, 처음에 내가 시도하려고 했던 다른 습관들이 꼬리연처럼 줄줄이 임계점 근처에 따라 올라와 있을 것이다.

누구에게나 5~6 무렵에 형성되는 원조이자 근원인 습관 세포에 의해 내 삶의 모든 것들의 씨앗이 형성된다. 그래서 내 몸과 마음 그리고 '습관-인성-지혜-실력-명품' 등 모든 것은 점과 선으로 연결되어 있다. 언제든 임계점을 넘어 성공의 산에 두세 가지 정도가 목표치에 도달하게 되면, 다른 모든 습관들도 조금만 노력하면 임계점을 쉽게 통과하게 될 것이다. 이것이 '습관 프로의 꼬리연 달기'이다. 그러니 항상

조급해서 힘들고 어려운 습관을 개선하려 하거나 한꺼번에 많은 것을 동시에 개선하려고 어려운 시도를 하지 않아도 된다. 오히려 습관의 빅뱅 도미노인 꼬리연 달기 공식을 안다면, 습관 고치기나 좋은 습관 만들기 계획이 획기적으로 바뀔 것이고 목표 달성에 성공할 확률도 훨씬 더 높아질 것이다.

7-4 습관의 실력화와 명품 마크 자동화 공식

습관의 실력화의 과정을 통하여 그 분야의 베스트나 온리의 그룹에 오르는 것을 명품화라한다. 일단 한 가지 이상에서 명품이라 인정받으면 그다음부터 만드는 모든 곳에 저절로 명품 마크가 붙게 될 것이다. 어느 분야에서든 처음에 명품의 반열에 오를 때까지는 많은 노력이 필요하다. 성공에 대한 자기 확신과 지속적인 실천력이 명품에 오르는 성공의 관건이다. 하지만 일단 명품에 오르고 나면 그다음부터는 그가 만드는 물건이나 재능 등 모든 곳에 명품 마크가 붙게 된다. 그로 인해 모든 곳에 플러스로 작용하게 된다.

예를 들어 예술적 재능에 의해 그림이나 조각품 그리고 연주 등에서 명품으로 인정받으면, 그 뒤로는 모든 곳에 대가의 작품이라는 인정이 따르게 된다. 옷, 가방, 보석, 도자기, 악기, 신발, 시계 등에 있어서도 일단 명품 중의 명품으로 인정받으면, 그 후로 만드는 모든 물건이나 작품에 명품이라는 칭호가 주어질 것이다. 앞서거나 다른 최선의 노력으로 일단 베스트나 온리의 명품 인정의 시점이 지나면, 그 후로는 명품의 산을 또다시 하나하나씩 오르는 것이 아니라 명품 마크의

꼭짓점 돌리기가 가능해 진다.

만일 감사 천사나 미소 천사의 명품의 산에 올랐다면, 그 후로 내가 하는 모든 일에는 감사 천사나 미소 천사라는 명품 마크가 따라 붙게 될 것이다. 그리고 그 밖의 나머지 분야에서도 저절로 명품의 수준으로 인정받는 것이 쉬워질 것이다. 이것이 명품의 산 정상에 한 번 오르면 그다음 모든 곳에 명품 마크가 자동적으로 붙게 되는 이유이다. 태어난 잠재력을 최대로 발휘하여 분야별 베스트나 온리의 명품의 경지에 오르는 일은 그 사람의 삶에도 명품 또는 전설이라는 별빛 이름을 얻게 할 것이다.

7-5 습관의 세 가지 속성과 나누기 마법의 공식

20세기까지는 습관을 만드는 데에는 3년이 걸리고, 그 습관의 열매가 일단 열리면 그것을 고치는 것은 쉬운 일이 아니었다. 그 이유는 일단 3년이 지나 습관의 열매가 열리면, 그것이 좋은 습관이든 나쁜 습관이든 시간과 경험이 쌓일수록 점점 더 실력으로 강화되고 고정되어 간다. 그래서 오래된 습관일수록 고치기가 더욱 어려워진다. 그런데 파스칼의 원리에 의해 '한 가지 나쁜 습관이 열 가지 나쁜 습관을 만든다. 그러므로 한 가지를 고치면 열 가지 백 가지 습관이 저절로 고쳐지게 된다.' 그런데 실제로 가장 큰 문제는 한 가지 습관을 고치는 것, 그 자체가 쉽지 않았던 것에 있다. 하지만 습관의 내부 구조의 3가지 속성을 이용한다면, 나누기 마법의 공식에 의해 놀랍게도 이마저도 쉽게 변화시킬 수가 있다.

모든 습관의 내부 구조는 3가지 속성인 '속도-세기(강도)-양(질)'으로 구성되어 있다. 내부 구조 중에 첫 번째인 속도를 변화시키는 것에 대해 자세히 알아보자. 자신이 가지고 있는 한 가지 습관 중에 속도를 변화시키면, 나머지 모든 습관에서도 어느 정도 속도의 조절이 가능해진다. 예를 들어 양치나 식사를 빠르게 해왔다면, 양치와 식사 습관을 '천천히'로 변화시키는 시도를 하자. 그러면 습관의 속도를 '천천히'로 변화시킨 효과와 더불어 습관의 속도를 '빠르게'로부터 느리게까지 활용하는 범위가 넓어진 것이다. 내부 구조의 두세 번째인 습관의 세기와 양도 마찬가지이다. 양치나 식사를 작게 잘라 '천천히 부드럽게'로 변화시키거나 양치나 식사 시간을 현재보다 1~3분을 더 늘리는 것이다. 그것으로 습관의 세기(강도)와 양(질)이 좋은 방향으로 변화되고 활용하는 범위도 넓어지게 될 것이다.

만일 식사와 양치 습관에 더하여 추가로 걷기, 숨쉬기, 말하기 등 식생활 습관에서 같은 방식으로 한두 가지를 더 발전시킨다면, 행복한 건강 장수의 길로 들어서게 될 것이다. 특히 오래된 습관일수록 바꾸기가 어려워지지만, 3가지 속성을 활용하면 그 문제가 해결된다. 3가지 속성을 활용한 나누기의 마법은 기존 습관의 큰 저항 없이 습관을 변화시킬 수 있는 습관 만들기와 고치기의 숨겨진 비밀 통로이기 때문이다. 그 이유는 습관 자체를 새로 만들거나 고치는 것은 어려운 일이었다. 그런데 첫째 사소한 것으로 선택하고 둘째 그것을 3가지 속성으로 나누어 하나씩 고쳐 나간다면 그리 어렵지 않게 원하는 습관 만들기나 고치기의 목표를 이루게 될 것이다.

습관을 통째로 바꾸는 것이 아닌 그 내부 속성의 일부를 조금 개선하는 것은, 기존의 습관이나 뇌에서 거부하지 않을뿐더러 나 자신도 실천에 대한 부담이 1/3로 나누어서 더 가벼워졌기 때문이다. 신기하게도 본인 자신도 습관 바꾸는 것이 어렵다는 생각이 어느새 사라져 버리고, 그 1/3 정도는 쉽게 개선할 수 있다는 자신감이 마법처럼 생긴다. 습관을 한 번에 통째로 바꾸려면 어렵고 힘들지만 나누면 쉬워지는 그것이 습관 나누기의 숨겨진 마법이다. 그리고 더 놀라운 것은 다른 모든 습관에도 3가지 속성은 공통적으로 들어 있는 것이므로 다른 모든 습관들도 저절로 개선되는 빅뱅 도미노의 놀라운 효과가 발생한다.

7-6 습관과 삶의 울타리 넘어서기 7단계 공식

25세 무렵에 습관의 항상성이라는 습관의 거대 공룡이 탄생한다. 이때부터는 자신만의 삶의 패턴과 방식 그리고 각종 한계의 벽 등이 정해지게 된다. 이것을 삶의 울타리라고 한다. 그리고 삶의 울타리를 넘어서는 것을 삶의 거듭나기라 한다. '21세기 삶의 프로 구구단 & 인생각도 7도'라고 하여 각 단계별로 삶의 울타리를 넘어가는 7단계 과정을 연구해 보았다.

첫 번째 1단계는 습관의 문이자 울타리이다. 일단 습관의 관문을 넘어서야 다음 단계로 진행될 수 있다. 2단계는 인성의 울타리이다. 인성은 습관에 생각, 감정, 경험, 가치관, 일상 생활 습관 등이 쌓여서 만들어진다. 3단계는 지혜, 4단계는 실력, 5단계는 명품의 문이자 울타리이다. 내 안에 잠든 거인을 깨우는 위대한 경지이다. 6단계는 글로벌 멘토, 7단계는 전설의 문이자 울타리이다. 인류의 영웅과 전설 그리고 인류의 큰 스승의 차원이다. 그래서 이 7단계까지 오르는 내비게이션으로 '삶의 프로 구구단과 인생 각도 7도'를 완성하였다. 그 밖의 삶의 울타리를 넘어서는 8단계는 영혼, 9단계는 차원 그리고 10단계는 신의 경지인 창조주 하늘이다.

삶의 울타리를 넘어선다면 그 단계마다 새로운 시각과 관점을 갖추게 될 것이다. 만일 이처럼 삶의 시각과 관점을 변화시키고 발전시킨다면, 습관뿐만 아니라 내 삶 모든 곳에서 동시다발적으로 변화와 발전이 진행된다. 그리고 자신이 자기 계발의 노력을 통하여 오른 삶의 계단만큼 더 넓고 멀리 삶과 세상이 보이고 들릴 것이다. 또한, 자신이 오른 계단에 따라 그에 반응하여 끌어당겨지는 사람, 상황, 조건 등이 달라진다. 하늘은 공평하게 그 오른 계단마다 그에 걸맞은 축복과 선물을 안배해 두셨다. 삶과 운명인 '건강-행복-성공'의 점수는 미리 정해진 것이 아니라, 언제든 현재 자신의 노력에 따라 얼마든지 달라질 수 있다. 삶과 운명은 태어날 때의 선천적인 운이 10~20%라면 후천적인 노력이 80~90%라 할 수 있다. 그래서 공자님도 "태어날 땐 같으나, 습관에 의해 운명이 달라진다."라고 하셨다.

7-7 습관과 삶의 사랑 에너지 충전의 덮어쓰기 공식

습관과 더불어 내 삶과 운명에 동시에 작용하고 있는 사랑 에너지의 양과 질을 변화시킴으로써 습관과 삶을 빅뱅 도미노의 방식으로 바꾸는 사랑 에너지 충전의 덮어쓰기 공식이 있다. 내 삶으로 모든 좋은 것을 끌어당기는 긍정의 끌어당김의 법칙은 사랑 에너지로 작동된다.

내 영혼은 빛으로 와서 사랑 에너지로 살아가다, 빛의 영혼으로 돌아간다. 그래서 우리의 삶과 운명은 각종 사랑 방정식과 사랑 에너지에 영향을 받는다. 그러므로 삶과 운명인 '건강-행복-성공' 등 모든 곳에는 사랑 에너지가 알게 모르게 작용하고 있다. 사랑 에너지는 항상 나를 사랑하는 것으로부터 충전이 시작되고, 이웃 사랑으로 확장되어 간다.

현재보다 더 나은 힐링과 치유 그리고 발전과 풍요의 삶을 바라거나 반복적으로 다가서는 문제들을 해결하기 바란다면, 가장 먼저 '나를 사랑하는 법'으로부터 점검하고 출발해야 한다. 나를 사랑한다는 3가지 공식은 '나 자신을 소중하고 귀하게 여기기-매사에 감사하는 기쁨으로 살아가기-나와 상대의 장점을 칭찬하고, 단점을 있는 그대로 받아들이고 존중하기'이다. 21세기 '건강-행복-성공'의 안전선을 통과하는 사랑 에너지 충전의 최우선 공식이라 할 수 있다. 그리고 사랑 에너지를 최대로 충전하려면 이웃 사랑을 실천해야 한다. 사랑 에너지는 내가 먼저 준 것이 메아리와 자석의 법칙으로 증폭되어 돌아와서 충전된다. 상대를 기쁘고 행복하게 하는 말과 행동을 실천할수록 선한 영향력으로 충전되는 사랑 에너지의 품격과 파워는 강해질 것이다. 그리고 조상과 인류, 자연과 우주 만물, 창조주 하늘 등 이웃과 세상을 사랑하는 사랑의 범위에 따라 충전되는 양과 파워가 증진될 것이다.

내 삶에 모든 곳에 사랑 에너지를 가장 크고 동시다발적으로 충전시키는 '습관의 만능 키'가 있다. '습관의 만능 키'는 '웃음과 미소-목소리와 말투-하늘 은행에 저축'으로 구성되어 있다. 그것은 사랑 에너지 연결성인 핵심 코드로서 삶과 영혼 그리고 자연과 우주 만물과의 연결 통로이다. '웃음과 미소'의 미소 천사에는 사랑 에너지의 빛과 향기가 들어 있고, '목소리와 말투'의 감동 천사에는 사랑 에너지의 품격과 파워가 담겨 있다. 하늘 은행에 플러스 선업으로 저축되는 공용 화폐는 사랑 에너지이다. 하늘 은행에 저축된 금액이 많아질수록 하늘의 편에 줄을 서게 되는 것이다.

제4부

◇

프로 편

: 21 삶의 프로 구구단 & 인생 각도 7도

21 삶의 프로 구구단, '습관-인성-지혜' 인생 각도 '1-2-3도'

1도 습관 프로

1단(필수 긍정 습관)

2단(좋은 생활 습관)

3단(황금 키 습관)

2도 인성 프로

4단(명품 인성 습관)

5단(인격의 3관문)

6단(만능 키 습관)

3도 지혜 프로

7단(21 삶의 학교 플랫폼)

8단(베스트 습관)

9단(부정 다루기)

습관 프로 (21세기 삶의 프로 '1-2-3'단)

'21 습관 프로 1단' 필수 긍정 습관

'21 습관 프로 2단' 좋은 생활 습관

'21 습관 프로 3단' 황금 키 습관

[21세기 삶의 프로 구구단, 습관 프로 '1-2-3'단]

습관은 운명을 결정한다. 습관 프로가 된다는 것은 자신의 삶과 운명을 다루고 조율할 수 있는 실력을 갖추는 일이다. 습관 프로는 필수 긍정 습관(1단), 좋은 생활 습관(2단), 황금 키 습관(3단)' 으로 구성되어 있다. 삶의 프로 구구단 1단 '필수 긍정 습관' 은 긍정의 힘을 기르는 습관으로 '감사-웃음-칭찬-인사-친절' 이다. 2단 '좋은 생활 습관' 은 장점을 기르는 습관으로 '3-5-7-10(Ten) 장점의 법칙' 이 있다. 3단 '황금 키 습관' 은 '21꿈과 목표-긍정의 언어 습관-성공적인 대인관계' 이다. '황금 키 습관' 은 삶과 운명의 3대 미스터리라 할 수 있다.

습관과 삶의 프로가 되는 데는 몇 가지 조건이 있다. 그중에서도 습관의 다섯 가지 종류에 대해 알고 있어야 습관 프로이자 습관 박사라 할 수 있다. 습관을 다룰 수 있는 사람, 그는 자신의 삶과 운명인 '건강-행복-성공'의 점수를 다룰 수 있는 사람이라 할 수 있다. 그 다섯 가지는 첫째 긍정의 힘을 기르는 필수 긍정 습관, 둘째 장점을 기르는 좋은 생활 습관, 셋째 삶과 운명의 3대 미스터리인 습관의 황금 키, 넷째 '삶-영혼-하늘'의 감동 코드를 움직이는 습관의 만능 키, 다섯째 삶의 프로와 명품 달성에 필요한 최상위 습관인 에베레스트 습관이 있다.

그밖에 '습관의 원리와 특성 7가지', '습관 만들기와 고치기 3대 공식', '습관의 빅뱅 도미노' 등을 알고 있고, 자신의 삶에 적용할 수 있을 때 진정한 습관 프로와 명품이 될 수 있을 것이다.

[삶의 프로 구구단, 습관 프로 1단] '필수 긍정 습관'

감사 웃음 칭찬 인사 친절

습관 프로를 달성하는 '삶의 프로 구구단'의 첫 번째 1단은 '필수 긍정 습관'이다. '필수 긍정 습관'은 긍정의 힘을 기르는 습관으로, '감사-웃음-칭찬-인사-친절'이 있다. '감사-웃음-칭찬'은 '건강-행복-성공'의 씨앗이다. '인사-친절'은 행운의 씨앗이다. 그리고 필수 긍정 습관은 긍정의 힘을 길러 주는 사랑 에너지이자 모두 발전과 풍요의 씨앗으로 작용한다.

만일 건강의 씨앗인 웃음이 부족하다면 그 밖의 식생활 습관이나 모든 것을 다 잘해도 질병 발생을 방지하기 어려울 것이다. 웃음은 건강의 밑받침으로 작용되는 것이기에 기초가 부실하면 그 위로 아무리 좋은 것을 많이 쌓아도 외부의 자극에 건강이 쉽게 흔들릴 수밖에 없는 것이다. 행복의 씨앗인 감사나 성공의 씨앗인 칭찬도 기초가 부실하다면 그 행복이나 성공을 유지하거나 확장시키는데 문제가 발생할 것이다. 사랑 에너지의 빛과 향기인 인사와 친절이 부족하다면 발전과 풍요의 계단과 질에도 문제가 발생할 것이다.

1단-1 감사 (행복의 씨앗)

감사는 사랑의 가장 고귀한 표현법이다. 감사는 행복과 발전과 풍요의 씨앗으로, 내 삶으로 모든 좋은 것을 끌어당기는 시동 키이다. 그리고 사랑의 완성 공식은 감사로 시작해서 용서로 완성된다. 감사는 나와 이웃을 사랑하는 출발점이기 때문이다. 감사는 가장 쉬우면서도 가장 강력하게 내 삶과 운명을 발전과 풍요로 이끌어 주는 출입문이라 할 수 있다. 캘빈 쿨리지는 "가장 축복받은 사람이 되려면 가장 감사하는 사람이 되어라."라고 했다.

감사와 축복을 끌어당기는 특별한 생활 실천 감사법이 있다. 그 첫 번째는 좋은 일에 감사와 축복을 보내는 일이다. 내 삶으로 좋은 일을 계속 끌어당기는 것과 같다. 둘째는 일상의 크고 작은 평범한 일에 대한 감사이다. 이처럼 일상에 담긴 감사를 찾아낼 수 있다면, 그것은 감동의 능력을 갖춘 가장 행복한 사람이 되는 길이다. 셋째는 '그럼에도 불구하고 감사'이다. 내게 다가오는 실패, 질병, 역경 등 각종 문제들 안에서 '감사와 교훈'을 찾는 '그럼에도 불구하고 감사'가 있다. 내 삶에 다가오는 장애물을 디딤돌로 전환하는 능력을 갖추게 될 것이다.

감사에 대한 또 한 가지 분류법은, 첫째 과거로부터 현재까지의 모든 것에 대한 '덕분에 감사'이다. 둘째는 미래에 대한 이루어 주심을 미리 감사함으로써 그러한 삶을 끌어당기는 '이루어 감사'이다. 셋째는 현재의 상황이 아무리 어렵고 미래가 불투명하더라도 '나는 할 수 있고, 될 수 있다. 나는 항상 운이 좋다.'라는 자기 믿음과 자기 확신으로, 그러한 결과를 끌어당기는 '그럼에도 불구하고 감사'이다. 사랑은 감사로 시작해서 용서로 완성이 되고 '덕분에-이루어' 감사로 절대 긍정인 초월의 경지에 다가선다.

《성경》에서 전하는 하늘의 편에 줄을 서는 공식은 "항상 기뻐하라. 쉬지 말고 기도하라. 범사에 감사하라."이다. 하늘은 자신의 창조물들이 항상 감사하는 기쁨으로 살아가기를 바란다는 뜻이다. 부처도 "감사와 기쁨 이외에는 어떠한 대의명분도 없다."라고 했다.

1단-2 웃음과 미소 (건강의 씨앗)

웃음과 미소는 만복의 출발점이다. 웃음과 미소는 건강과 발전과 풍요의 씨앗이다. 그리고 부작용이 없는 힐링과 치유의 명약이요, 서로

간의 마음의 문을 여는 만국 공통의 여권이다. 그리고 삶과 운명인 '건강-행복-성공'의 점수가 우등생이 될 수 없다는 뜻이다. 웃음과 미소는 무엇이든 할 수 있고, 이룰 수 있는 가능성과 문제 해결의 출발점이기에 습관의 만능 키라 한다. 또한, 그 사람의 '자존감-자신감-긍정심'의 종합 평가표이다. 웃음은 나를 위한 것이지만 미소는 상대방을 위한 배려가 된다. 나이가 들어갈수록 웃음과 미소가 줄어드는 빈자리에 질병과 불행이 찾아든다. 그러므로 웃음과 미소를 늘리면 건강과 행복이 늘어가게 될 것이다.

사람은 거울처럼 자신과 같은 종류와 성향의 사람, 상황, 조건 등을 끌어당기는 자석이다. 그러므로 내 삶으로 '복과 덕'이 가득한 하늘의 축복과 선물을 끌어당기는 긍정의 사람이 되고 싶다면 우선적으로 '감사-웃음과 미소-칭찬'을 발전시켜야 될 것이다. 그런데 현대인들은 이 중요한 요소들을 점점 더 잃어버리고 있다. 21세기가 진행될수록 각종 건강과 행복의 위기의 쓰나미를 극복하는 위대한 사랑 에너지가 될 것이다. 항상 가장 기본적이고 기초적인 것들이 내 삶과 운명의 모든 곳에서 가장 중요한 역할을 한다. 현재보다 더 나은 힐링과 치유를 바라거나 반복적으로 다가오는 실패, 질병, 역경 등을 넘어서기를 바란다면 발전시켜야 하는 자기 계발의 최우선 순위이다.

1단-3 칭찬 (성공의 씨앗)

칭찬은 사랑 에너지의 확장 키로써 삶의 활력소이자 비타민이다. 나와 상대를 기쁘고 행복하게 하는 말과 행동의 가장 기본적인 필수 사항이다. 성공적인 대인관계를 이루는 필수 조건으로, 이웃 사랑을 실천하는 일이다. 또한, 열정과 자신감을 불러오는 성공과 발전과 풍요의 씨앗이다. 그리고 자존감과 긍정심을 높여 삶의 질을 높이고 발전과 풍요의 높이를 결정하는 필수 요소이다. 나와 상대 그리고 세상을 칭찬하려는 긍정적인 자세로 살아간다면 점점 긍정심이 늘어가고 몸과 마음이 아름다워질 것이다. 21세기 고객 감동의 시대에 반드시 갖추어야 할 덕목이자 최상위 무기이다. 사람에게는 누구나 인정받고 싶은 욕구가 있다. 그 욕구를 충전시키는 대표적인 비책이 칭찬이다. 막심 고리키는 "칭찬은 평범한 사람을 특별한 사람으로 만드는 마법의 문장이다."라고 했다.

발전과 풍요의 계단에 오르는 세 가지 칭찬법이 있다. 첫째, 나와 상대가 잘하는 장점을 찾아서 칭찬하는 것이다. 둘째는 내가 배우고 싶은 상대의 장점을 칭찬하는 것이다. 셋째는 나와 상대의 발전시키고 싶은 장점을 칭찬으로 만들어 가는 것이다. 이처럼 나와 상대의 칭찬거리를 찾으려는 긍정의 마음과 눈은 긍정의 사랑 에너지를 무한대로 발전시켜 나간다. 그러다 보면 어느새 꿈과 목표를 이루고 발전과 풍요의 계단에 올라와 있을 것이다. 어려서 칭찬을 받아본 사람이 칭찬할 줄 알게 된다. 그리고 칭찬받은 종목이 그 사람의 장점이자 주특기로 발전하여 칭찬받은 대로의 사람으로 성장할 확률이 높아진다. 만일 부모나 주변에서 받은 칭찬이 별로 없다면 자기 스스로를 칭찬하는 습관을 만들면 된다. 언제든 내가 먼저 칭찬의 나무를 심어야 자신이 바라는 칭찬과 인정의 열매를 얻을 수 있다. 대접받고 싶은 대로 먼저 대접해야 거울과 메아리의 법칙으로 뿌린 대로 돌아오게 된다.

칭찬은 감사와 웃음만큼 자신의 삶과 운명에 중요한 필수 요소이다. 특히 어린 시절의 누군가의 한마디의 칭찬은 그 사람의 가슴에 영원한 별이 되고 삶과 운명을 변화시킬 정도의 큰 위력을 갖고 있다. 부와 성공을 이룬 카네기는 그의 묘비명에 "자신보다 현명한 사람들을 주위에 모으는 방법을 알고 있는 사람 여기에 잠들다."라고 새길 정도로 칭찬의 달인이자 성공적인 대인관계의 전설이었다. 칭찬할 줄 아는 사람이 발전과 풍요의 고개를 쉽게 넘어설 것이다. 그러한 칭찬하는 이웃과 사회가 크고 작은 영웅과 전설을 배출할 수 있는 위대한 국가가 될 것이다.

1단-4 인사 (행운의 씨앗)

인사는 모든 것을 이루는 만사의 출발점이자 행운과 발전과 풍요의 씨앗이다. 성공적인 대인관계의 시작점이며, 이웃 사랑과 존중의 고귀한 실천법이다. 인사에는 그 사람의 인성, 교양, 품격, 존중, 배려 등이 들어 있다. 인사는 상대에 대한 예의의 표현법으로 이웃 사랑 실천과 성공의 시작점이다. 그리고 인사는 모든 것을 이루는 만사의 출발점이므로 만일 인사성이 없다면 내 안에 이웃 사랑 실천의 사랑 에너지가 불량이거나 부족한 것이다. 인사는 그 사람의 사랑 에너지의 향기와 품격을 표현하는 방식이다.

성공과 실패는 대인관계에 의해서 결정이 된다. 성공적인 대인관계는 주로 첫인상에 의해 결정되고, 처음 만난 지 3~15초 이내에 결정되는 첫인상은 주로 밝고 친절한 인사와 태도 그리고 목소리와 말투에 의해 이루어진다. 행운의 여신은 항상 밝게 웃으며 인사하는 사람에게 성공과 행복 그리고 발전과 풍요의 기회를 제공한다. 내가 먼저 웃으며 친절하게 실천하는 인사는 하늘 은행에 복과 덕으로 쌓여 축복과 선물로 돌아온다. 또한, 내가 먼저 웃으며 실천하는 인사와 친절한 목소리와 말투가 나와 주변을 선한 영향력의 빛과 향기로 충만하게 할 것이다.

1단-5 친절 (행운의 씨앗)

친절은 행운의 여신이 가장 선호하는 필수 종목 중에 하나이다. 발전과 풍요의 씨앗인 친절은 사랑 에너지의 품격이자 품질을 높이는 필수 긍정 습관이다. 즉 사랑 에너지의 빛과 향기를 더하는 일로써 자신의 몸과 마음 그리고 이웃과 세상을 밝고 선하고 아름답게 만드는 중요한 역할을 한다. 친절은 자신의 마음속에 있는 가장 멋진 부분을 이웃과 나누는 것과 같다. 그리고 세상에서 혼자라고 느끼는 힘들고 어려운 사람에게 희망을 주는 일이다. 선한 영향력을 전파하는 강력한 사랑 에너지이자 불평, 갈등, 비난 등 각종 문제들을 해결하는 위대한 해결사이다.

잉거솔은 "친절은 햇빛이며, 그 속에서 미덕이 자란다."고 했다. 무소유의 법정 스님은 그의 마지막 유작인 《아름다운 마무리》에서 한국 사람에게 가장 필요한 덕목은 친절이라고 강조했다. 웃음과 미소와 더불어 친절은 개인이 지닌 감동의 실력이요, 만국 공통으로 통하는 공용 여권이다. 친절은 자신의 교양과 인성의 척도이자 상대에 대한 존중과 배려의 전달법이다. 또한, 내가 가진 모든 실력과 재능을 높게 발휘할 수 있게 해준다.

['필수 긍정 습관'의 생활 실천법, '1일 3선의 실천 공식']

→ 긍정의 힘을 기르고 삶의 활력 에너지를 공급하는 '1일 3선의 실천 공식'이 있다. 그것은 긍정의 언어 습관과 성공적인 대인관계의 일상생활 실천법이기도 하다. 오늘 하루를 '1일 3선의 공식'을 실천한다는 목표와 방향성으로 살아간다면 건강과 행복 그리고 발전과 풍요의 계단에 오르게 될 것이다.

하루하루를 '1일 3선'의 선한 영향력을 실천하는 삶을 살아가는 것은, 일상의 가장 사소하고 평범한 일들을 가장 비범하고 특별한 방식으로 처리하는 삶의 프로나 명품의 고속도로로 들어서는 일이다. 훗날 내 영혼이 용서의 다리를 건너고, 밝고 선한 빛의 천사로의 탄생을 준비하는 일이기도 하다. 삶의 진리와 자연과 우주의 법칙은 항상 내 안이나 가까운 주변에 존재하며 가장 쉬우면서 강력한 작용을 한다. 그것이 하늘의 사랑 방정식이자 하늘의 편에 줄을 서는 공식이다. 뿌린 대로 거두고 공짜는 없다.

[1일 3선의 실천 공식]

- 내가 먼저 웃으며 친절하게 인사하기
- 내가 먼저 미소로 감사와 칭찬의 말 전하기
- 하루에 한 번 이상 화낼 일 넘어서고 용서하기

[삶의 프로 구구단, 습관 프로 2단] '좋은 생활 습관 (장점)'

☝ 좋은 생활 습관 만들기와 실천 계획표 작성과 관리법

✌ '3-5-7-10 장점의 법칙' (생활 습관의 무지개와 명품 마크)

2단-1 좋은 생활 습관 만들기와 실천 계획표 작성과 관리법

꿈과 목표를 직접 작성하고 관리하는 것은 생각하고 말로 하는 것보다 실천력을 열 배, 백 배 더 높이는 공식이다. 그리고 장점이란 내 자신이 가지고 있다고 직접 쓰고 실천해야 잠재 뇌가 진짜 장점으로 인정하게 된다. 그리고 더 놀라운 것은 내 스스로가 있다고 믿고 인정해야 시간이 흐를수록 점점 더 성장하고 발전하게 된다. 내가 있다고 인정하지 않거나 믿지 않는 일은 항상 제자리 근처에서 머물게 된다. 그러므로 직접 쓰고 인정하고 믿는 것은 그것을 발전시킬 수 있는 관문을 통과하는 중요한 일이다.

(1) 플러스 생활 습관 '3-5-7-10(Ten)' 실천 계획표 만들기

현재 자신이 가지고 있는 장점과 단점을 생각나는 대로 모두 작성한다. 자신의 장단점을 종합 분석하여 좋은 생활 습관 실천 계획표를 작성한다. 그리고 현재부터 앞으로 만들고 싶은 플러스 생활 습관을 10~15가지 정도로 작성한다. 10가지는 실천의 우선순위에

포함시키고, 5가지 정도는 꿈꾸고 바라는 사항을 적어 본다. 꿈은 크고 작은 모든 것을 포함하는 것이 유리하다. 쓰기의 마법에 의해, 직접 쓰고 작성하는 것만으로도 내 안에서 발전과 풍요의 씨앗이 싹을 틔우고 자라기 시작한다.

잠재 뇌와 하늘 주방장에게 내가 바라는 음식을 주문을 해야 그때부터 하늘 주방에서는 주문한 음식을 만들기 시작할 수 있다. 이러한 것들을 잘 알고 제대로 된 꿈과 목표 그리고 세부적인 계획을 세울수록 성공률은 그에 비례하여 높아질 것이다. 항상 자신이 생각하고 아는 것만큼 보이고 들린다. 미국 유명 대학을 오랜 세월 추적한 연구에 의하면, 장단기적인 꿈과 목표를 쓰고 관리하는 3%가 나머지 97%를 합한 것보다 삶의 모든 부분에서 발전과 풍요를 누리는 것으로 조사되었다.

(2) 실천 순서 목록표 작성과 순서 정하기

앞서 10가지 이상으로 작성한 실천 계획표에서 실천할 우선순위를 정한다. 이때 처음에는 그중에서 자신이 가장 쉽게 실천할 수 있는 두세 가지를 선택하여 실천을 시작한다. 세 가지로 시작하는 것이 힘들면 한 가지나 두 가지로 시작해도 된다. 충분히 적응이 되면, 무리하지 않게 한 가지씩 서서히 늘려나간다. 그 기간이나 종목은 각자의 능력에 따라 정하고 추가해 나간다. 그때도 가급적이면 실천하기 쉬운 것부터 시작하는 것이 성공률을 높일 수 있다. 무리한 계획이나 속도로 진행하면 실패할 가능성이 높아진다. 이때 미리 '습관 바꾸는 것은 쉬운 일이다.' 3대 공식인 '습관의 눈사람 만들기', '습관의 백 계단 오르기', '습관의 생수 한 병 채우기'를 참고로 하면 도움이 될 것이다.

(3) 좋아하고 즐기고 진정으로 사랑하기

좋은 생활 습관 실천 계획표를 작성한 후, 그중에서 실천하기 가장 쉽고도 사소한 것으로 두세 가지를 선택한다. 두세 가지를 선택했을 경우에도 그 실천 계획이 무리해서는 안 된다. 무슨 일에서든 성공하느냐는 그 일을 좋아하고 즐기느냐에 달려 있다. 마치 숙제를 해야 하는 삶의 학교 학생처럼 의무적으로 실천한다면 그 일을 하는 동안 행복한 실천이 어려울 것이다. 그리고 그 일을 잘 해낼 가능성도 줄어들게 될 것이다. 그리고 어렵게 목표점에 도달했다 하더라도 다음번에 도전할 때도 역시 힘들다고 생각하게 될 것이다.

그런데 그런 일들을 나 자신의 삶과 운명인 '건강-행복-성공'의 점수를 높이기 위해 실천한다는 것을 알아차리는 것이 중요한 일이다. 그러한 삶의 학교의 일찍 철이 든 학생이 된다면 그 일은 나를 위해 하는 것이기에 즐겁게 도전하게 될 것이다. 벤저민 프랭클린은 "삶이 비극인 것은 우리가 너무 일찍 늙고 너무 늦게 철이 든다는 점이다."라고 했다. 좋아하고 즐거운 일이 따로 있는 것이 아니라, 현재 내가 하고 있는 그 일을 좋아하고 즐길 줄 아는 실력을 갖추는 것이 중요하다. 학생 시절에 공부는 부모나 선생님을 위해 하는 줄 알고 있거나, 양치는 자신의 건강과 행복을 위해 하는 것이 아니라 부모나 치과의사가 하라고 해서 숙제하는 것으로 알고 있다면 즐겁고 잘하는 공부나 양치는 어려울 것이다.

긍정이나 장점을 늘리거나 부정이나 단점을 줄이는 일도 자신의 '건강-행복-성공'의 점수를 높이기 위해 한다는 것을 일찍 알아차리는 사람이 되어야 하다. 그래야 삶의 학교에서 철이 일찍 든 학생이라고 할 수 있다. 삶의 우등생이나 장학생이 되는 길은, 자신을 위해 그 일을 '좋아하고 즐기며 그리고 진정으로 사랑하며' 살아가는 일이다. 그래서 천재는 노력하는 사람을, 노력하는 사람은 좋아하는 사람을, 좋아하는 사람은 즐기는 사람을 이길 수 없고 한다. 그리고 누구도 그 일을 진정으로 사랑하는 사람보다 잘할 수는 없다. 그래서 성공적인 삶이란 목표보다 방향성이라 한다.

(4) 실천 평가표 만들기와 작성과 관리법

10가지 최종 목표 중 가장 사소하고도 쉬운 세 가지를 선택하여 실천해 나간다. 그러면서 하루의 실천 평가표를 매일 저녁 체크해 나가는 것이 성공의 중요한 요소이다. 표를 만들 때는 가급적이면 시원시원한 크기로 만들고, 일주일 단위로 만들거나 한 달 단위로 실천표를 작성해도 된다. 목표를 직접 쓰는 것이 생각이나 말로만 하는 것보다 10배의 실천력을 높인다면, 실천 평가표를 만들고 목표를 이룰 때까지 점검하고 관리하는 것이 실천력을 10배 더 높인다. 이것이 최상위 5% 달성의 비책이자 성공의 시크릿이다.

목표를 달성하면 '참 잘했어요 ○', 초과 달성하면 '최고예요 ☆', 실패한 날은 '나는 할 수 있어요 △'를 표시한다. 실패했더라도 시도한 것만으로도 50%의 점수인 세모가 주어진다. 일주일 모두를 계획해도 되고 또는 일주일에 5일을 목표로 하고 나머지 이틀은 자유 구간으로 두는 것도 괜찮다. 5일 동안 실천 못한 것을 만회할 수 있는 날을 두는 것이다.

한 달을 성공했을 때는 'Yes, I can.'을 작성하고, 자신에게 칭찬과 선물 또는 여행, 영화 관람, 맛집 방문 등 다양한 상을 주는 것도 성공률을 높이는 좋은 방법이다. 한 달 점검 시에 실패했을 경우에는 벌금이나 벌칙 조항을 미리 정해 두어야 한다. 벌금을 모아서 이웃 돕기나 가족에게 용돈을 기부하는 것으로 정해 두면 성공률을 더 높일 수 있는 동기 부여가 된다. 만일 실천이 실패했다면 실천 계획을 더 낮게 잡아서라도 작은 성공 습관을 갖게 하는 것이 첫 출발의 중요한 의미이다. 실패는 성공으로 가는 길의 또 다른 이름 중의 하나이다.

(5) 권태기나 슬럼프 탈출 프로젝트 미리 준비하기

처음에는 누구나 의욕적으로 출발한다. 그러기에 자신의 발전과 풍요를 위해 변화하겠다는 계획표를 작성하는 것이다. 그런데 머지않아 많은 사람이 포기하거나 제자리로 돌아가게 된다. 누구나 일을 하다 보면 고비를 맞이하게 된다. 그럴 때 그러한 권태기나 슬럼프를 극복하기 위한 '21세기 문제 해결의 비상구'라는 특별한 프로그램이 도움이 될 것이다.

'21세기 문제 해결의 비상구' 첫 번째는, 자기가 좋아하거나 기분을 전환시킬 수 있는 '내 삶의 비상구와 탈출구'를 미리 작성해 둔다. 예를 들어 영화 보기, 요리 강습, 맛집 방문, 여행, 스포츠, 쇼핑, 봉사 활동 등을 자신이 좋아하는 순서대로 몇 가지 적어두는 것이다.

두 번째는, 자신이 평생토록 경험하고 싶은 '내 인생 버킷 리스트'를 미리 작성해 둔다. 사람은 누구나 꿈꾸고 바라는 것이 있다. 그러한 것들을 원하는 대로 작성해 두었다가 권태기나 슬럼프가 다가왔을 때, 그중에 한두 가지를 실천하는 특별한 휴가 기간을 갖는다.

세 번째는, 잠시 순서를 바꾸어 미리 준비한 '나만의 휴게실'로 특별 프로그램을 진행하는 것이다. 특별 프로그램으로는 노래 교실, 시 낭송, 악기 배우기, 운동, 명상, 좌우명 만들기, 먹고 잠자고 놀기, 아무것도 안 하고 뒹굴고 쉬기, 내가 하고 싶은 거 아무거나 하기(공부나 일은 안 됨) 등이 있다. 이처럼 새로운 대체 종목을 잠시 실천함으로써 지루함을 줄여 주고 내 삶의 활력을 재충전하는 나만의 방식을 찾아 두는 것이다.

좋은 생활 습관 만들기 프로젝트를 기획할 때 실천 계획표를 작성하게 된다. 그럴 때 진행하는 동안 발생할 가능성이 있는 권태기나 슬럼프를 극복할 수 있는 '21세기 문제 해결의 비상구'라는 특별한 프로그램을 추가로 만들어 두는 것이 좋다. 분위기를 새롭게 전환(리프레시)할 수 있는 특별한 종목들을 적어 두고 필요할 때 적용하는 것이다. 그리고 권태기나 슬럼프라는 느낌이 있을 때, 잠시 진행하던 일을 내려놓고 작성해 둔 것 중에 무엇이든 한두 가지를 실천하는 특별 휴가 기간을 갖는다. 기분을 전환하여 새로운 마음이 들 때까지 마음대로 자유롭게 진행하다 돌아온다. 성공은 항상 준비된 사람에게 다가오는 선물이고 언제나 준비된 사람에게는 행운의 여신이 함께하게 될 것이다.

2단-2 '3-5-7-10 장점의 법칙' 생활 습관의 무지개와 명품 마크

생활 습관의 프로나 명품이 목표라면 좋은 습관이자 장점 만들기 1차 목표는 3개로부터 출발하고, 2차 목표는 5개, 3차는 7개를 목표로 완성해 나가면 된다. 만일 3~5개를 달성한다면 생활 습관의 프로, 7개를 완성한다면 명품에 도달한 것이다. 그 후로는 전과는 전혀 다른 건강과 행복 그리고 발전과 풍요의 계단이 눈앞에 다가와 있을 것이다. 하루의 행위가 운명을 결정한다. 3~5개 좋은 습관이나 장점을 오늘 하루의 삶에서 실천해 나간다면 생활 습관의 프로에 오르게 될 것이다. 그리고 7가지를 달성하고 실천한다면, 생활 습관의 명품이라 할 수 있고, 이쯤 되면 자신의 삶의 모든 곳에 생활 습관의 '빨-주-노-초-파-남-보'의 7가지 색의 무지개 마크가 붙게 될 것이다.

만일 한 걸음 더 나아가 꿈과 목표가 베스트나 온리의 그룹인 전설의 습관 프로에 가입하고 싶다면 3가지 방식이 있다. 첫 번째는, 그동안 발전시킨 7가지 플러스 생활 습관의 질적인 향상을 추구하는 것이다. 그중에서 한두 가지 장점을 최대치로 발전시켜 베스트나 온리의 명품이나 전설의 단계로 끌어올리는 것이다. 이때 그 7가지 중에 건강 우등생 습관, 행복 우등생 습관, 성공 우등생 습관을 포함시킨다면 '건강-행복-성공'의 프로가 되어 21세기 안전선을 통과하는 유리한 고지를 점령하게 될 것이다.

두 번째는, 7가지를 넘어 최종 목표를 전설의 경지인 10개(Ten)로 정하고 실천해 나간다. 만일 7가지를 넘어 10개를 달성하면 생활 습관 전설의 경지에 도달한 것이다. 어느 분야이든 프로는 9단까지 있고, 프로

10단은 프로 중의 프로라는 왕관(크라운)을 쓰는 명예의 전당에 오르는 길이다. 세 번째는, 나의 좋은 습관이자 장점이 누군가 다른 사람의 가슴속에 영원히 기억되는 별(북극성)로 남는 것이다. 상대에게 내가 만난 그 분야에서 미소 천사, 친절 천사, 용서 천사 등 멋진 사람으로 영원히 기억 속에 살아 있다는 것은 선한 영향력을 이웃 사랑으로 가장 아름답게 배달한 것이다. 그렇게 되면 저절로 명품을 넘어 전설에 오르게 될 것이다.

만일 이 세 가지 방식 중에 어느 길을 통해 전설에 오르든 지에 상관없이 성공을 한다면 생활 습관의 7가지 색의 무지개 위에 명품 인증마크인 별(북극성)이나 크라운(왕관)이 추가될 것이다. 이것은 이번 생에 내 안에 잠든 거인을 깨우는 위대한 일을 해낸 것이다.

[삶의 프로 구구단, 습관 프로 3단] '황금 키 습관'

21꿈과 목표

긍정의 언어 습관

성공적인 대인관계

황금 키 습관이란, 말 그대로 우리 삶을 발전과 풍요를 이루는 3가지 황금 키라는 뜻이다. 첫째는 21꿈과 목표이다. 그 시대마다 성공의 공식과 비법의 차이가 있다. 그러므로 21세기 꿈과 목표를 작성해야 한다. '21 꿈과 목표'란, '건강-행복-성공'과 행운을 내 삶으로 끌어당기는 목표와 방향성이다. 그리고 위기와 기회의 경쟁 시대에 삶의 프로 달성과 명품에 도전하는 최상위 경쟁력을 갖추는 방식으로 삶의 방향성을 계획하는 일이다.

둘째는 긍정의 언어 습관이다. 말하는 대로 운명이 흘러간다. 그렇다면 지금 내가 하고 있는 말 속에는 알게 모르게 '건강-행복-성공'의 점수가 들어 있다는 뜻이다. 공자님도 "말을 알지 못하면 사람은 알 수 없다."라고 하셨다. 그렇다면 어떤 말을 어떻게 해야 자신의 운명과 미래를 좋은 쪽으로 인도할 수 있는지를 학습하여야 한다. 긍정의 언어 습관을 학습하는 것은 삶의 프로나 명품의 기초를 닦는 가장 기본이며 중요한 일이다.

셋째는 성공적인 대인관계이다. 성공과 실패를 결정하는 가장 큰 요소는 대인관계이다. 그렇다면 그렇게 중요한 대인관계에 대한 21세기 정보를 학습하여 자신에 삶에 좋은 습관으로 만들어 두어야 한다. 이처럼 '건강-행복-성공'과 행운은 준비된 사람에게 찾아오는 것이다. 습관의 황금 키 3가지를 자신의 것으로 만든다면 자신의 운명과 미래를 조절하는 최상위 결정 키 3개를 갖추게 될 것이다.

그런데 이렇게 중요한 3가지 황금 키를 미리 학습하고 준비하지 않는 것은 삶과 운명의 3대 미스터리라 할 수 있다. '나는 과연 이 3가지 황금 키를 준비하고 다룰 줄 아는가?'를 곰곰이 생각해 보아야 한다. 그것은 내 삶이 아마추어인가, 프로인가를 점검하고 평가하는 결정 키가 될 것이다.

3단-1 '21꿈과 목표'

[1] 삶과 운명을 결정하는 3가지 실천 계획표

(1) '21꿈과 목표'와 내 일생의 계획표

누구나 건강하고 행복한 그리고 성공적인 삶을 바란다. 각종 연구에 따르면 꿈과 목표를 쓰고 관리하는 사람이 3% 정도이고, 그 사람들이 나머지 97%의 사람들을 합한 것보다 더 많은 성공과 행복을 누리고 있다고 한다. 성공은 성공한 사람들의 장점과 공통점을 따라 하는 것이 가장 빠르고 쉬운 길이다. 삶과 운명은 '건강-행복-성공'의 점수이며, 그것은 '습관-인성-지혜-실력-명품' 등에 의해 결정된다. 그리고 삶의 계단과 질에 따라 아마추어, 프로, 명품 등으로 분류할 수 있다.

21 꿈과 목표를 세울 때 3가지 고려 사항이 있다. 첫째는 급격하게 변화하고 다가오는 삶에 적응하는 데 가장 유리한 삶(건강-행복-성공)의 우등생이자 프로 달성이다. 둘째는 위기와 기회의 경쟁 시대에 최상위 경쟁력을 갖추는 삶의 장학생이자 명품으로의 도전이다. 셋째는 21 백년 전쟁은 혼자만의 힘으로 이겨낼 수는 없다. 그러므로 '함께하는 우리, 아름다운 동행'이 되어야 할 것이다.

21세기는 백년 전쟁으로 4차 산업혁명과 위기와 기회의 글로벌 경제 대전이 진행되고 있으며, 물밑으로는 건강과 행복 대전이 동시에 진행되고 있다. 그리고 백년 전쟁의 중반부인 2050년경이면 5차 산업혁명과 더불어 생존과 번영의 프로 시대가 열릴 것이다.

이를 고려한 21 꿈과 목표를 작성하여야 한다. 21 꿈과 목표는, '건강-행복-성공'의 안전선을 통과하는 것이 1차, 그리고 최상위 경쟁력을 갖추기 위해 삶의 프로 달성과 명품으로의 도전이 2차 목표와 방향성이다. 또 한 가지 중요한 사항으로는, 자신의 장점이자 주특기인 우등생 습관을 갖추는 방식과 자신만의 매력 포인트를 만드는 법, 21 꿈과 목표의 작성과 관리법을 알고 있어야 한다. (작성 관리법은 뒷장)

(2) 21 삶의 학교 계획표와 내 인생의 4대 점검

삶은 학교이다. 그리고 그 학교는 "학습-경험-성숙-결실-오계절"이라는 다섯 개의 학급으로 이루어져 있다. 그리고 삶의 학교 성적표는 '건강-행복-성공'의 점수로 평가될 수 있다. 삶의 학교 우등생(프로)과 장학생(명품)이 되려면, 내 인생의 중간 점검이라 할 수 있는 '내 인생의 4대 점검'이 필요하다. 4대 점검의 중요한 포인트는 '건강-행복-성공'의 점수와 관리이다. 그리고 자신의 과거를 경험과 추억으로 만들고, 발전의 밑거름으로 만드는 '추억의 앨범과 내 인생의 보물지도'를 작성하고 관리하는 일이다. 또한, 미래를 꿈꾸고 미리 대비하는 '21세기 문제 해결의 비상구와 탈출구'를 준비하는 일이다.

'내 인생의 4대 점검' 첫 번째는, 사춘기라 불리는 청소년기(15세 전호)의 '내 인생의 예비 점검'이다. 일생을 살아나갈 각종 준비를 점검하고 기르는 중요한 시기이다. 두 번째는, 습관의 거대 공룡이 탄생하는 성장 발달의 최정상기(25세 전후)에 점검하는 '내 인생의 출발 점검'이다. 내 직업이나 가정을 출발하기 전에 해야 하는 성공 프로 달성과 행복 가정을 이루기 위한 학습과 필수 점검이다. 세 번째는, 인생의 반환점인 40세 전후로 해야 하는 '내 인생의 중간 점검'이다. 건강의 계단이 한 계단 떨어지는 것에 대비하고 마음 수련을 시작해야 하는 몸과 마음을 점검하고 관리해야 하는 시점이다. 네 번째는, 60세 전후로 해야 하는 '내 인생의 결실 점검'이다. 내 삶의 행복한 건강 장수와 아름다운 마무리와 유종의 미를 거두기 위한 최종 점검이다. 준비된 사람에게 항상 행운의 여신이 함께한다. 그리고 강한 자가 이기는 것이 아니라 적응하는 자가 강한 자이다.

(3) 오늘 하루의 실천 계획표

오늘 하루의 행위가 운명을 결정한다. 삶과 운명은 오늘 하루의 실천 계획표에 의해 달라진다. 오늘 하루의 삶을 살아가는 습관적인 패턴과 방식의 차이가 '건강-행복-성공'의 점수를 결정한다. 오늘 하루의 계획표는 3등분으로 나눌 수 있다. 첫 번째 1/3은, 일어나서 오늘 하루에 일터로 출발하기 전까지의 일정이다. 두 번째 1/3은, 일터에 출근할 때부터 퇴근하여 가정에 돌아올 때까지의 일정이다. 세 번째 1/3은, 가정으로 돌아온 후 잠들기까지의 일정으로 구분할 수 있다.

처음 아침의 시작은 항상 긍정적으로 활기차게 하루의 문을 열어야 한다. 아침 3분의 시작은 아침 긍정의 확언, 새로운 오늘의 나 선언, '건강-행복-성공'의 베스트 프로 선언 등으로 출발한다. 그리고 두 번째는, 오늘 하루의 일정으로 '위대한 하루 실천 공식'을 실천하는 것이다. '1일 3선의 공식', '21 고객 감동의 공식', '건강-행복-성공'의 '베스트 습관'을 실천하는 방향성으로 살아가는 것이다. 세 번째는, 저녁 3분의 하루 마무리로 오늘 하루의 유종의 미를 거두는 습관이다. 그것은 '그럼에도 불구하고 선언', '내 마음의 텃밭에 은하수와 북극성 띄우기', '하이-로우 기네스 꿈나무 가꾸기', '덕분에-이루어 감사' 등이 있다. 삶과 운명을 결정하는 3가지 실천 계획표를 실천하다 보면, 어느새 발전과 풍요의 계단에 올라 있을 것이다. 그리고 삶의 프로를 통과하여 명품에 도전하는 삶을 살아가고 있을 것이다.

[2] 21 삶의 프로와 명품 달성의, '목표-실천-실력의 3단계

(1) 21 삶의 프로와 명품 달성의 목표 1단계

21세기는 정보의 홍수 시대에 목표 설정과 계획표를 작성할 때, 고려해야 할 우선순위가 있다. 첫 번째 고려 사항은, 21 백년 전쟁의 '건강-행복-성공'의 안전선 통과가 1차 목표로 설정되어야 한다. '건강-행복-성공'의 씨앗인 '감사-웃음과 미소-칭찬'을 기본 필수 종목으로 한 가지씩 우선 설정하는 지혜가 필요하다. 이것은 운동선수가 성공의 필수 조건인 '드리볼-패스-체력'을 갖추는 중요한 일이다.

두 번째는, 21 삶의 프로 달성과 명품으로의 도전이 요구되는 시대에 최상위 경쟁력인 실력과 주특기 갖추기를 2차 목표로 설정한다. 꿈과 목표와 성공적인 대인관계를 이루는 필수 사항이나 발전과 풍요의 씨앗인 '인사, 친절, 존중, 절제' 등을 자신의 주특기나 최고의 장점으로 만드는 계획을 세운다. 세 번째는, 21 고객 감동의 시대에 나만의 특성과 매력 갖추기 종목인 '목소리와 말투, 봉사와 나눔, 외모와 세련미' 등을 3차 목표로 설정한다. 자신을 대표하는 최고의 매력 포인트들을 하나둘 만들어 가는 것은 즐겁고 행복한 삶과 미래에 대한 자신감과 자존감을 명품으로 높이는 역할을 한다.

(2) 21삶의 프로와 명품 달성의 실천 2단계

삶과 운명을 한마디로 정리하면 '습관이 운명을 만든다'이다. 성공은 성공한 사람들의 몇 가지 공통적인 장점과 습관적인 패턴과 방식을 실천하는 데 있다. 그 공통적인 성공의 실천 공식 첫 번째는 '쓰기와 관리의 마법'이다. 생각과 말로만 하는 것보다 직접 쓰는 것은 10배, 그리고 지속적으로 관리하는 것은 10배를 추가한다. 그래서 꿈과 목표를 적고 지속적인 관리와 실천이 성공률을 최대로 높인다. 두 번째는 '21 발전과 풍요의 공식'이다. 발전과 풍요의 공식은 '좋아하고-즐기고-사랑하기'이다. 어떤 일이든 그 일을 좋아하고 즐길수록 성공할 확률이 높아진다. 그리고 현재하고 있는 그 일을 하늘이 준 천직으로 여기고 진정으로 사랑할수록 명품으로 발전할 가능성이 존재한다. 그런데 좋아하는 일을 찾아서 하는 것이 아니라, 현재 내가 하고 있는 그 일을 좋아하는 능력을 기르는 것이 성공의 핵심 포인트이다.

성공 실천의 공식 세 번째는 '습관의 면허증 따기'이다. 삶의 프로나 명품을 달성하기 위해서는 지속적인 실천으로 현재의 삶의 패턴과 방식을 한 단계 더 높여야 한다. 그러려면 새로운 습관 만들기가 필요하다. 실천 계획을 세울 때, 처음에는 가볍게 출발하고 습관의 실천 횟수인 양을 늘리는 것으로 시작해야 한다. 처음부터 여러 가지를 시도하거나 새로운 습관의 질을 높이려는 것은 실패할 확률을 높인다. 운전면허증을 딸 때, 1등으로 붙으나 중간이나 꼴등으로 붙으나 실제 도로 주행 연수와 초보 운전으로 출발하는 것은 마찬가지다. 그리고 운전을 시작한 지 1년이 지나 2~3년이 되면 저절로 운전 실력이 늘게 된다. 근데 운전 면허 자격증을 따기 전에 운전 기술을 높이는 시도를 하는 것은 별로 도움이 되지 않는다. 습관도 이와 마찬가지로 '습관의 면허증 따기'가 우선이다. 1년이 지나 2~3년을 열심히 실천하다 보면 누구나 경험이 쌓일수록 저절로 실력이 발전하게 될 것이다. 그러므로 질적인 향상은 양적인 실천으로 습관화가 이루어진 후에 실력화 과정에서 점차 늘려나가면 된다.

(3) 21 삶의 프로와 명품 달성의 실력 3단계

실천을 통해 실력화를 이루는 데도 역시 몇 가지 공통적인 명품화 방식이 존재한다. 그 명품 실력화의 첫 번째는 '삼원의 공식'이 있다. 삼원의 공식 '원 모어-원 플러스-원 오버'이다. 어제보다 나은 오늘의 나를 목표로 최선을 다해 앞서거나 다른 실력을 기르는 공식이다. 명품 실력화의 두 번째는 삶의 프로 달성의 '원-투-쓰리'

공식이다. 모든 것을 다 잘할 수는 없다. 삶의 우등생 습관이나 장학생 습관을 한두 가지로 정하고 집중과 열정으로 발전시키는 것이다. 자신만의 주특기이자 장점으로 '원-투' 펀치를 갖추는 것이 삶의 프로나 명품 달성의 가장 쉽고도 강력한 방식이 될 것이다.

명품 실력화의 세 번째는 자신의 생각과 잠재 뇌 속에서 원래 '명품의 나'를 찾는 일이다. 사람은 누구나 무엇이든 할 수 있고 될 수 있는 백 명의 명의와 백 명 이상의 잠든 거인을 가지고 있다. 그런데 21~25세 시기에 습관의 항상성인 습관의 거대 공룡이 탄생한다. 그 이후로는 습관의 거대 공룡에게 모든 것을 위임하고 습관의 노예로 살아간다. 그런데 잠재 뇌에는 '명품의 나'가 존재한다. 자신의 생각 속에서 원래의 '명품 나'를 찾아가야 한다. 그러려면 가장 먼저 생각을 바꾸어야 한다. 현재의 내가 가진 부정적인 생각의 조각들인 '결핍이나 빈티지 모드'를 무엇이든 할 수 있는 긍정의 '부티나 풍요 모드'로 생각을 전환시켜야 한다. 모든 것은 긍정의 주파수와 터널로 접근하여야 꿈과 목표를 이루고 발전과 풍요의 계단에 오를 확률이 높아진다. 그 성공 프로 달성의 시작점은 항상 긍정적인 생각과 주파수로부터 출발하고, 내 안에 잠재된 원래의 '명품의 나'를 찾는 것으로 완성된다.

3단-2 '긍정의 언어 습관'

습관의 황금 키 두 번째는 긍정의 언어 습관이다. '생각하고 말하는 데로 운명이 흘러간다'고 한다. 그런데 자신의 말을 통해 '건강-행복-성공'의 점수를 다루거나 변화시키는 방법을 알고 있는 사람은 드물다. 공자님도 "말을 알지 못하면 사람을 알 수 없다."라고 했다. 이렇게 중요한 언어 습관을 제대로 알고 있거나 실천하는 사람이 별로 없다는 것이 삶과 운명의 또 한 가지 미스터리이다. 긍정의 언어 습관은 일상에서 사용하고 있는 말을 통해 자신의 삶과 운명을 바꾸고 조절하는 가장 쉽고도 강력한 비법이라 할 수 있다. 만일 그에 더해 생각마저 다룰 수 있다면 쉽게 운명을 바꿀 수 있을 것이다. 생각이 열리지 않으면 말과 행동이 열리지 않는다. 자신의 생각 속에서 그릴 수 있는 이미지의 한계 이내로 '건강-행복-성공'의 점수가 정해지고, 그것을 셀프 이미지라고 한다.

말하는 대로 운명이 흘러가는 미스터리를 풀어 보기로 하자. 링컨 대통령은 "40대 이후의 그 사람의 얼굴에는 지나온 과거가, 그리고 하고 있는 말에는 미래가 담겨 있다."라고 했다. 결국 자신이 하는 말속에는 자신의 삶과 운명, 즉 '건강-행복-성공'의 점수가 들어 있다는 뜻이다. 그러니 말을 분석하여 '건강-행복-성공'의 점수를 측정할 수 있다면, 자신의 삶에 '건강-행복-성공'의 점수를 다루고 조절할 수 있는 사람이 될 수 있을 것이다. 이처럼 언어 습관을 조절하여 자신의 삶의 계단과 질을 바꾸는 원리와 특성에 대해 자세히 알아보기로 하자.

[1] 긍정의 언어 습관의 구조와 특성

(1) 긍정과 부정의 단어 사용

① 긍정의 단어와 부정의 단어의 비율

내가 사용하고 있는 말에서 긍정의 단어와 부정의 단어의 비율을 말한다. 긍정의 단어가 80%를 넘을 때 긍정적인 삶이 끌어당겨진다. 각종 연구에 따르면, 그 사람이 사용하는 말과 글에 포함된 긍정과 부정의 단어 비율에 따라 건강과 행복 등 삶과 운명이 비례한다고 한다. 그러니 자신이 평소에 사용하는 단어를 점검하여 부정의 단어를 줄이고 긍정의 단어를 늘려가는 것은 삶과 운명의 계단과 질을 발전시키는 방법이다.

② 향기와 품격의 단어 사용

자신이 사용하는 긍정과 부정의 단어의 비율을 조정하여 우선 '건강-행복-성공'의 점수를 안전선 이상으로 높여야 한다. 그리고 자신의 삶의 품격과 질을 높이는 특별한 품격의 언어를 추가해 나간다. 향기와 품격을 높이는 단어로는 아름다움, 멋진, 특별한, 향기로운, 칭찬, 감사, 친절, 명언, 삶의 진리 등이 있다. 의도적으로 이러한 향기와 품격의 단어를 사용하는 언어 습관을 학습하고 늘려야 한다. E.리스는 "말도 아름다운 꽃처럼 그 색깔을 지니고 있다."라고 했다.

③ 최상급 베스트 언어 사용

말하는 대로 인생이 흘러간다면, 자신의 삶을 최상급으로 바꾸는 것도 그리 어려운 일이 아닐 것이다. 그러려면 최상급 삶의 단어인 훌륭한, 위대한, 영웅, 전설, 명의, 명품 등의 단어를 사용하면 된다. 영웅과 전설을 많이 탄생시킨 나라일수록 그 국민이 사용하는 말속에 이러한 최상급 단어들이 들어 있다는 것을 알게 될 것이다. 그러므로 가정이나 일터 그리고 이웃과 국가 등에서 이러한 최상급 언어를 사용하는 것은 그러한 최상급 일들을 끌어당기는 가장 쉬운 공식이라 할 수 있다.

(2) 긍정문과 부정문의 사용

우리의 몸과 마음의 생각과 행동을 결정하는 잠재 뇌와 창조 하늘의 법칙에는 특별한 공통점이 있다. 잠재 뇌와 하늘은 오로지 '예스'밖에 없다. 그것이 좋은 것이든 나쁜 것이든 우리의 잠재 뇌는 습관으로 만들어 준다. 그리고 하늘도 그것이 좋은 것이든 나쁜 것이든 말하는 그대로 이루어 주려고 준비하고 있다. 그러므로 평소에 말을 할 때 긍정+긍정문으로 대화하는 습관을 연습하여야 한다.

예를 들어 '지각하지 마라'가 아니고 '일찍 출근해라'로 말해야 한다. 또는 '아프지 마라'가 아닌 '항상 건강해라'로 말하는 좋은 습관이 필요하다. 즉 하늘은 '지각'과 '아니오'라는 부정어와 부정문으로 바라는 것으로 해석한다. 그래서 오히려 긍정과 긍정문으로 이야기할 때보다 원하는 방향이 아닌 다른 결과를 끌어당길 가능성이 발생한다. 그래서 말하는 대로 이루어지면 안 되는 부정의 언어 습관을 줄이는 것이 필요하다.

(3) 제2의 언어 습관

긍정과 부정의 단어와 긍정문과 부정문의 사용을 항상 기억해 두고, 평소 사용하는 언어 습관을 좋은 쪽으로 길들일 필요가 있다. 말하는 대로 운명이 흘러가기 때문이다. 그런데 제2의 언어 습관이 생각보다 크게 결과에 작용하고 있다. 제2의 언어 습관이란 말하는 사람의 외모, 세련, 자세, 태도, 목소리, 미소, 말투, 개성, 인성, 성격 등 내적 외적인 요인을 말한다. '외모로 판단하지 마라'를 강조하는 이유는 외모와 개성 그리고 세련미가 판단을 내리는 데 크게 작용한다는 이야기이다.

성공과 실패를 결정하는 대인관계에 첫인상은 불과 3~15초 정도에 결정된다고 한다. 3~15초 정도의 상대에 대해 파악할 수 있는 것은 대화의 내용이 아니라 제2의 언어 습관일 가능성이 더 높다. 긍정의 언어 습관의 완성과 더불어 성공적인 대인관계를 이루기 위해서는 제2의 언어 습관을 미리 준비하는 것이 지혜로운 일이다.

[2] 긍정의 언어 습관 생활 실천법

긍정의 언어 습관 3가지 구조와 특성을 먼저 숙지하여야 한다. 그리고 그것을 일상생활에서 실천하는 방법 3가지에 적용하면 된다. 삶과 운명, 즉 '건강-행복-성공'의 계단과 질을 높이는 긍정의 언어 습관 생활 실천법을 알아보기로 하자.

(1) 첫 단어나 문장에서 긍정의 주파수 타기

시작이 반이다. 즉 처음 시작하는 첫 단어와 문장에서 긍정의 주파수를 타야 한다. 긍정의 주파수를 탄다는 것은 좋은 생각과 행동을 유발할 수 있는, 긍정의 상황을 끌어당길 수 있는 주파수를 선택한다는 뜻이다. 처음 시작이 부정의 주파수로 시작하면 그 뒤로부터는 좋은 결과와 문제의 해결이 어려워진다. 자신의 생각과 마음이 항상 좋은 긍정의 출발을 할 수 있도록 반복 연습과 훈련을 통해 준비해 두어야 한다.

생각과 마음에 좋은 긍정의 출발을 돕는 가장 효과적인 방법으로 '자기 긍정의 확언'이 있다. 긍정의 출발을 끌어당기는 자기 긍정의 확언으로는 '어제보다 나은 오늘의 나, 나는 모든 것이 점점 더 좋아지고 있다. -나는 항상 운이 좋아, 모든 것이 다 잘될 거야. -나는 할 수 있다, 나는 무엇이든 될 수 있고, 이룰 수 있다.' 등이 있다. 그리고 이것은 아침에 눈 뜨자마자 실천하는 것이 긍정의 효과를 증가시킬 수 있다. 이것을 실천할수록 생각과 말 또는 어떤 문제나 상황이 다가왔을 때, 첫 출발에서 긍정의 주파수를 탈 확률이 더 높아진다. 긍정의 주파수를 타야 내 삶으로 모든 긍정의 좋은 것들이 끌어당길 가능성이 증가한다. 또 한 가지 강력한 방법은 감사와 교훈의 안경을 쓰는 것이다. 좋은 일에는 더욱 감사를, 싫거나 힘든 상황에서는 교훈을 얻는 긍정의 안경이다. 긍정과 장점을 키우고 부정과 단점을 줄일 수 있는 최상위 안경이다.

(2) 긍정의 마무리 습관 만들기

처음에 긍정의 주파수를 타는 것이 가장 중요한 습관이다. 그렇지만 상황에 따라 긍정의 주파수를 타지 못하는 경우도 있을 것이다. 그럴 때 부정의 주파수를 탔다고 하여 내 삶과 운명에 부정적인 것들을 끌어당기게 방치할 수는 없다. 삶과 운명을 긍정으로 전환할 수 있는 또 한 번의 기회가 존재한다. 그것이 긍정의 마무리 습관 만들기이다.

말이나 문장의 뒤에 '할 수 있다, 될 수 있다, 잘될 것이다.'라는 긍정과 역전의 문구들을 추가하는 좋은 습관을 갖는 것이다. 부정의 주파수를 역전시키는 것만이 아니라, 긍정 주파수로 시작했다하더라도 이러한 긍정의 마무리는 중요하다. 이러한 작은 마무리 습관들은 '건강-행복-성공'의 우등생이 되는 최상위 지름길이 될 것이다.

긍정의 주파수를 타는 중 시작은 좋았다 하더라도 마지막에서 부정적인 단어로 끝난다면 좋은 결과로 이어질 수는 없다. 그렇기에 항상 우리의 삶은 첫 시작이 좋으면 순탄한 길을 걸어가게 되고, 마무리가 좋은 사람은 모든 일을 좋은 쪽으로 역전시킬 수 있는 실력을 갖추게 되는 것이다. 우리의 삶도 아무리 잘 살아왔더라도 마무리가 부정적으로 끝이 난다면, 그 이전의 삶이 흐리게 지워져 버릴 것이다.

그래서 부처도 명상 중에 가장 중요한 것이 '마무리 명상 또는 유종의 미 명상'이라고 강조했다. 마지막에 웃는 사람이 가장 빛나는 삶을 사는 것이다. 그리고 유종의 미 방식은 자신의 삶에 많은 곳에 적용하면 더 좋은 효과를 얻을 수 있다. 언젠가는 가정이나 직업,

직장에서 언젠가 이 일을 못하게 되거나, 이별할 시간이 앞으로 한 달이 남는 시점이 다가올 것이다. 그 일이 끝났을 때 아쉬움을 적게 남기려는 유종의 미를 거두는 삶을 미리부터 살아가는 것은 멋진 일이다. 이러한 방식으로 일을 진행하면 자신의 일과 삶을 사랑하는 성공 프로 또는 행복 프로가 될 가능성이 높아질 것이다.

(3) 중간 부위에 기억해 두어야 할 포인트들

① 덕분에 vs 때문에

내가 사용하는 단어와 문장에서 '덕분에'가 많을수록 내 삶에 모든 일은 긍정적으로 해결되고 좋아질 것이다. '때문에'를 많이 사용할수록 내 삶에 모든 일들은 막히고 부정적으로 악화될 가능성이 높아진다. 그 이유는 자신에게 다가오는 문제나 산은 그것이 '내 책임이다'라는 '덕분에' 개념을 가져야 해결될 가능성이 높아진다. 그런데 그것을 '때문에'라는 부정적인 개념으로 상대나 환경 등 외부적인 요인이라는 생각을 갖고 있다면 해결될 가능성은 그만큼 멀어진다. 즉 상대나 상황은 내가 해결할 수 없는 경우가 대다수이기 때문이다. 평소의 글이나 말에서 '때문에' 이미지를 줄이고, '덕분에' 이미지를 주로 사용하는 습관을 길러야 한다. 아나스 로에일은 "작지만 '고맙다'라는 말에는 마법이 들어 있다."라고 했다.

② 예스 vs 노

선택과 결정은 주로 '예스'와 '노'로 이루어진다. 그런데 '예스'를 하는 태도와 목소리에 따라 '예스'의 사랑 에너지가 달라진다. '예스'는 긍정의 언어 습관 중에서도 사랑 에너지의 수준과 점수를 측정할 수 있는 가장 간편한 도구라 할 수 있다. 그리고 건강과 활력을 좌우하기도 한다.

'노'라는 단어에는 그 사람의 인성과 지혜가 담겨 있다. '노'라는 말을 하는 그 사람의 태도와 목소리, 자세 등에는 그 사람의 겸손과 배려 그리고 존중 등이 담겨 있기 때문이다. 부정 단어의 대표라 할 수 있는 '노'라는 단어는 그 사람의 삶의 질을 결정할 수 있는 중요한 요소가 들어 있다. '예스'와 마찬가지로 '건강-행복-성공'의 점수에 결정적 요소를 포함하고 있다.

③ 웃음과 미소 & 목소리와 말투

웃음과 미소는 하늘이 준 최고의 명약이자 축복의 선물이다. 그리고 누구나 실천한다면 '건강-행복-성공'의 기본 점수 50점을 보너스로 획득할 수 있는, 강력한 기회로 작용한다. 누구나 마음만 먹으면 언제든 실천할 수 있는 특별한 종목이다. 그 사람이 긍정적인가 부정적인가를 쉽고도 정확하게 판정하는 기준점이다. 하늘의 편에 줄을 선 행운의 사람인가는 웃음과 미소를 보면 알 수가 있다.

목소리와 말투에는 그 사람의 습관, 인성, 성격, 지혜, 교양 등이 들어 있다. 자신의 삶의 계단과 질을 결정하는 '자존감-자신감-긍정심'도 들어 있다. 그 사람의 건강과 행복 그리고 성공과 행운의 예상 점수가 들어 있다고 해도 과언이 아니다. 또한, '부드럽고 친절한 미소와 말투, 품격 있고 존중하는 태도와 목소리'는 긍정의 언어 습관과 성공적인 대인관계의 점수와 실력을 평가하는 점검표이다.

[3] 긍정의 언어 습관의 생활 실천법

자신의 말을 통해 언어 습관의 점수를 최상위로 높이는 프로나 마술사 그리고 감동 천사가 되는 방법이 있다. 그것은 말의 점수에 보너스 점수를 추가하는 방식이기도 하다. 자신의 말을 통해 '건강-행복-성공'의 점수를 조율할 수 있을 때, 긍정의 언어 습관의 명품인 '말하는 대로 운명이 흘러간다'의 경지에 도달했다고 할 수 있을 것이다.

(1) 말하기 전에 생각해야 될 고려 사항 (언어 습관의 프로)

① 상대를 기쁘고 행복하게 하는 말인가?

② 상대를 편하게 해주는 말인가?

③ 나와 상대에게 필요하거나 도움이 되는 '윈-윈'의 말인가?

(2) 말의 점수와 보너스 점수 (언어 습관의 마술사)

미소로 경청하는 침묵의 점수는 80점이다. 말을 해서 60점 이상을 얻는 것은 쉬운 일이 아니다. 그러므로 침묵 중에서도 미소로 경청하는 자세가 80점인 것이다. 그런데 80점 이상을 얻고 싶다면 감사, 칭찬, 존중, 배려, 겸손의 말을 사용하면 된다. 그리고 90점 이상을 얻고 싶다면 향기로운 언어나 최상급 언어를 사용하면 된다.

(3) 선한 영향력 특별 보너스 (언어 습관의 감동 천사)

긍정의 언어보다 앞선 각종 감동의 언어로 선한 영향력을 전달하였을 때는 가장 큰 특별 보너스 지급 대상이다. 감동의 언어란, 누군가의 가슴속에 내가 만난 최고의 '감사 천사, 미소 천사, 칭찬 천사, 용서 천사, 친절 천사, 나눔 천사, 행운 천사, 정리 천사…' 등 감동의 천사로 기억되는 선한 영향력을 전파하였을 때이다. 그리고 사람들에게 좋은 영향이나 삶에 활력을 주는 명언, 책, 명화, 명곡, 발명, 스포츠, 봉사, 기부 등으로 사랑이나 감동을 배달했을 때도 최고의 특별 보너스가 하늘 은행에 저축된다.

3단-3 '성공적인 대인관계'

☝ 성공적인 첫 만남의 3가지 결정 요소

✌ 성공적인 대인관계의 기술과 실력들, 베스트 7

성공과 실패의 80%는 대인관계에 의해 결정된다고 한다. 가장 중요한 첫 번째 대인관계는 나 자신이다. 나 자신과 진정으로 사랑하는 관계를 유지하는 것이 첫 번째 대인관계이다. 그러려면 나를 사랑하는 법을 알고 실천해 나가야 한다. 그래야 내 안에서 내 삶으로 모든 좋은 것을 끌어당기는 긍정의 끌어당김의 에너지, 즉 사랑 에너지가 만들어진다. 세상에서 가장 소중하고 귀한 사람은, 항상 나 자신이다. 스스로를 존중하고 사랑하는 것으로부터 출발하여, 남들도 존중하고 사랑할 수 있도록 하는 것이 성공적인 대인관계의 발전 과정이다. "남들에게 존중받고 싶다면 먼저 스스로를 존중하라."라는 도스토예프스키의 명언이 있다.

두 번째 대인관계는 가정이나 직업으로서 만나는 사람들에 대한 사랑 에너지의 전달이다. 이것은 사랑의 의무라고 한다. 태어나면서부터 학습의 학교를 다니는 동안 가정이나 사회로부터 많은 사랑과 혜택을 받고 자라게 된다. 그리고 언젠가 자신의 가정이나 직업을 갖게 된다. 그럴 때 태어나면서부터 지금까지 받은 사랑과 혜택을 돌려주어야 하는 최우선 대상이 가정이나 직업에서의 만남이다. 그들과의 대인관계가 '건강-행복-성공'의 점수의 가장 많이 반영된다.

세 번째 대인관계는 이웃이나 조상 그리고 국가와 세상, 자연과 우주 만물 더 나아가서는 창조주 하늘과의 대인관계이다. 그 사람의 사랑 에너지 그릇의 크기에 따라 어디까지 사랑의 범위가 확장되느냐가 결정된다. 이웃 사랑의 가장 중요한 원칙과 실천은 '상대를 기쁘고 행복하게 하는 말과 행동을 실천하는 것'이다. 그러한 사랑 배달부로서의 역할이 커질수록 하늘로부터 안배된 더 큰 축복과 선물을 받게 될 것이다.

[1] 성공적인 첫 만남의 3가지 결정 요소

성공적인 대인관계는 그 사람의 실력이자 기술이라 할 수 있다. 세상 모든 것들은 그것을 이루는 몇 가지 공통적인 공식이 있다. 그 공식을 준비하고 실천하는 사람이 그 분야의 전문가이자 프로라고 할 수가 있다.

(1) 첫인상과 첫 만남 준비 사항

첫인상은 3~15초의 짧은 시간에 결정된다. 즉 성공적인 만남 여부가 본격적인 대화 시작 전, 첫 만남의 순간에 90% 이상 결정된다. 그 짧은 시간에 주고받을 수 있는 것은 대화의 내용이나 인성보다 인사, 태도, 말투, 웃는 얼굴이 우선한다. 그러므로 평소에 호감을 줄 수 있는 멋진 미소, 밝은 인사, 친절한 목소리, 품격 있는 자세 등을 잘 갈고 닦아 놓아야 한다. 행운은 항상 반복 연습과 훈련으로 미리 준비한 사람에게 다가온다.

(2) 오늘은 내 인생 최고의 귀인을 만나는 날

상대의 반응은 내 마음을 비추는 거울이다. 지금 만나는 상대가 '전생에 내게 도움을 준 반드시 갚아야 할 은인', '내 인생 최고의 귀인을 만나는 날'이라고 생각하는 것도 좋은 방법이다. 그리고 첫 만남과 첫인상이 중요하듯이 헤어질 때의 마무리 인사와 멘트도 미리 잘 준비한 사람이 되어야 한다. 즉 자신만의 매력 포인트와 주특기 등을 미리 만들어 두는 사람이 준비된 사람이다.

(3) 21고객 감동의 점수 높이는 실천 공식

21세기 고객 감동의 공식이 있다. 그것은 습관의 만능 키를 활용하는 방식이다. 웃음과 미소로 1차적으로 상대의 감동의 문을 열고, 부드럽고 친절한 목소리와 말투로 2차적으로 가슴속 감동의 내면을 울리는 것이다. 그리고 힐링과 치유의 관문인 '나와 상대의 장점을 칭찬하고 단점을 있는 그대로 받아들이고 존중하기'를 실천하는 선한 영향력을 3차적으로 추가하는 것이다. 선한 영향력은 항상 느낌이 좋은 사람이라는 특별한 인상을 준다. 일상생활에서 첫인상의 가장 중요한 요소를 해결하는 '부드럽고 친절한 미소와 말투, 품격 있고 존중하는 태도와 목소리'를 실천하는 것이 고객 감동의 점수를 높이는 관건이 될 것이다.

[2] 성공적인 대인관계의 기술과 실력들, 베스트 7

(1) 관심과 집중 그리고 경청

관심은 친밀감의 거리이자 사랑의 훌륭한 표현법이다. 즉 사람의 마음을 움직이기 시작하는 시동 키이다. 만남이 지속되기를 바란다면 대화의 주제를 상대에 초점을 맞추고, 잘 들어 주는 경청의 자세가 중요하다. 마이크 앨런은 "가장 훌륭한 사랑의 행위는 관심을 표하는 것이다."라고 했다. 나의 이야기에 대한 관심과 집중으로의 경청은 항상 상대를 기분 좋게 또는 편하게 만들어 서로의 마음을 열고 호감을 갖게 한다. 그래서 결혼이란, 나의 사소하고 지루한 일상의 이야기를 가장 귀 기울여 많이 들어줄 배우자를 선택하는 일이라고 한다.

(2) 대인관계 '실패의 3대 불변의 원칙'

대인관계 '실패의 3대 불변의 원칙'은 '참견하거나, 목소리를 높이거나. 화내면 지는 게임'이다. 습관과 잠재 뇌의 특성과 원리에 의해 부정적인 말을 하는 사람이나 듣는 상대에게 모두 손해 나는 마이너스로 작용한다. 긍정이든 부정이든 상관없이 듣는 사람에게 20~30%, 말하는 사람에게 70~80% 부정적인 영향을 미친다. 부정은 부정으로는 해결되지 않는다. 긍정으로 개선될 뿐이다. 나와 상대의 단점을 줄이는 최고의 공식은 부족함을 있는 그대로 받아들이고 존중하는 것이다.

(3) 대화의 금기 사항 3가지

특별한 경우가 아니라면 가급적이면 대화 내용으로 올려서는 안 되는 몇 가지 금기 사항이 있다. 대화를 시작하면 다툼으로 진행되거나 항상 바람직한 결과를 얻기 힘든 대화 금기 사항 3가지는 '종교, 정치, 사생활'이다. 이 3가지는 옳고 그름의 대상에 우선하여 특별한 문제가 없다면 각자의 성향과 선택을 존중해 주어야 한다. 하지만 아무리 존중받아야 하는 개인적인 성향과 선택일지라도 가까운 가족이나 직장 동료 또는 주변의 사람들의 삶에 피해를 주어서는 안 된다는 대인관계의 기본 원칙은 지켜져야만 한다. 그밖에 한 가지 더 금기 사항을 추가한다면 험담과 뒷담화이다. 내가 알게 모르게 쏜 부정의 화살은 언제가 거울과 메아리의 법칙으로 수십, 수백 배가 되어 내 건강과 행복에 부정적인 피해로 되돌아온다.

(4) '틀림이 아닌 다름'으로 인정

행운의 여신은 항상 준비된 사람을 선택한다. 상대가 나와 '틀림이 아닌 다름'으로 인정하는 실력은 성공적인 대인관계의 핵심 요소이다. 틀림이 아니라 다름으로 받아들이는 성공적인 대인관의 실력을 갖추려면 상대의 단점, 부족한 점을 있는 그대로 받아들이고 존중하는 훌륭한 인품과 지혜를 갖추어야 한다. 이러한 인풋과 아웃풋의 방식이 힐링과 치유 그리고 성공적이고 행복한 삶을 이루는 최상위 비법이자 공식이다.

(5) 질문과 대화의 우선순위

사람은 누구나 인정받고 싶은 욕구가 있고, 그리고 자신의 삶에 대한 질문과 이야기를 말하고 듣는 것을 선호한다. 만일 상대와 특별한 관계를 만들고 싶다면 질문과 대화의 우선순위가 있다. 우선순위 첫 번째는 상대의 꿈과 목표와 실천 계획에 대한 것이다. 두 번째는 상대가 잘하거나 좋아하는 것이다. 세 번째는 상대에게 중요하거나 필요한 그리고 원하는 것이다. 이처럼 필요하거나 원하는 질문과 대화로 상대와 가까워질 수 있다. "대접받고 싶은 대로, 상대를 먼저 대접하라."라는 명언이 있다.

(6) 크고 작은 대인관계의 산들 넘어서기

살다 보면 누구에게나 부탁, 도움, 거절 등 크고 작은 대인관계의 산들이 다가온다. 부탁과 도움이란, 상대의 마음을 움직여 변화를 수용하게 하는 특별한 단어이다. 최종 선택과 결정의 키를 모두 상대의 자유의지에 넘긴다는 것을 의미한다. 특히 말이나 글 마지막 부분에 '부탁합니다', '덕분에 감사합니다' 등을 사용하는 좋은 습관은 상대를 존중하는 느낌을 주게 된다. 사람은 작든 크든 한번 도운 사람을 같은 편으로 생각하게 되고, 그래서 또 다른 도움을 주고 싶어 한다. 그리고 상대로 하여금 협조하거나 도와줌으로써 성취감과 보람을 느낄 수 있게 만들어 주는 것이다.

벤자민 프랭클린은 "겸손하게 의견을 말하면 상대도 곧 받아들인다. 그리고 내 잘못을 정직하게 인정하면 나의 옳은 생각에 대해서도 상대방이 박수를 보내 준다."라고 했다. 그런데 상대가 거절할 수 있는 자유도 인정되어야 한다. 거절했더라도 그런 부탁의 말을 할 수 있는 상대였다는 것만으로도 감사할 수 있어야 올바른 소통과 공감의 자세라 할 수 있다. 그리고 내게 부담이 되거나 싫은 일에 대한 정중한 거절은 필요하다. 마지못해 허락하고 그 후로 불편하게 지내야 한다면, 그것은 서로의 관계에서도 바람직하지 못한 부정적인 결과로 이어질 것이다. 미리 나와 상대 그리고 상황과 사건에 따라 자신의 허용의 기준과 한계를 정해 두는 것도 실수를 줄이는 탁월한 효과가 있다.

살다 보면 상대의 장점보다 단점이 더 크고 잘 보이게 된다. 그래서 칭찬보다는 지적과 충고 또는 조언을 더 많이 하게 된다. 많은 사람이 상대가 잘되기를 바라는 좋은 의도로 지적과 충고를 하고 있다. 하지만 지적과 충고는 상대에게 당신은 부족하거나 부정적인 사람이라는 확인 명찰을 달아 주는 것이다. 사람은 대다수가 다른 사람이 라벨(상표, 명찰)을 붙여 주면 그 라벨대로 행동하려고 하는데,

이러한 현상을 심리학에서는 '라벨 효과(레테르 효과)'라고 부른다. 그래서 이왕이면 주변에서 지속적인 칭찬을 통해 좋은 명찰을 달아주는 지혜로움이 필요하다. 이처럼 지적은 처음의 긍정적인 의도와는 다르게 상대에게 부정적인 역효과를 발생하는 경우가 많다.

그래서 설사 상대가 문제나 단점을 조언해 줄 것을 부탁할 때라도 스스로 해답을 찾을 수 있게 도와주는 것이 성공적인 대인관계법이다. 사람은 자신의 습관적으로 정해진 삶의 패턴과 방식으로 모든 선택과 결정을 한다. 그러므로 스스로 습관을 개선해야만 자신의 단점이나 문제점을 개선할 수 있다. 그래서 상대가 스스로 문제를 받아들이고 처리하는 습관적인 패턴과 방식을 바꾸거나, 삶과 문제를 바라다보는 시각과 관점을 개선할 수 있도록 도와주는 것이 상대를 변화시키는 가장 효과적인 방법이다.

(7) 칭찬과 믿음 그리고 실력과 감동 갖추기

세계적으로도 성공한 영웅과 전설 뒤에는 대다수의 어머니나 멘토 또는 주변의 지혜로운 칭찬이나 변함없는 믿음이 있었다. 지속적인 사랑의 칭찬은 상대를 움직일 수 있을 만큼의 위력을 발휘한다. 막심 고리키는 "칭찬은 평범한 사람을 특별한 사람으로 만드는 마법의 문장이다."라고 했다. 말은 하늘을 향한 기도의 효과가 발생한다. 그러므로 그대로 이루어지면 안 되는 부정적인 언어 습관을 개선하여야 한다. 평범한 스승은 말을 하고, 좋은 스승은 설명을 하고, 우수한 스승은 모범을 보이고, 위대한 스승은 감동을 준다. 감동은 누구나 바라는 '마법의 삶 기적의 치유'의 출발점이다.

훌륭한 멘토는 긍정과 장점을 발전시키고, 위대한 멘토는 내 삶과 운명의 장애물인 부정과 단점마저 디딤돌로 변화시킨다.

21세기 4차 산업혁명의 자동화와 인공지능 로봇의 상용화에 의한 고용의 위기가 다가오고 있다. 최상위 경쟁력과 성공적인 대인관계에서 가장 중요한 핵심 조건은 항상 중간이나 평균 이상의 실력 갖추기와 한두 가지 우등생 실력 만들기에 있다. 그러려면 첫째, 일과 직업 그리고 일상에서 미소, 인사, 친절, 인성, 교양, 성실, 정리, 실력 등 최소한 중간 이상의 장점을 갖추어야 한다. 만일 중간 이하의 단점이 있다면, 언제든 정리 해고나 감원 또는 명예퇴직을 결정해야 하는 경우에 1순위 대상으로 작용된다. 또한, 직업이나 일에 관련된 각종 사항에 잘 적응하기 힘들고, 직원이나 고객 등과도 좋은 실력을 관계를 유지하기 어려울 것이다. 둘째, 한두 가지 정도의 주특기나 장점을 우등생이나 장학생 수준으로 만들어 두어야 한다. 이것은 언제나 선발이나 승진 등에서 기회나 경쟁력으로 작용하게 될 것이다. 이처럼 삶의 프로의 자격을 갖춘다면, 주변 사람에게 인정받고 존중받는 특별한 조건이 될 것이다.

셋째는, 21세기 고객 감동의 시대에 자기 계발의 노력으로 상대의 기억에 남을 만큼의 '감사 천사, 미소 천사, 인사 천사, 친절 천사, 정리 천사, 용서 천사' 등에서 앞서거나 다른 나만의 최상위 경쟁력을 준비하고 갖추어야 한다. 그러한 삶의 장학생이자 명품 프로의 실력을 갖추면 상대에게 특별한 대접을 받고 있다는 좋은 느낌이나 무언가 오래 기억에 남는 좋은 인상과 감동을 줄 수 있을 것이다. 그래야 성공적인 대인관계로 발전하게 되어 서로의 진정한 팬이 될 수 있다. 《탈무드》에는 "세상에서 가장 현명한 사람은 모든 사람으로부터 배울 수 있고, 남을 칭찬하며, 감정을 조절할 수 있는 능력을 가진 사람이다."라는 삶의 학교 교훈이 들어 있다.

9장

인성 프로 (21세기 삶의 프로 '4-5-6'단)

'21 인성 프로 4단' 명품 인성 습관

'21 인성 프로 5단' 인격의 3관문

'21 인성 프로 6단' 만능 키 습관

[21세기 삶의 프로 구구단, 인성 프로 '4-5-6'단]

습관이 삶의 계단을 결정한다면 인성은 삶의 질을 결정한다. 인성은 습관에 경험, 가치관, 인격, 감정, 생각, 생활 습관 등이 쌓여서 만들어진다. 인성은 힐링과 치유의 관문이기도 하다. 삶의 인성 프로가 된다는 것은 첫째 명품 인성 습관(4단), 둘째 인성의 3관문(5단), 셋째 만능 키 습관(6단)을 갖추는 일이다. 습관 프로처럼 인성의 프로에도 이처럼 '4-5-6'단의 3단계로 구성되어 있다.

삶의 프로 구구단은 가급적이며 '습관-인성-지혜' 프로의 순서대로 통과하는 것이 더 효과적이다. 습관 프로 '1-2-3'단을 먼저 통과한 후 인성 프로 '4-5-6'단을 각 단계별로 통과하는 것이 좋다. 그래야 꿈과 목표를 이루고 발전과 풍요의 계단에 오르는 속도와 크기에 더욱 강력한 효과가 발생할 것이다.

[삶의 프로 구구단, 인성 프로 4단] '명품 인성 습관'

존중 배려 절제 겸손 봉사·나눔

21 삶의 프로 구구단 4단은 명품 인성 습관이다. 인성은 습관에 생각, 성격, 감정, 경험, 가치관, 생활 습관 등이 모여 만들어진다. 명품 인성 습관이란 필수 긍정 습관에 더해서 주로 인성을 만드는 데 관여하고 작용하는 습관을 말한다. 그것은 '존중-배려-절제-겸손-봉사·나눔' 등으로 구성되어 있다. 습관이 주로 삶의 계단과 높이를 결정한다면, 인성은 삶의 질과 넓이를 좌우한다. 인성은 특히 그 사람의 부정 습관과도 긴밀하게 연결되어 있다. 부정 습관을 개선할수록 인성이 큰 폭으로 발전한다. 그러므로 습관과 인성은 그 사람의 운명과 미래를 결정하는 중대한 요소라고 할 수 있다.

4단-1 존중

존중은 인성의 첫 관문으로서 삶의 질을 결정하는 요소이다. '나와 상대의 장점을 칭찬하고, 단점을 있는 그대로 받아들이고 존중하기'가 인성의 첫 관문이다. 사람은 누구나 인정과 존중을 받고 싶어 한다. 나와 상대를 칭찬하는 것은 인정과 존중으로 가는 출발점이다. 사랑에너지의 작동 방식은 내가 먼저 주는 것이 메아리의 법칙으로 되돌아온다. 있는 그대로 받아들이는 것으로부터 항상 힐링과 치유가 작동하기 시작한다. 부정은 부정으로 지워지거나 해결되지 않고 오로지 사랑과 긍정으로 해결될 수 있을 뿐이다. 그리고 이것은 21세기 힐링과 치유가 필요한 시대에 '마법의 삶과 기적의 치유'를 이루는 관문이기도 하다.

대접받고 싶은 대로 먼저 대접해야 한다. 모든 것은 원인과 결과의 법칙으로 작동된다. 존중의 관문을 통과하려면 상대가 나와 '틀림'이 아닌 '다름'으로 받아들일 줄 아는 가치관을 길러야 한다. 태어나서 자라온 환경이 다른 사람들은 생각과 행동 그리고 판단의 각종 기준들이 다를 수밖에 없다. '틀림'이 아닌 '다름'을 있는 그대로 받아들이고 인정하는 것으로부터 성공적인 대인관계가 이루어질 것이다. 공자는 "자신을 존중하라. 그러면 다른 사람도 그대를 존중할 것이다."라고 했다. 누구나 존중받기를 원한다. 그렇다면 내가 먼저 나를 존중하고, 상대를 존중하는 것이 존중을 받는 조건이다. 자기 존중감은 자존감과 자신감의 또 다른 표현법이다.

4단-2 배려

배려란, 상대를 기쁘고 행복하게 하기 위해 져 줄 수 있는 인성이다. 존중과 배려의 씨앗은 누구나 인정받고 대접받고 싶은 인간으로서의 욕구를 해결하는 대인관계의 최상위 해결책이다. 배려는 존중과 더불어 타인에 대한 깊고 큰 사랑의 출발점이다. 배려는 이웃 사랑의 고귀한 실천법이며 봉사와 나눔의 씨앗이다. 그리고 주변을 따뜻하게 하는 사랑 에너지의 빛과 향기이다. 특히 행복 가정을 이루는 최상위 조건은 '져 주는 게 이기는 배려 게임'이다. 그러므로 행복 프로는 '상대를 기쁘고 행복하게 하는 말과 행동을 실천'하는 실력을 갖춘 사람이라 할 수 있다. 존중과 더불어 배려는 그 사람이 지닌 인격과 성격 그리고 지혜와 교양의 수준이자 '자존감-자신감-긍정심'의 표현법이다.

4단-3 절제

절제는 현재보다 더 나은 삶이나 내게 다가서는 문제를 극복하고 넘어서기 위해 반드시 필요한 습관이다. 그런데 현재보다 더 나은 건강과 행복 그리고 발전과 풍요의 삶을 이루려면 현재의 습관이나 삶의 패턴과 방식을 변화시키고 개선하여야 한다. 자신과의 승부에 있어서 가장 필요한 덕목이 절제이다. 스탠퍼드대학 심리학과의 마시멜로 실험이 있다. 그것은 3~5세의 어린아이들에게 마시멜로를 주고 만일 15분을 참을 수 있으면 1개를 더 주겠다는 조건을 제시한다. 14년 후 추적 조사의 결과에 의하면, 절제력을 발휘하여 15분을 참았던 일부 어린이들이 그 후 삶의 여러 가지 부분에서 더 성공적인 많은 것들을 이루어 가는 것이 연구되었다.

절제의 대명사이자 절제를 실천한 대표적인 인물인 인도의 간디도 그의 건강 철학에서 "만일 먹을 것을 통제할 수 있다면 자신의 마음 세상을 조절할 수 있는 사람이다."라고 했다. '건강-행복-성공' 등에 나타나는 모든 문제는 자신이 얼마나 스스로를 절제할 수 있느냐에 따라 그 해결 능력이 결정된다. 특히 건강에서는 분노나 식생활 습관을 절제하는 것이 가장 중요한 포인트이다.

일본의 유명한 역술가인 미즈노 난보쿠는 그의 저서《절제의 성공학》에서 삶과 운명을 바꾸는 법을 알려 주고 있다. 그것은 식생활 습관을 변화시키고 절제함으로써 자신의 삶과 운명을 바꿀 수 있다고 강조하고 있다. 실패, 역경, 죽음 등 모든 운명은 식생활 습관을 절제함으로써 성공적으로 개선할 수 있다고 하였다. 예를 들어, 사람은 태어날 때 평생 먹을 양이 정해져 있다고 한다. 근데 그것을 일찍 다 먹어버리는 사람은 건강만이 아니라 모든 운이 나빠질 수밖에 없다고 했다. 그리고 절제하여 나누어 먹는 사람은 행복한 건강 장수가 가능해진다고 했다. 삶과 운명은 어차피 자신과의 승부에서 승리하는 것에 따라 달라진다. 그 자신과의 승부에는 절제가 필수 요소라 할 수 있다. 운명은 줍는 것이 아니라 스스로 만들어 가는 것이다.

4단-4 겸손

겸손이란, 소크라테스의 '너 자신을 알라'를 이해하는 삶이다. 즉 내 삶에 모든 문제의 발생 원인은 거의 겸손하지 못함에서 발생한다. 나의 장점을 발전시키고 단점을 극복할 수 있는 해결 키이다. 영국의 예술 비평가인 존 러스킨은 "겸손하고 양보하는 마음은 인격을 완성하는 데 있어서 절대 필요한 양식이다."라고 했다. 겸손은 몸과 마음을 낮추는 것으로, 삶의 질을 향상시키고 발전과 풍요의 계단으로 진입하는 관문이다.

겸손은 힐링과 치유 그리고 알아차림과 깨달음으로 가는 지름길이다. 사람은 누구나 건강하고 행복한 그리고 성공적인 삶을 원한다. 그리고 발전과 풍요의 계단에 오르기를 바란다. 발전과 풍요의 계단에 오르기 위해서는 현재보다 더 나은 사람이 되어야 한다. 현재를 넘어서기 위해서는 지금의 나를 비우고 내려놓아야 한다. 그래야 더 좋은 방식과 패턴을 받아들이고 발전시킬 수 있다. 그러려면 항상 자신을 비우고 내려놓는 겸손한 태도가 필요하다. 비우고 내려놓기를 반복하는 겸손한 태도를 낮추기라 하며, 그것은 발전과 풍요의 계단에 오르는 공식이다.

4단-5 봉사·나눔

봉사와 나눔이란, 나를 사랑하고 이웃 사랑을 실천하는 통로이다. 사람은 누구나 태어날 때부터 살아가는 동안 부모, 학교, 이웃, 조상, 국가, 세상, 물, 공기, 동식물, 자연과 우주 만물, 창조주 등 많은 곳에서 알게 모르게 도움을 받게 된다. 즉 알고 모르는 사랑의 빚을 지게 된다. 그런데 많은 사람이 육체적인 봉사나 돈을 기부하는 것을 나눔이라 생각한다. 그래서 알고 모르는 사랑의 빚을 갚는 일을 어렵게 생각하거나 크게 마음먹어야만 실천할 수 있는 것으로 알고 있다.

그런데 일상의 작은 사소한 일들인 감사, 칭찬, 청소, 정리, 양보, 웃음, 인사, 친절, 존중, 배려, 용서 등이 모두 봉사와 나눔에 포함된다. 누구나 마음만 먹으면 언제든 쉽게 실천할 수 있는 일들이다. 일상에서 상대를 기쁘고 행복하게 하는 말이나 행동은 언제든 이웃과 세상을 아름답게 만드는 봉사와 나눔이다.

누구에게나 자신의 사랑 에너지를 나누는 봉사와 나눔의 의무가 있다. 칸트는 "선행이란, 이것을 타인에게 베푸는 것이 아니라, 자기 자신의 의무를 다하는 것이다."라고 했다. 첫째는, 나 자신을 위한 것이다. 가장 먼저 나 자신을 사랑하여야 나눌 사랑이 존재하고, 태어난 잠재력을 최대로 발전시켜 전달할 사랑 에너지를 키워 나가야 한다. 둘째는, 가장 중요한 필수 의무로 자신의 가정이나 직업을 통해 이웃 사랑을 실천하고 배달해야 한다. 그 의무는 상대를 기쁘고 행복하게 하는 말과 행동으로 실천하면 된다. 독일의 대문호인 괴테는 "각자가 내

집 앞을 깨끗이 쓸면 세상이 밝아질 것이다."라고 했다.

셋째는, 이웃과 세상 그리고 자연과 우주 만물 그리고 창조주 하늘에 대한 사랑의 의무이다. 내 삶과 영혼은 태어나기 이전이나 이후로 수많은 곳에서 알게 모르게 도움을 받게 된다. 봉사와 나눔은 사랑의 빚을 갚는 일로써 자신의 '건강-행복-성공'의 점수를 높이는 일로 작용된다. 결국 나 자신을 위해 실천하는 것이다. 그리고 하늘 은행에 선한 영향력으로 쌓아 가는 저축이 많이 늘어갈수록 나 자신과 영혼을 넘어 부모나 조상 그리고 자녀나 후손들의 사랑의 빚을 줄여 주는 선업을 쌓게 될 것이다.

[인성을 높이는 생활 실천법, '21 고객 감동의 실천 공식']

→ 21세기는 고객 감동의 시대이다. 인성을 높이는 생활 실천법으로 '21 고객 감동의 실천 공식'이 있다. 이것은 습관의 만능 키인 '웃음과 미소'와 '목소리와 말투'에 인성의 첫 관문인 '나와 상대의 장점을 칭찬하고, 단점을 있는 그대로 받아들이고 존중하기'를 결합시킨 것이다. 이웃 사랑 실천으로 선한 영향력을 전파하는, '21 고객 감동의 실천 공식'은 힐링과 치유 그리고 '21 마법의 삶과 기적의 치유'로 진입하는 관문이다.

나 자신을 감동시키는 능력이 발전할수록 고객을 감동시키는 실력도 그만큼 늘어갈 것이다. 감동이라는 사랑 에너지는 내게 있어야 그만큼의 품격과 향기로 남에게도 줄 수 있다. 감동의 능력은 발전과 풍요 그리고 힐링과 치유의 삶을 이루는 최고의 무기이다. 감동의 능력은 긍정과 장점을 발전시키고 부정과 단점을 줄일수록 높아져 간다. 자신의 감동의 능력을 계발하는 실천 방식으로는 내 삶의 모든 것을 포함하고 있는 습관의 만능 키를 활용하고, 생각과 감정을 포함하고 있는 인성을 발전시켜나가는 것이 가장 지혜로운 선택이 될 것이다.

['21 고객 감동의 실천 공식'(힐링과 치유의 관문)]

- 부드럽고 친절한 미소와 말투
- 품격 있고 존중하는 태도와 목소리
- 나와 상대의 장점을 칭찬하고 단점을 있는 그대로 받아들이고 존중하기

[삶의 프로 구구단, 인성 프로 5단] '인성의 3관문'

인성의 제1관문

인성의 제2관문

인성의 제3관문

5단-1 인성의 제1관문

: 나와 상대의 장점을 칭찬하고 단점을 있는 그대로 받아들이고 존중하기

인성의 첫 관문은 '나와 상대의 장점을 칭찬하고 단점을 있는 그대로 받아들이고 존중하기'이다. 이것은 나를 사랑하는 공식이자, 이웃 사랑의 실천으로 마법의 삶과 기적의 치유의 관문이다. 소크라테스는 "이것은 모든 것을 능가하는 원칙이다. 너 자신에게 진실해져라. 자신의 장점은 칭찬하고, 결점은 인정하라."라고 했다. 나와 상대의 장점을 칭찬함으로써 긍정과 장점을 확대해 나갈 수 있다. 칭찬은 나와 상

대를 발전과 풍요의 계단에 오르게 하는 사랑 에너지의 확장 키이다.

그리고 있는 그대로 받아들이고 존중하는 것은 힐링과 치유의 출발점이다. 살아가며 인성이 형성되고 발전되는 것은 일상의 평범한 좋은 생활 습관에 의해서이다. 인성은 상대를 '틀림'이 아니라 '다름'으로 받아들이는 존중과 배려의 실력에 의해 발전한다. 공자는 "남을 자기 자신처럼 존중할 수 있고, 자기가 바라는 것을 남에게 해줄 수 있다면, 그는 진정한 사랑을 지닌 사람이다. 세상에 그 이상의 가치 있는 일은 없다."라고 했다.

5단-2 인성의 제2관문

: 그럼에도 불구하고 긍정 (오케이, 예스)

인성의 두 번째 관문은 '그럼에도 불구하고 긍정'이다. '그럼에도 불구하고 긍정'은 어떤 상황에서도 '그럼에도 불구하고 오케이(Okay), 그럼에도 불구하고 예스(Yes)'로 받아들이고 처리하는 것이다. 인성의 첫 관문이 힐링과 치유의 관문이었다면, 두 번째 관문은 '그럼에도 불구하고 긍정'의 단계로 발전시키는 일이다. '그럼에도 불구하고 긍정'은 삶을 '좋은 것과 특별한 것', '즐거운 일과 특별한 일' 그리고 '감사와 교훈'으로 받아들일 수 있는 인성의 특별한 경지이다.

'그럼에도 불구하고 긍정'이란, 내 삶으로 다가서는 장애물을 디딤돌로 전환하는 특별한 장치이다. 그리고 부정과 단점을 부족하거나 나쁜 것이 아닌, 특별한 것으로 전환시키는 긍정의 전환 장치이다. 무슨 일이든 긍정의 주파수로 진입한다는 것은 그 문제를 해결할 수 있는 가능성을 높이는 일이다. 또한, 살면서 다가오는 크고 작은 산들에서 '감사와 교훈'을 찾아 건강과 행복 그리고 발전과 풍요의 계단에 오를 수 있는 내비게이션이다.

5단-3 인성의 제3관문

: '덕분에-이루어 감사'

인성의 세 번째 관문은 '덕분에-이루어 감사'이다. 이것은 '매사에 감사하는 기쁨과 모두가 잘되기를 바라는 좋은 감정'으로 살아가는 일이다. 발전하기 위해 찾은 내 삶과 영혼의 영원한 목표와 숙제 중의 하나이다. 사랑은 감사로 시작해서 용서로 완성되고, 그리고 '덕분에-이루어 감사'로 마무리된다. 창조주 하늘은 우리가 항상 감사하는 기쁨으로 살아가기를 가장 바란다. 그래서 사도 바울은 하늘이 바라는 뜻을 "항상 기뻐하라, 쉬지 말고 기도하라, 범사에 감사하라."라고 전하고 있다. '덕분에-이루어 감사'는 이러한 것을 충족시키는 특별한 초월의 감사이다. '덕분에-감사'는 과거로부터 지금까지 이루어진 모든 것에 대한 감사이다. 그리고 '이루어-감사'는 현재와 앞으로 미래에 이루어질 모든 것을 포함하는 감사이다. 감사는 사랑의 가장 고귀한 표현법이다.

감사로 시작하여 용서를 넘어 '덕분에-이루어 감사'로 끝나는 삶이 된다면 이번 생에 가장 인성이 뛰어난 경지에 도달한 것이다. 이 경지에 도달하면 '항상 더 잘해 주지 못해 미안합니다. 사랑해서 미안합니다.'라는 절대 긍정이나 초월의 단계로 들어선 것이다. 이것은 정화의 단계를 지나 평화와 자유의 단계에 진입하는 일이다. 많은 사람에게 존경을 받았던 김수환 추기경은 "받은 사랑은 한 없이 큰데, 베푼 것은 너무나 작아 미안합니다."라는 "사랑해서 미안합니다."의 아름다운 자세로 살아갔다. 마더 테레사나 인류에 존경받는 성인들이 이룬 경지이다.

[삶의 프로 구구단, 인성 프로 6단] '만능 키 습관'

웃음과 미소

목소리와 말투

하늘 은행에 저축

습관의 만능 키는 삶과 운명의 알게 모르게 숨겨진 최상위 1%의 숨은 그림으로, 습관의 시크릿이라 할 수 있다. 습관의 만능 키는 '웃음과 미소-목소리와 말투-하늘 은행에 저축'이다. 자기 계발의 우선순위이자 삶의 프로나 명품이 되는 데 갖추어야 하는 필수 조건이다. 또한, 21세기 고객 감동의 공식으로 작용하고 있다. 다른 습관들은 3년 이상을 실천해야 습관화가 된다. 그런데 만능 키 습관의 차별화된 특징으로는 실천하는 만큼에 비례하여 바로 그 순간부터 효과가 즉각적으로 나타난다. 그리고 다른 모든 습관에 동시다발적으로 플러스 상승 효과를 발생한다는 장점이 있다.

습관의 만능 키는 태어나서 최초로 형성되는 근원 습관이자 원조 습관이다. 누구나 태어나서 자신의 상태나 요구 조건을 부모나 주변에 전달하는 것이 가장 중요한 생존의 문제이다. 말을 거의 못 하는 3세까지는 울고 웃는 것과 보고 듣고 느끼는 감정과 느낌으로, 적과 아군을 구별하고 모든 것을 받아들이고 전달하는 방식이 첫 번째로 습관화가 된다. 3년의 습관화의 벽을 통과하여 만들어진 첫 근원이자 원조 습관은 자신의 일생인 삶과 운명에 가장 큰 영향력을 미치게 된다. 첫 근원이자 원조 습관은 6세 전후에 정식으로 습관 세포가 되어, 그 후로 만들어지는 감정, 습관, 인성, 지혜, 감동 등 내 삶과 운명의 모든 것에 작용하게 된다. 파스칼의 법칙에 의해 한 가지 습관이 점차 열 가지, 백 가지로 그리고 모든 것으로 발전하기 때문이다.

습관의 만능 키는 인류 발생의 원시시대부터 살아 남기 위한 생존 본능으로부터 발전해 왔다. 그리고 식물은 사랑과 감사의 물을 주거나 칭찬과 감동의 물을 주면 특별히 잘 자란다. 동물도 사랑과 관심을 듬뿍 주면 건강하게 잘 자라고 좋은 관계가 유지된다. 그리고 물과 공기의 입자도 사랑과 긍정의 생각과 말에 반응을 한다는 것이 연구가 되었다. 만일 우주 만물이 사랑 에너지라는 같은 방식으로 창조되었거나, 창조주 한 분에 의해 창조되었다면 서로 연결되는 특별한 연결 회선이나 공통의 전용 주파수가 있을 것이다. 습관의 만능 키는 사랑 에너지 내부의 핵심부를 흐르고 있는 연결성인 감동 코드이다. 그러므로 습관의 만능 키는 '삶-영혼-자연과 우주 만물-창조주'를 연결하고 있는 공통의 주파수인 사랑 에너지의 핵심 연결 코드라 할 수 있다.

6단-1 습관의 만능 키 1단계: 웃음과 미소

습관의 만능 키이자 삶과 영혼의 1단계 연계성은 웃음과 미소이다. 웃음과 미소는 모든 사랑 에너지 내부의 핵심부 3대 구성 물질로 내 삶의 모든 좋은 것들과 연결시키는 통로이다. 21세기 고객 감동의 시대에 나 자신과 상대의 감동 코드의 문을 여는 공식이 웃음과 미소이다. 창조주 하늘은 모두에게 축복과 선물을 듬뿍 주고 싶어 한다. 그래서 창조물들이 특별한 노력 없이 마음만 먹으면 언제든지 쉽게 실천할 수 있는 것을 유심히 살피고 찾아왔다. 그러다 '건강-행복-성공'의 점수를 높일 수 있는 가장 쉽고도 강력한 사랑 에너지를 웃음과 미소 속에 담아 주셨다. 창조물을 가장 사랑한 하늘의 축복이자 선물을 받는 보너스 기회가 웃음과 미소였던 것이다.

세상에 공짜는 없고 뿌린 대로 거둔다. 웃음과 미소도 삶의 우등생이나 장학생 그리고 미소 천사의 수준으로 발전시키려면 반복 연습과 훈련 그리고 지속적인 실천이 필요하다. 거울을 보고 밝고 환한 그리고 매력적인 미소를 만들어야 한다. 일상에서의 웃음과 미소의 점수를 올리는 첫 번째 훈련과 연습법으로 거울을 보며 "거울아, 거울아 누구의 미소가 세상에서 가장 아름답니?"라는 백설공주를 패러디 하면 된다. 또는 웃을 때 "김치", "치즈", "스마일" 등을 반복 연습한다. 그리고 영화나 잡지, 책과 인터넷 등에서 자신이 갖추고 싶은 매력적인 미소를 찾아서 장점 따라쟁이 방식으로 연습하면 된다. 가장 유명하거나 아름다운 미소로는 부처님의 염화시중의 미소, 레오나르도 다빈치의 모나리자의 미소, 어제보다 나은 오늘의 나의 미소 등이 있다. 유대인과 중국의 속담에 "웃는 법을 배우기 전에는 가게 문을 열지 마라." 라는 속담이 있다.

두 번째 단계로, 명품 미소가 되기를 바란다면 거울을 보고 연습하는 것에 더하여 선한 영향력과 사랑의 마음을 추가하여야 한다. 그것은 웃음과 미소를 띨 때, 감사와 칭찬 그리고 감동의 말을 하는 습관을 기르는 것이다. 즉 '감사합니다', '덕분에 감사합니다', '수고했습니다' 등의 감사의 말들이나 '특별합니다', '아름답습니다', '멋집니다', '훌륭합니다', '사랑합니다' 등 향기롭고 풍요로운 칭찬과 감동의 말을 전하는 연습을 하는 것이다. 또 한 가지 고품질의 명품 미소 만들기로, 나 자신의 수준과 가치를 명품으로 올리는 방식이 있다. 그것은 봉사와 나눔, 명언 읽기, 시 낭송, 음악과 연주, 박물관이나 미술관 등 자신이 원하는 종목을 선택해서 실천함으로써, 눈과 귀 그리고 몸과 마음의 품격을 명품으로 올리는 일이다.

세 번째는 최상위 웃음과 미소 만들기로, 미소 천사에 도전하는 일이다. 미소 천사란, 상대의 가슴속에 내가 만난 가장 멋진 웃음과 미소의 베스트 '원-투-쓰리'로 영원히 기억되는 것이다. 즉 상대의 가슴속에 영원히 꺼지지 않는 별, 북극성으로 기억 속에 남는 일이다. 미소 천사가 되는 최대의 장애물이자 걸림돌은 '그럼에도 불구하고'이다. 내게 다가서는 실패, 질병, 역경 등에서도 그 안에서 '감사나 교훈'을 찾을 수 있는 능력이 '그럼에도 불구하고'이다. '그럼에도 불구하고 웃음과 미소'를 달성할 수 있어야 미소 천사의 관문을 넘어설 수 있을 것이다. 그 일은 태어난 잠재력을 최대로 발휘하여 웃음과 미소의 잠든 거인을 깨우는 일을 해낸 것이다. 웃음과 미소 천사 달성에 성공했다면, 이번 생에 나 자신을 진정으로 사랑했고, 아름다운 이웃 사랑을 훌륭하게 실천한, 성공적인 삶을 이룬 것이라 할 수 있다.

반복 연습과 훈련을 통해 웃음과 미소가 2~3%가 늘면 나 자신이 알 것이고, 지속적인 실천으로 5%가 늘면 주변 사람들이 알게 되어 미소 천사라는 인정과 칭찬을 받게 될 것이다. 그러니 몇 배로 바뀌는 것이 아니라 불과 3~5%를 발전시키면 되고, 최대로 차이가 나도 최대 10%를 변화시키면 누구나 성공할 수 있다. 그리고 항상 반복 연습과 훈련 그리고 지속적인 실천이 성공과 실패의 결정 키이다. 이러한 정보들을 알아차리는 것으로 출발해야 올바른 목표와 계획을 세우고 준비하여 자신감 있게 도전할 수 있을 것이다.

행복해서 웃기보다는 웃다 보면 건강하고 행복해지는 길을 선택하는 것이 항상 지혜로운 일이다. 일상에서 실천하다 보면 주변에서 얼굴이 밝고 예뻐졌다거나 무언가 매력적으로 달라졌다는 소리를 점점 더 많이 듣게 될 것이다. 실천하는 만큼 즉각적으로 좋아지는 효과가 나타나는 것이 특징이다. 웃음과 미소의 횟수는 어려서는 수백 번 이상, 중년이 되면 급격히 줄어 수십 번 이내로, 노년이 되면 열 번 이내로 줄어든다고 한다. 그 줄어드는 웃음과 미소의 빈자리로 언제든 질병과 불행이 찾아든다. 나이가 들수록 오히려 건강과 행복을 위해 더 늘려야 하고, 훗날 내 영혼의 천사를 위해 미소 천사를 준비하여야 한다.

힘들고 어려운 상황이나 일이 다가설수록 긍정의 주파수로 진입해야 해결될 가능성의 문이 열린다. 그러려면 우선 몸을 바로 세우고 가슴을 활짝 열고 씩 한 번 웃는 것만으로도 해결될 가능성의 문으로 들어서게 된다. 그리고 진행하는 동안에도 웃음과 미소를 띨 수만 있다면 긍정의 터널로 통과하는 것이기에 잘 처리될 가능성이 50%를 넘어서게 될 것이다. 그래도 실패했다면 그는 '실패는 성공의 어머니'로 가는 좋은 교훈을 얻었을 것이다.

6단-2 습관의 만능 키 2단계: 목소리와 말투

습관의 만능 키이자 삶과 영혼의 2단계 연계성은 목소리와 말투이다. 처음 영혼으로 와서 이번 생으로 태어날 때, 그대로 연결되었던 것이 목소리와 말투이다. 그리고 훗날 영혼으로 돌아갈 때, 그동안 발전시킨 목소리와 말투를 그대로 가지고 가게 된다. 삶과 영혼의 가장 중요한 연결 고리라고 할 수 있다. 즉 하늘이 부여한 그 사람과 영혼의 고유한 개인 인식표라고 할 수 있다. 언젠가 내 영혼의 천사가 추억의 고향인 지구별을 잠시 다니러 왔을 때, 누구였는지를 구별하게 되는 인식표이기도 하다. 천사의 얼굴은 거의 비슷하기 때문이다. 지금 현재의 얼굴들은 살아 있는 동안 잠시 창조물들이 서로를 구별하기 위한 창조주의 고심이 깃든 걸작품들이다. 얼굴과 지문, 목소리와 말투는 각자 다르고 구별되게 만든 창조주 하늘의 고심의 창작품이다.

'목소리와 말투'는 그 사람의 사랑 에너지를 포함하여 인격, 지혜, 성격, 교양, 실력, 품성 등 모든 것의 표현법이자 종합 세트라 할 수 있다. 그래서 나와 상대의 사랑 에너지의 연결성인 감동 코드를 바로 움직일 수 있는 특별한 조건이 된다. 21세기는 고객 감동의 시대이다. 웃음과 미소로 나와 상대의 감동 코드의 문을 열고, 목소리와 말투로 직접 감동 코드의 내면 깊숙한 곳까지 울릴 수가 있을 것이다. 웃음과 미소와 더불어 목소리와 말투는 '건강-행복-성공'의 점수를 삶의 우등생이나 장학생으로 높이는 자기 계발의 최우선 순위이다.

습관의 만능 키 프로가 되고 싶다면, 언제든 '밝고 친절하고, 부드럽고 상냥한' 목소리와 말투를 일상생활에서 발전시키는 연습과 훈련이 필요하다. 평소에 명언 읽기, 시 낭송, 성우 목소리 따라 하기 등을 실천하는 것이 효과적이다. '상대를 기쁘고 행복하게 하는 말과 행동을 실천하기'라는 목표로 목소리와 말투의 점수를 높여 나가면 된다.

그리고 인성과 감정 그리고 자존감과 긍정심 등을 발전시키거나, 부정이나 단점을 개선하는 것은 정말 쉽지 않은 일이다. 그런데 웃음과 미소 그리고 목소리와 말투를 발전시켜 나가면 그 모든 것에 믿기 어려울 만큼의 놀라운 효과가 발생한다. 만능 키 습관은 내 삶과 운명의 모든 것들의 출발점인, 태어나서 처음으로 만들어진 첫 번째 근원이자 원조 습관인 것이다. 그래서 웃음과 미소 그리고 목소리와 말투를 바꾸면 '건강-행복-성공' 등 내 삶과 운명의 근원이자 원조 습관으로부터 출발한 모든 것이 동시에 발전하기 시작하는 것이다.

만일 사랑 에너지를 삶의 프로나 명품의 수준으로 높이고 싶다면, 일상에서 '부드럽고 친절한 미소와 말투, 품격 있고 존중하는 태도와 목소리'를 실천하는 것을 삶의 좌우명으로 정한다. 그리고 '나와 상대의 장점을 칭찬하고, 단점을 있는 그대로 받아들이고 존중하기'를 삶의 목표이자 방향성으로 설정하고 실천해 나가면 된다. 그러면 사랑 에너지의 발전에 의해 미소 천사와 더불어 감동 천사에 올라, 그 분야의 전설이 되어 갈 것이다.

마음먹고 실천하다 보면 잘 되는 날도 있고, 생각만큼 안 되는 날도 있을 것이다. 또는 원위치로 돌아가거나 잠시 슬럼프에 빠지기도 할 것이다. 실망할 필요가 없다. 모든 일은 원래 오르락내리락 또는 앞뒤 좌우로 흔들리며 발전하는 것이다. 누구나 그러한 과정을 거쳐 성공의 산에 오르게 된다. 그래서 삶에서 목표보다 더 중요한 것은 방향성이라 한다. 그런데 성공으로 가는 길은 이루는 과정도 즐거워야 진정한 성공이라 할 수 있다. 지속적인 목표와 방향성으로 살아가면, 잠재뇌가 일상의 보고 듣고 느끼는 것에서 필요한 정보들을 계속 끌어당겨 꿈과 목표를 이루어 주는 방향으로 작동한다. 성공과 실패의 중요한 결정 요소는, 현재 내가 하고 있는 그 일을 집중과 열정 그리고 '나는 할 수 있다'라는 자기 확신으로 좋아하고 즐기며 실천하느냐에 달려 있다.

웃음과 미소가 사랑 에너지를 10배로 확장시키는 일이라면, 그와 동시에 목소리와 말투도 발전시킨다면 또다시 10배가 추가되어 사랑에너지가 총 100배로 확장되는 놀라운 효과가 발생할 것이다. 이것이 습관 만능 키의 경이로운 점이다. 그러다 보면 어느새 발전과 풍요의 계단을 넘어 '마법의 삶과 기적 치유'의 관문에 이르게 될 것이다. 태어난 잠재력을 최대로 발휘하여 자신과의 승부에서 승리한 성취감과 이웃 사랑의 아름다운 실천으로 언제나 즐겁고 멋진 날들이 나와 주변으로 다가서게 될 것이다.

6단-3 습관의 만능 키 3단계: 하늘 은행에 저축(선한 영향력)

삶과 하늘의 감동 코드를 여는 3단계는 '하늘 은행에 저축'이다. 이 3단계는 선한 영향력을 실천하는 것으로 하늘의 편에 줄을 서는 공식이다. 모든 끌어당김의 공식은 사랑 에너지에 의해 작동된다. 그러므로 '삶-영혼-하늘'의 사랑 방정식을 알고 있고, 삶의 진리와 자연과 우주의 법칙 그리고 하늘의 편에 줄 서는 공식 등을 내 삶에 적용해야 한다. 21세기는 고객 감동의 공식이 요구된다. 웃음과 미소에 의해 나와 상대의 감동 코드가 1차적으로 문이 열리고, 2차적으로 밝고 친절한 목소리와 말투에 의해 가슴 깊은 곳까지 울리는 감동 코드가 연결된다. 3차는 '하늘 은행에 저축'으로 선한 영향력이 추가될수록 주고받는 사랑 에너지의 파워와 빛과 향기가 더해진다.

하늘 은행에 저축은 하늘 은행에 사랑 에너지로 선업을 저축하는 일이다. 하늘 은행에는 자신이 알게 모르게 선업이 플러스로 저축되고 악업은 마이너스 통장으로 개설된다. 이 모든 것은 사랑 방정식에 적용을 받고, 사랑 방정식에 따르는 선한 영향력의 삶을 살아갈수록, 세상 모두와 자연과 우주 만물 그리고 창조주 하늘과의 사랑의 감동 코드가 강하게 진동하게 된다. 이러한 알아차림이나 깨달음의 경지에 오른다면 삶의 프로나 명품의 단계로 이어지게 될 것이다.

그렇다면 삶과 하늘의 사랑 방정식에 따르는 삶을 살아갈수록 하늘 은행의 더 많은 저축이 가능할 것이다. 사랑 방정식 첫 번째는, 하늘은 자신의 창조물들이 감사하는 마음으로 기쁘고 행복하게 살기를 바란다. 그래서 《성경》 말씀에 "항상 기뻐하라, 쉬지 말고 기도하라, 범사에 감사하라."라고 창조주 하늘의 사랑 방정식을 알려 주었다. 하늘의 사랑 방정식 두 번째는, 다른 창조물들을 기쁘고 행복하게 하는 말과 행동을 실천하기를 바란다. 하늘을 대신하여, 다른 창조물들을 기쁘고 행복하게 하는 말과 행동을 전하는, 이웃 사랑 실천의 사람에게 더 큰 축복과 선물을 주고 싶어 하신다. 세 번째는, 태어난 잠재력을 최대로 발휘하여 꿈과 목표를 이루고 발전과 풍요의 길에 올라 그 성공의 길을 이웃 사랑으로 배달하고 오기를 바란다. 그래서 누구에게나 무엇이든 할 수 있고 될 수 있는 백 명의 명의와 백 명 이상의 잠든 거인을 넣어 주었다.

하늘 은행에 저축되는 공용 화폐는 사랑 에너지이다. 일상에서 사랑 에너지를 충전하는 공식으로는, 나를 사랑하는 것으로부터 시작해서 이웃 사랑을 실천하면 된다. 하늘 은행에 선업으로 저축되는 사랑 에너지를 최대로 늘리고 싶다면 '기쁨 마음 & 좋은 감정'이라는 행운의 여신을 끌어당기는 방식으로 실천하면 된다. '기쁨 마음 & 좋은 감정'이란 '매사에 감사하는 기쁨과 모두가 잘되기를 바라는 좋은 감정으로 실천하는 선한 영향력의 삶'을 의미한다.

하늘 은행에 저축 금액이 많아질수록 하늘의 편에 줄을 선 것이다. 그것으로 내 삶은 건강과 행복 그리고 힐링과 치유의 에너지로 충만할 것이다. 그리고 내 삶과 운명의 모든 것들의 수준과 가치가 동시에 높아지게 될 것이다. 이번 생에 대한 최종 평가는 '무엇을-얼마나-어떻게' 사랑했는가? 그리고 그 사랑을 '언제-얼마나-어떻게' 배달했느냐?로 결정된다고 한다.

지혜 프로 (21세기 삶의 프로 '7-8-9'단)

'21 지혜 프로 7단' 21 삶의 학교 플랫폼

'21 지혜 프로 8단' 베스트 습관

'21 지혜 프로 9단' 부정 다루기

누구나 건강하고 행복한 그리고 성공적인 삶을 바란다. 그렇다면 삶의 학교에서 삶과 운명의 사랑 방정식과 결정 공식들을 알고 있어야 한다. 그래야 발전과 풍요 그리고 힐링과 치유의 삶에 한 걸음 더 다가서게 될 것이다. 삶의 지혜 프로가 된다는 것은 첫째 21 삶의 학교 플랫폼(7단), 둘째 베스트 습관(8단), 셋째 부정 다루기(9단)의 실력을 갖추는 일이다. 지혜 프로도 습관과 인성 프로처럼 '7-8-9'단의 3단계로 구성되어 있다.

삶과 운명은 긍정과 장점을 발전시키고 부정과 단점을 개선하는 것에 달려 있다. 지혜 프로란, 삶의 학교의 '건강-행복-성공'의 우등생과 장학생이 되는 길을 알고, 그 방향으로 실천하여 삶의 프로나 명품을 달성해 가는 사람들이다.

[삶의 프로 구구단, 지혜 프로 7단] '21 삶의 학교 플랫폼'

- 세기별 삶과 운명의 3가지 결정 요소
- 21 '건강-행복-성공 & 행운' 뉴-하이 플랫폼
- 내 삶과 영혼의 3대 방문 목적

7단-1 세기별 삶과 운명의 3가지 결정 요소

20세기와 21세기는 그 전 시대와는 많은 부분에서 변화하고 달라지고 있다. 21세기 삶과 운명은 '건강-행복-성공'의 점수라 할 수 있다. 20세기까지는 주로 성공이 목표였다면, 20세기가 넘어서서 삶의 질이 높아지기 시작하자 성공에 더해 행복이 추가되었다. 그리고 21세기 들어 '고용-건강-행복'의 위기가 점차 높아져 가자, 이제는 '건강-행복-성공'을 동시에 추구해야 하는 시대로 바뀌어 가고 있다. 누구나 삶의 우등생이나 장학생들의 몇 가지 공통점을 학습하고 준비한다면, 자신이 바라는 꿈과 목표를 이루고 발전과 풍요의 계단에 오르게 될 것이다.

20세기 이전의 삶과 운명은, 주로 신분과 계급에 의한 힘과 권력에 의해 결정되었다. 그리고 20세기는 긍정의 힘과 좋은 습관이 작용하는 것이 발견되었다. 윌리엄 제임스는 "20세기 최대의 발견은 사람의 마음가짐을 변화시킴으로써 그 사람의 인생을 바꿀 수 있다는 사실이다."라고 했다. 21세기 예측 불허의 정보의 홍수 시대에는 다양한 각도와 방향으로 변화하고 있다.

[1] 20세기 삶과 운명의 결정 요소

(1) 긍정의 힘

긍정의 힘을 발전시키는 것은 삶과 운명의 영원한 진리라 할 수 있다. 긍정의 힘이란 생각, 인격, 성격, 감정, 가치관 등을 포함하고 있다. 긍정의 씨앗은 6세 무렵까지 만들어지는 습관 세포에 의해 주로 결정된다. 그 습관 세포는 태어나서 보고 듣고 느끼는 느낌과 감정, 그리고 주변에서 주고받는 사랑 에너지에 의해 결정된다. 청소년기로부터 25세 전후에 습관의 항상성인 습관의 거대 공룡이 탄생하는 동안 만들어진다. 그 후 평생토록 그 사람의 삶과 운명의 결정 요소가 된다. 긍정의 힘을 기르는 필수 습관으로는 '감사-웃음-칭찬-인사-친절'이 있다. 인성을 기르는 명품 습관으로는 '존중-배려-절제-겸손-봉사·나눔' 등이 있다.

(2) 좋은 습관

삶과 운명의 두 번째 결정 요소인 좋은 습관은 6세 이후 습관 세포로부터 시작하여 청소년기를 거치며 내 삶의 모든 것들이 만들어진다. 그중에서도 삶과 운명에 가장 큰 영향을 미치는 것은 그 사람의 장점인 좋은 습관의 숫자와 질에 의해 달라진다. 긍정과 장점은 그 사람의 삶의 계단과 질을 결정한다. 오늘 하루의 행위가 운명을 결정한다. 즉 오늘 하루의 삶에 있어서 장점인 좋은 습관 몇 가지를 실천하며 살아가느냐에 따라 자신의 삶의 계단과 질이 달라진다.

(3) 그 시대의 성공의 공식과 비법

삶과 운명의 세 번째 결정 요소는 '그 시대의 성공의 공식과 비법'이다. 그 특별한 공식과 비법은 시대와 상황에 따라 항상 다르게 적용되고 변화되어 왔다. 그것은 과거에도 존재했고 현재와 미래에도 그러한 방식으로 진행될 것이다. 그런데 20세기가 진행될수록 긍정과 장점을 발전시키는 것과 더불어, 다가오는 역경, 질병, 실패 등을 넘어설 수 있는 부정과 단점을 다룰 줄 아는 특별한 실력이 요구되는 시대로 진입하였다. 그러려면 부정과 단점을 다룰 줄 아는 '그럼에도 불구하고 긍정'의 실력을 길러야 한다. 또한, '감사와 교훈의 안경'을 쓰고 세상을 받아들이고 처리할 수 있는 능력도 길러야 한다. 삶과 운명이라는 마차는 앞에서 긍정과 장점이라는 두 마리의 말이 이끌고 있고, 뒤에서는 부정과 단점이 브레이크 역할을 하고 있다. 삶과 운명은 긍정과 장점의 점수 그리고 부정과 단점을 다루는 실력에 따라 결정된다.

[2] 21세기 삶과 운명의 3가지 결정 요소

(1) 21세기 삶과 운명의 결정 요소 I

① 삶의 프로

누구나 다 성공하고 싶고, 건강과 행복한 삶을 바란다. 21세기 이전에는 주로 성공에 의해 분류했다면, 21세기부터는 '건강-행복-성공'을 동시에 추구하는 시대이다. 그러므로 삶의 진정한 프로란, '건강-행복-성공'의 프로를 동시에 달성하는 삶의 학교 우등생을 의미한다. 21세기는 점점 더 삶의 프로 달성이 필요한 시대로 흘러가고 있다. 삶의 프로를 달성한다는 것은 급변하는 예측불허의 시대가 심화될수록 그에 잘 대처하는 앞선 실력을 갖추는 멋진 일이다. 그리고 위기와 기회의 경쟁 시대에 최상위 경쟁력을 갖추는 훌륭한 길이 될 것이다.

② 삶의 명품

삶의 프로를 지나 그 분야의 최상위 5%를 달성하는 사람을 명품이라 한다. 명품이라 하면, 그 분야의 베스트나 온리인 삶의 장학생에 도달한 것이다. '건강-행복-성공'의 세 분야 중에 한 분야 이상을 프로를 지나 명품에 도달하는 것은 멋진 일이다. 물론 세 분야를 다 넘어선다면 명품 중의 명품이 될 것이다. 스포츠 게임에 비유한다면 자신이 맡은 포지션에서 프로를 넘어 올스타나 국가대표로 선발되는 것이다. 이것은 개인으로도 영광이지만 가족과 사회에도 귀감이 되는 일이다. 자기 계발의 노력을 통해 감사 천사, 미소 천사, 친절 천사, 칭찬 천사 등 명품으로 발전시켜 나가야 한다. 누군가의 가슴속에 영원한 명품의 별로 남는, 내가 만난 베스트 '원-투-쓰리'로 영원히 기억되는 일도 훌륭한 일이다.

③ 삶의 아마추어

사람은 누구나 자신만의 인생을 살아간다. 그리고 자신이 가장 소중하고 귀한 존재이다. 사람은 언제든 부족한 2%를 넘어 3%

이상의 발전을 이룬다면 삶의 프로이자 우등생이 될 수 있을 것이다. 아마추어 중에는 프로에 1% 정도가 부족한 세미프로가 많다. 그들은 조금만 더 자기 계발의 노력을 통해 그 가깝고도 먼 거리를 넘어선다면 쉽게 프로에 도달할 수가 있을 것이다. 그렇지만 만일 삶의 아마추어였더라도 자신만의 소중하고 귀한 삶을 즐기고 행복하게 살아간다면 누구나 진정한 삶의 프로라 할 수가 있다.

(2) 21세기 삶과 운명의 결정 요소 Ⅱ

① 생각과 말

생각하고 말하는 대로 운명이 흘러간다. 내 삶의 좋은 일이든 아니든 모든 것은 생각으로부터 출발하고 창조된다. 조셉 머피는 "좋은 일을 생각하면 좋은 일이 생기고, 나쁜 일을 생각하면 나쁜 결과가 생긴다."라고 했다. 생각은 말로 표현이 되고 말은 행동을 유발한다. 그 사람이 하고 있는 말은 하늘에 그대로 들어 달라는 기도라고 한다. 그러므로 삶의 학교에서 '건강-행복-성공'의 우등생이 되고 싶다면, 긍정의 언어 습관을 준비하는 것은 가장 중요한 일 중의 하나이다. 생각과 말 그리고 행동이 3년 이상 반복되면 습관이 형성된다. 형성된 습관은 시간과 경험이 쌓이면 자신만의 삶의 패턴과 방식으로 성장 발전하여 삶과 운명의 결정 요소가 된다. 노먼 빈센트 필은 "당신의 인생은 외부의 상태나 환경에 의해 결정되는 것이 아니라, 습관적으로 떠올리는 당신의 생각에 의해 결정된다."라고 했다.

② 감정과 느낌

감정과 느낌은 알게 모르게 내 삶의 모든 선택과 결정에 강력한 파워로 작동되고 있다. 태어난 후 6세를 전후하여 내 삶의 모든 것을 만드는 근원세포인 원조 습관 세포가 탄생한다. 원조 습관 세포는 유전적인 것과 후천적으로 습득한 생존과 사랑의 방식이 결합하여 만들어진다. 습관은 생각이나 행동을 3년을 반복하면 잠재 뇌에 정식으로 등록된다. 아직 말로 제대로 의사 표시가 안 되는 3~6세까지는 생존을 위해 울고 웃는 감정과 보고 듣는 느낌으로 상대나 주변을 판단하고 의사소통을 한다. 그러한 습관이 형성된 후로 감정과 느낌은 일생을 살아가는 동안 크고 작은 모든 선택과 결정의 과정에 가장 큰 영향력을 미치게 된다. 그래서 삶과 운명의 중요한 결정 요소로 작용하고 있다. 《시크릿》의 저자 론다 번은 "당신의 생각과 말이 로켓이고 당신의 감정과 느낌이 연료라고 상상하라. 좋은 생각과 말이 좋은 상황과 사람, 일들을 자신에게 끌어당기고, 좋은 감정과 느낌은 사랑의 힘을 이용하며 이 힘은 삶의 모든 좋은 것을 얻는 파워이다."라고 했다.

③ 믿음과 셀프 이미지

삶과 운명의 방향성과 내 삶으로 모든 좋은 것들을 끌어당기는 긍정의 끌어당김 법칙은 긍정적인 믿음과 셀프 이미지에 의해 작동된다. 에머슨은 "성공의 제1조건은 자기 확신이다."라고 했다.

자신이 스스로에 대해 믿고 있는 자화상이자 셀프 이미지를 의미한다. 건강과 행복은 현재 자신이 건강하고 행복하다고 생각하고 믿고 있는 방향으로 흘러간다. 행운도 마찬가지다. 나폴레옹 힐은 "성공한 자신의 모습을 늘 떠올려라. 그러면 현실은 상상에 가까워진다."라고 했다. 긍정적인 믿음과 셀프 이미지는 '사랑-칭찬-감동'의 물 주기에 의한 '자존감-자신감-긍정심'을 길러 주었을 때 성장 발전한다. 그리고 부모나 스승 또는 주변 사람들에 의한 평가가 셀프 이미지 형성에 중요하게 작용한다. 루이스 헤이는 "당신은 이미 인생을 변화시킬 힘을 내면에 가지고 있다. 그 힘은 바로 당신의 생각과 신념, 즉 믿음이다."라고 했다.

(3) 21세기 삶과 운명의 결정 요소 Ⅲ

① 습관

공자는 "태어날 땐 같으나 습관에 의해 운명이 달라진다."라고 했다. 즉 습관은 그 사람의 삶과 운명의 기본 구성 요소이자 결정 키이다. 6세 무렵에 만들어지는 습관 세포에 의해 그 후로 모든 습관들이 만들어져 간다. 이것을 제1의 새로운 나의 탄생이라 할 수 있다. 그리고 21~25세 사이에 만들어지는 습관의 항상성이라는 습관의 거대 공룡이 탄생한다. 그 후로는 나 자신을 대신하여 습관의 거대 공룡이 삶의 패턴과 방식을 이끌어 나가는 제2의 탄생이다. 내 안에 잠든 거인을 깨우거나 새로운 삶의 시각과 패턴을 만들어 내는 경우를 제3의 거듭나기 탄생이라 한다. 만일 삶의 우등생이나 장학생이 되고 싶다면, 우등생이나 장학생의 습관을 몇 가지 더 만드느냐에 따라 삶과 운명이 결정되고 달라질 것이다. 윌리엄 제임스는 "습관이 운명을 만든다."라고 했다.

② 인성

인성은 습관에 생각, 감정, 경험, 가치관, 일상생활 습관 등이 쌓여 만들어진다. 그리고 인성은 습관과 더불어 건강과 행복의 계단에 오르는 필수 조건이다. 습관이 수직적인 삶의 계단을 결정하는 요소라 한다면, 인성은 수평적인 삶의 질을 결정하는 요소이다. 인성은 하루를 살아가는 평범한 일들을 받아들이고 처리하는 동안에 알게 모르게 만들어진다. 인성을 높이는 데는 긍정과 장점을 발전시키는 것과 더불어, 부정과 단점을 줄이는 것이 주로 작용하고 있다.

③ 지혜

21세기 정보의 홍수 시대에 지혜로운 선택과 결정을 위해 필요한 조건이다. 삶의 학교와 프로에 대한 정보와 지혜로운 실천력은 발전과 풍요의 계단에 오르는 중요한 결정 요소이다. 내 몸과 마음의 성장 발달과 퇴화에 대한 정보를 알고 있어야 건강과 행복에 대한 목표와 계획을 수립할 수 있을 것이다. 긍정의 언어 습관이나 성공적인 대인관계 그리고 꿈과 목표 등을 작성하고, 삶에 활용하는 지혜가 삶과 운명의 점수를 높이는 공식이다. 인터넷과 스마트폰의 발명으로 아는 것이 힘인 시대에서 제대로 알고 지혜롭게 실천하여 실력을 갖추는 것이 힘인 시대로 바뀌어 가고 있다.

④ 실력

자기 계발을 통해 긍정과 장점을 기르고 부정과 단점을 다룰 줄 아는 실력을 기르는 것은 삶과 운명의 점수를 높이는 일이다. 그리고 어느 시대든 자신이 속한 그 분야에서 실력을 갖추는 것은 중요한 일이다. 위기와 기회의 글로벌 경쟁 시대에서 최상위 경쟁력을 갖추는 것은 언제나 삶의 계단과 질을 결정하는 중요한 요소로 작용하게 될 것이다. 성공 프로 달성의 공식을 알고 있어야 하며, 자신의 분야에서 성공한 멘토들의 장점을 따라 하는 것이 실력을 기르는 가장 쉽고도 빠른 길이다.

⑤ 명품

그 분야의 명품이 된다는 것은 베스트나 온리에 도달하는 것으로, 꿈과 목표를 이루고 발전과 풍요의 계단에 오르는 일을 의미한다. 그중에서도 태어난 잠재력을 최대로 발휘하는 것은 훌륭한 일이다. 누구나 백 명의 명의와 백 명 이상의 잠든 거인을 갖추고 있다. 그러므로 이들을 깨우는 것은 명품에 도달하는 것으로, 이번 생에 있어 자신과의 승부에서 최종적인 승리를 거두는 위대한 일이다. 누구나 무엇이든 할 수 있고, 될 수 있고, 이룰 수 있다.

[21세기 삶의 프로 구구단과 인생 각도 7도]

필자는 오랜 세월 '습관과 건강' 그리고 '삶과 운명'에 대한 집중적인 연구를 해왔다. 그 연구의 결과로, 삶과 운명의 새로운 공식인 '21세기 삶의 프로 구구단 & 인생 각도 7도'를 완성하였다. 자기 계발의 실천과 노력으로 삶의 계단을 한 단계씩 올라간다는 것은 삶의 울타리를 하나둘 통과하는 삶의 거듭나기의 과정이다. 자신의 삶의 울타리를 통과하는 것은 새로운 관점과 시각을 갖추는 알아차림과 깨달음의 관문을 넘어서는 일이다. 그것은 태어난 잠재력을 최대로 발휘하여 내 안에 잠든 거인을 깨우는 일이기도 하다.

21세기 삶의 프로이자 인생 각도 '1-2-3'단은 '습관-인성-지혜'의 프로이다. 그리고 '4-5'단은 '실력-명품'의 명품 프로의 단계이다. 최고 단계인 '6-7'단은 '글로벌 멘토-전설'의 전설 프로로 총 3단계로 구성되어 있다. 인생 각도 8도는 영혼, 9도는 차원, 10도는 창조주 하늘이다. 누구나 삶의 '건강-행복-성공' 프로를 달성하고 명품에 도전하는 삶을 살아간다면, 자신이 바라는 건강하고 행복한 삶 그리고 발전과 풍요의 계단에 오르게 될 것이다.

7단-2 21 '건강-행복-성공 & 행운'의 뉴-하이 플랫폼

21세기는 '건강-행복-성공'을 동시에 추구해야 하는 시대이다. 그러려면 21세기 정보의 홍수 시대에서 21 삶의 프로인 '건강-행복-성공' 프로를 달성하는 새로운 지름길을 알고 있어야 한다. 그래서 삶의 프로를 달성하기 위해 그동안 '건강-행복-성공'의 각 분야별로 우등생들의 공통점을 모아 21'건강-행복-성공의 뉴 하이 플랫폼'을 만들었다. 그에 더해 행운의 플랫폼도 추가하였다.

[21'건강-행복-성공' + '행운' 게임 플랫폼 종합편]

(1) 게임 장소와 무대

행복 → 가정과 삶 (나와 배우자를 행복하게 만드는 게임)

성공 → 직업이나 일 (성공 프로 달성과 최상위 5% 명품 도전 게임)

건강 → 몸과 마음 그리고 영혼 (자기 계발 게임, 자신과의 승부)

◇◇◇◇◇◇◇◇◇◇◇◇

행운 → 삶과 운명 (내 삶으로 좋은 것을 끌어당기는 사랑 에너지 게임)

(2) 게임 룰과 방식

행복 → 져 주는 게임 (내가 더 강하고 잘하는 부분을 져 주는 배려 게임)

성공 → 이기는 게임 (어제보다 나은 오늘의 나로 발전하는 게임)

건강 → 자기 계발 게임 (긍정의 힘과 좋은 습관, 부정 다루기 실력 게임)

◇◇◇◇◇◇◇◇◇◇◇◇

행운 → 받는 게임 (먼저 뿌린 대로 거울이나 메아리로 돌아오는 게임)

(3) 게임의 최고 벌점 사항

행복 → 화내면 지는 게임

성공 → 같으면 지는 게임

건강 → 웃지 않으면 지는 게임

◇◇◇◇◇◇◇◇◇◇◇◇

행운 → 남 탓하거나, 나와 주변이 밝고 깨끗하게 정리 안 되면 지는 게임

(4) 승부를 결정하는 결정 키

생각하고 말하는 대로 그리고 감정과 믿음대로 운명이 흘러간다.

행복 → 행복 이미지 (현재 내가 행복하다고 생각하고 믿는 행복감)

성공 → 성공 이미지 (꿈과 목표를 이룬 미래의 모습을 그리는 성공감)

건강 → 건강 이미지 (현재 내가 건강하고 면역력이 강하다고 믿는 건강감)

◇◇◇◇◇◇◇◇◇◇◇◇

행운 → 행운 이미지 (현재 내가 운이 좋다고 생각하고 믿는 행운감)

(5) 게임 출발 전 삶의 베스트 프로 선언

행복 → 상대를 기쁘고 행복하게 하는 말과 행동을 실천하는 행복 베스트 프로

성공 → 일상의 크고 작은 모든 일을 최선을 다하고 즐기며 진정 사랑하는 성공 베스트 프로

건강 → 나와 상대의 장점을 칭찬하고 단점을 있는 그대로 받아들이고 존중하는 건강 베스트 프로

◇◇◇◇◇◇◇◇◇◇◇◇

행운→나 자신과 이웃 사랑을 실천하여 하늘 은행에 복과 덕을 쌓아가는 행운 베스트 프로

(6) 기타 사항과 특급 정보들 (Dr. Pack's 21 정보 은행)

→필수 긍정 습관, 좋은 생활 습관, 명품 인성 습관, 베스트 습관, 습관의 황금 키, 습관의 만능 키, 삶과 운명의 3차 사랑 방정식, 3대 사랑축, 삼원의 공식, 습관과 잠재 뇌의 원리와 특성, 나를 사랑하는 법, 명품화의 공식…

7단-3 내 삶과 영혼의 3대 방문 목적

내 영혼은 빛으로 와서 사랑으로 살아가다 빛으로 떠나간다고 한다. 우리의 삶은 '무엇을-얼마나-어떻게' 사랑하다 떠나가느냐로 평가할 수 있다. 내 삶과 영혼의 3대 방문 목적을 알아차리고 살아가는 것이 도움이 될 것이다. 그러한 깨달음은 138억 년의 우주와 지구의 나이로 볼 때 불과 백 년도 안 되는, 마치 하루살이처럼 찰나의 인생을 살다가는 우리의 삶을 덜 후회하고 반짝이게 해줄 것이다. 인도 독립의 영웅 간디는 "영원히 살 것처럼 배우고, 내일 떠날 것처럼 즐겨라."라고 했다. 내 삶과 영혼의 휴양지이자 수련원이라는 것을 깨우친 삶의 학교 대표 명언이라 할 수 있다.

(1) 내 삶과 영혼의 휴양지

이번 생이 '내 삶과 영혼의 휴양지'라는 첫 번째 방문 목적을 안다는 것은 자신의 삶의 목표와 실천 계획을 작성하는 데에 중요한 의미를 갖는다. 그리고 창조주 하늘의 의중을 알아차리는 일이다. 창조주 하늘은 자신의 창조물들이 각자 모두가 즐겁고 행복하기를 바란다. 그래서 창조물들이 감사하는 기쁨으로 즐겁게 살아가는 것을 가장 바란다는 뜻이다. 하지만 이때 삶의 휴양지에서 지켜야 할 중요한 단서 조항으로, 나 자신의 즐거움을 위해 다른 창조물들에게 피해를 주는 말과 행동은 금기 사항이다. 이것이 하늘의 편에 줄을 서는 조건이기도 한다.

이번 생은 내 영혼의 즐거운 여름방학 또는 휴가를 의미한다. 그런데 누구나 좋아하고 듣기만 해도 가슴 설레는 기다림의 문구 중 하나가 '여름방학 또는 휴가'일 것이다. 누구나 여름방학이나 휴가가 시작되기 전부터 많은 계획을 세우지만, 어느새 크게 하는 일 없이 벌써 지나가고 아쉽게 끝나는 것을 여러 번 경험했을 것이다. 우리의 삶도 마찬가지이다. 내 삶의 여름방학은 길 것 같은 한평생이지만, 지나고 나서 돌아보면 정말 눈 깜짝할 사이에 지나간 아쉬운 순간들이다. 한 번뿐인 인생에서 감사하는 기쁨으로 즐겁게 살수록, 그리고 다른 창조물들에게 피해를 주는 말과 행동을 줄일수록, 하늘의 축복과 선물을 받게 될 것이다. 언제든 내가 먼저 하늘의 편에 가까이 다가설수록 자신의 삶과 운명의 계단과 질을 높이는 첫 번째 조건을 갖추게 될 것이다.

(2) 내 삶과 영혼의 수련원

두 번째 방문 목적은 내 영혼이 발전하기 위해 찾아왔다는 것이다. 이번 생에 긍정의 힘과 좋은 습관 등을 하나둘 길러나가, 자신의 수준과 가치를 삶의 프로로 올려 나가는 것을 의미한다. 삶의 계단과 질을 올리는 만큼 축복과 선물이 그 단계에 맞게 안배되어 있을 것이다. 태어난 잠재력을 최대로 발휘하여 발전과 풍요의 계단에 오르고, 삶의 프로나 명품에 도전하는 것이 최종적인 수련의 목표이다. 즉 내 안의 잠든 거인을 깨우는, 자신과의 승부를 통해 위대한 승리를 거두기 위한 도전이 내 삶과 영혼의 숙제이다. 월러스 와틀즈는 "당신의 잠재력을 최대로 발현하는 것보다 신과 인류에 대해 더 훌륭한 봉사는 없다."라고 했다.

하늘은 자신의 창조한 다른 창조물들을 기쁘고 행복하게 하는 말과 행동을 실천하는 사람에게 가장 큰 축복과 선물을 안배해 두고 있다. 직접 사랑의 말을 전할 수 없는 창조주 하늘을 대신하여 다른 창조물들에게 사랑의 말과 행동을 배달했기 때문이다. 하지만 다른 창조물들을 비난하고 지적하거나 피해를 주는 일은, 그것을 창조한 하늘을 지적하고 비난하는 것과 마찬가지이기에 좋은 결과를 얻기 힘들다. 톨스토이는 "모두가 세상을 변화시키려고 생각하지만, 정작 스스로 변하겠다고 생각하는 사람은 없다."라고 했다.

(3) 사랑 배달부

누구에게나 사랑 배달부의 의무가 있다. 그 이유는 우리는 태어나서 자신의 가정과 직업을 갖기 전까지 부모, 학교, 이웃, 국가, 세상, 자연과 우주 만물 등으로부터 사랑의 빚을 지게 된다. 내 삶으로 모든 좋은 것을 끌어당기는 끌어당김의 법칙은 나 자신을 사랑하는 것으로 출발한다. 나 자신을 사랑한다는 것은 자신의 사랑 에너지를 발전시켜 건강과 행복 그리고 발전과 풍요의 계단에 오르는 것이 1차 사랑의 의무이다. 그렇게 해서 발전된 사랑 에너지는 우선적으로 자신의 가정이나 직업으로 배달할 2차 사랑의 의무가 존재한다. 그리고 3차 의무로 이웃과 세상 그리고 우주 만물로 사랑 에너지를 배달하는 것을 사랑의 완성이라고 한다.

호레이스 부쉬넬은 "신은 어딘가 하늘 아래 그대만이 할 수 있는 일을 마련해 놓았다."라고 했다. 내 삶의 여름방학에서의 모든 것은 자신의 선택과 결정에 달려 있다. 누구나 자신의 운명은 지금 바로 이 순간 스스로의 생각과 행동으로 만들어 가고 있다. 로마의 철학자 에픽테토스는 "인간의 가치는 얼마나 사랑받았느냐가 아닌, 얼마나 사랑을 베풀었느냐에 달려 있다."라고 했다.

[삶의 프로 구구단, 지혜 프로 8단] '베스트 습관'

21 행복 베스트 습관

21 성공 베스트 습관

21 건강 베스트 습관

21 행운 베스트 습관

삶과 운명은 그 사람의 '건강-행복-성공'의 점수이다. 베스트 습관이란 '건강-행복-성공' 프로를 동시에 이루게 인도하는 삶의 방향성이다. 베스트 습관은 꿈과 목표 그리고 발전과 풍요를 이루는 지름길이자 삶의 프로를 이루는 베스트 공식이다.

8단-1 21 행복 베스트 습관

→ '상대를 기쁘고 행복하게 하는 말과 행동을 실천하기'

행복 프로란 하늘이 가장 기뻐하는 일을 실천하는, 하늘의 편에 줄을 선 사람이다. 사람과 우주 만물을 창조한 창조주는 자신이 창조한 창조물들에게 기쁘고 행복한 칭찬을 해주고 싶어 한다. 그런데 그 말을 직접 전할 수 없기에 자신을 대신해서 다른 창조물들을 기쁘고 행복하게 해 주는 말과 행동을 실천하는 사람에게 축복과 선물을 주려 한다. 내가 받고 싶은 것을 먼저 주었을 때 돌려받게 되는, 뿌린 대로 거두는 삶의 진리가 작용되는 것이다.

8단-2 21 성공 베스트 습관

→ 일상의 크고 작은 모든 일을 최선을 다하고 즐기며 진정으로 사랑하기

어느 직업이든 자신이 하는 일을 최선을 다해 즐겁게 하지 않으면 그 일을 잘하기가 어려워진다. 그리고 최선을 다하지 않는다면 행운의 여신이 다가서지 않는다. 그래서 그 어떤 일이든 현재 자신이 하고 있는 일을 즐기며 최선을 다할 때, 꿈과 목표를 이루고 발전과 풍요의 계단에 오르는 성공 프로를 달성하게 될 것이다.

우리는 태어나서 '부모-학교-이웃-국가-세상' 등으로부터 사랑과 감사의 빚을 지게 된다. 그런데 자신의 가정이나 직업을 통해 그 사랑의 빚을 갚을 기회를 가지게 된다. 자신의 잠재력을 최대로 발휘하여 성공 프로를 이루고, 가정과 직업을 통해 이웃과 세상에 사랑을 돌려주어야 한다. 이 일은 이 땅에 태어난 삶과 영혼의 목적을 달성하고 떠나는 중요한 일이다. 월러스 와틀즈는 "당신의 잠재력을 최대로 발현하는 것보다 신과 인류에 대한 더 훌륭한 봉사는 없다."라고 했다.

8단-3 21 건강 베스트 습관

→ 나와 상대의 장점을 칭찬하고 단점을 있는 그대로 받아들이고 존중하기

이것은 나를 사랑하는 공식이자 인성의 제1 관문이기도 하다. 이 땅에 태어나 자신의 삶과 영혼의 계단에 한 단계 더 끌어올리는 관문인 '나와 상대의 장점을 칭찬하고 단점을 있는 그대로 받아들이고 존중하기'이다. 이것은 힐링과 치유의 관문이며, 제2의 삶을 살아가는 삶의 거듭나기라 할 수 있다.

나와 상대의 장점을 칭찬함으로써 긍정과 장점을 발전시키는 것은 자신의 긍정 에너지를 확장시키는 것이다. 그리고 나와 상대의 단점을 있는 그대로 받아들이고 존중하는 것은 부정과 단점을 줄여 자신의 부정 에너지를 줄이는 길이다. 즉 자신의 긍정과 장점을 늘리고 자신의 부정과 단점을 줄이는 삶을 살아가는 것이다. 내 안에 잠든 거인을 깨우는 것이요, 자신과의 승부에서 승리하는 길이다. 마법의 삶과 기적의 치유의 관문이 된다.

8단-4 21 행운 베스트 습관

→ 나 자신과 이웃 사랑을 실천하여 하늘 은행에 복과 덕을 쌓아가기

행운 프로란, 삶과 운명인 '건강-행복-성공'의 점수가 높은 사람을 의미한다. 행운의 베스트 습관이란, 나 자신과 이웃 사랑을 실천하여 하늘 은행에 복과 덕을 쌓는 행운 프로가 되는 삶의 방향성이다. 행운은 받는 게임이고 내가 먼저 뿌린 것이 메아리나 거울이 되어 돌아오는 게임이다. 나를 사랑하는 것으로부터 내 삶으로 모든 좋은 것들이 끌어당겨진다. 그리고 이웃 사랑 실천으로 복과 덕이 쌓여 선한 영향력으로 사랑 에너지가 확장된다. 확장 발전시킨 사랑 에너지의 단계와 삶의 계단에 걸맞은, 하늘의 축복과 선물이 미리 안배되어 있다고 한다. 모든 것은 알게 모르게 원인과 결과의 법칙으로 움직이고, 뿌린 대로 거두고 공짜는 없다.

[삶의 프로 구구단, 지혜 프로 9단] '부정 다루기'

☝ 긍정과 부정의 '21 세기 새로운 해석법'

✌ 부정 다루기와 생활 실천 3단계 훈련법

🤟 부정을 다루는 7가지 특별한 공식들

9단-1 긍정과 부정의 '21세기 새로운 해석법'

(1) 긍정과 부정의 '새로운 해석법'

긍정적인 사람은 부정적인 사람에 비해 꿈과 목표를 이루고 발전과 풍요의 계단에 오를 가능성이 높아진다. 그리고 삶과 운명의 점수인 '건강-행복-성공'의 점수가 더 높은 편이다.

긍정적인 사람과 부정적인 사람의 실제 차이는 평균 3~5% 정도이다. 긍정과 부정을 평가하는 공식은 긍정 20 : 중간 60 : 부정 20으로 분류한다. 그런데 긍정적이거나 부정적인 사람이라는 평가는 긍정이 부정보다 많은가에 의해 평가된다. 만일 긍정이 21%라면 부정은 19%이다. 이럴 경우 중간 60%는 항상 많은 편으로 합류된다. 그래서 긍정 : 부정 = 81 : 19로 최종 결정이 된다. 그러므로 긍정과 부정의 차이는 불과 3~5% 이내이고 심각한 수준의 차이라 해도 10% 정도이다. 그런데 중간 60%가 항상 더 많은 편으로 추가되어 그 차이가 커 보이는 것이다. 그러니 누구나 약간의 긍정적인 개선이나 부정을 줄인다면 쉽게 부정을 긍정으로 전환시킬 수 있다.

2%가 부족한 사람이라는 말을 듣는다. 그러므로 2%를 개선하면 보통 사람이 되고, 3%만 늘린다면 대다수가 긍정적인 사람이 될 것이다. 그리고 아주 부족한 사람이라 할지라도 5~10%가 넘는 경우는 극히 드물다. 그러므로 긍정을 두세 가지 늘리거나 부정을 한두 가지 줄인다면, 누구나 쉽게 '건강-행복-성공'의 높은 점수를 보장받는 삶의 우등생이나 장학생이 될 수 있다.

그리고 여기서 한 가지 더 추가로 알아야 하는 사항은 긍정이 모두 좋은 것만은 아니라는 것이다. 긍정 속에도 단점이 들어 있고, 부정 속에도 장점이 존재한다. 예를 들어 가정, 직업, 질병, 실패 등 각종 위기 상황이 닥쳤을 때, 대처하거나 준비하지 않고 "괜찮아"라고 평화롭게 지내는 것은 긍정 속에 포함되어 있는 단점이라 할 수 있다. 그리고 부정적인 질투, 불안, 근심, 걱정 등도 앞으로 다가올 미래를 대비하고 준비할 수 있는 '그럼에도 불구하고 기회'라는 긍정적인 장점이 들어 있다. 부정은 항상 나쁘거나 부족한 것이 아니라 그 속에도 교훈을 얻거나 발전의 기회가 몇 %는 들어 있다. 완전히 나쁘거나 완전히 좋은 것은 없다. 그래서 세익스피어는 "좋고 나쁜 것은 없다. 마음먹기에 달렸다."라고 했다.

입안이나 장내 세균도 마찬가지다. 유익균과 유해균이 공존한다. 이때도 유익균과 유해균의 비율이 누가 더 20%를 넘느냐에 따라 중간균 60%는 그 편으로 기울게 된다. 그런데 모두가 유익균으로 바뀌는 것은 좋은 일만은 아니다. 오히려 적절한 유해균이 존재해야 유리하다. 그 이유는 유해균이 있어야 백혈구도 평소에 몸에 해로운 세균을 잡아먹는 훈련을 할 수 있다. 그 해로운 세균을 제거하는 공식이 잠재 뇌에 실력으로 축적되어 외부에서 다른 나쁜 세균들이 들어올 때 제거할 수 있는 능력으로 발전한다. 그리고 입안의 유해균은 텃세 세균이 되어 몸에 대단히 강하고 해로운 세균이 들어왔을 때는 영역을 빼앗기지 않기 위해 해로운 균과의 전쟁도 불사한다. 이처럼 유해균도 텃세 균이 되어 우리 몸에 침투한 강하고 나쁜 세균과 목숨을 건 전투로 내 몸을 지켜주기도 한다.

이처럼 입안이나 장내 세균이 지나치게 긍정으로 기우는 것도 좋은 일은 아니다. 그리고 부정이나 단점이 몸과 마음에 무조건 해로운 것만은 아니다. 위기 속에는 항상 기회가 들어 있고, 기회 속에도 언제나 문제는 존재한다. 그렇지만 부정이나 유해균이 임계점이나 허용치를 넘어 몸과 마음에 해로울 정도로 많아진다면 더 큰 문제가 발생하게 될 것이다.

(2) 긍정의 주파수와 긍정과 부정의 적정 비율

살아가면서 항상 긍정적으로만 살아갈 수는 없을 것이다. 긍정적으로 사는 것만이 항상 좋은 것은 아니다. 그렇다면 긍정과 부정의 비율은 어느 정도로 하는 것이 가장 적절한 것인가에 대한 기준을 가지고 있어야 한다. 일상생활에서 '감사-웃음-칭찬-인사-친절' 등 긍정이나 좋은 말을 하는 것과 '근심·걱정-불평·불만-지적·짜증-분노·두려움' 등은 80 : 20이 허용치이자 안전의 경계선이다. 그것은 앞에서 정리한 긍정과 부정의 비율로 미루어 예측해 볼 수 있다.

그런데 사람들은 평균 2%가 부족하므로 3%를 발전시켜야 중간 이상에 오를 수 있다. 그리고 최대로 부족한 경우는 5~10%의 차이가 존재한다. 그렇다면 평소에 5% 정도 긍정으로의 플러스인 85 : 15가 항상 긍정을 유지하는 1차 안전선이라고 볼 수가 있다. 그런데 살다 보면 심하게 분노하거나 반복적으로 지적이나 짜증을 할 경우가 있다. 누구든 최대 10%의 차이가 발생할 수가 있다. 그럴 경우까지 대비한다면 90 : 10이 항상 긍정에서 벗어나지 않는 최종 안전선이자 마지노선이 될 것이다. 그러므로 일상생활 속에서도 이 최대치인 10% 이내의 비율을 참고로 하여 대비하는 것이 자신의 삶을 항상 긍정의 주파수로 살아갈 수 있게 만들어 줄 것이다. 나만이 아니라 상대에게도 10~15%의 잣대를 인정하는 것이 긍정적인 삶을 살아가는 지름길이다.

그렇다면 왜 이러한 긍정의 주파수로 살아가는 것이 필요한 일일까? 부정의 주파수로 시작한다면, 자신의 건강과 행복 그리고 힐링과 치유 등 삶의 계단과 질이 아무리 노력을 해도 중간을 넘어서기 힘들 것이다. 그런데 긍정의 주파수로 출발을 한다면 시작부터 중간에서 출발하는 것과 마찬가지다. 즉 긍정의 출발은 100m 달리기에서 50m 앞에서 출발하는 것과 같다. 그리고 부정의 출발은

50m 뒤에서 출발하는 것이다. 그 결과로 부정의 출발은 100m를 달린다 하더라도 출발선으로부터 중간을 넘지 못하게 될 것이다.

그러므로 꿈과 목표를 이루고 발전과 풍요의 삶을 원한다면 긍정의 주파수로 살아가야 한다. 그리고 현재보다 더 나은 삶의 계단과 질을 바란다면 긍정과 부정의 최종 안전선인 90 : 10을 기준으로 살아가야 한다. 최상위의 삶을 원한다면 부정의 허용치인 10%도 가급적이면 그 안에 사랑을 담아서 줄여 나가는 것이 지혜로운 삶이 될 것이다. 사랑을 담는다는 것은 상대가 잘되기를 바라는 진정한 마음을 의미한다.

(3) 긍정과 부정의 허용 범위와 한계

모든 것을 다 완벽하게 잘할 수는 없다. 그렇지만 목표와 방향성을 가지고 긍정의 주파수로 살아가고, 적절한 긍정과 부정의 기준점과 허용 범위를 가지고 있어야 한다. 그래야 살아가며 다가오는 실패, 역경, 질병 등 각종 문제를 해결하는 실력이 늘어갈 것이다.

긍정의 언어 습관도 마찬가지다. 생각하고 말하는 대로 운명이 흘러간다고 한다. 긍정과 부정의 비율을 적절히 조율할 수 있어야 한다. 그리고 그 사람의 글이나 말 속에 들어 있는 긍정과 부정의 비율이 훗날 그 사람의 건강과 행복의 점수와 비례한다는 각종 연구 결과가 있다. 이때에도 긍정 : 부정 = 90 : 10의 최상위 기준점을 가지고 있는 것이 삶과 운명의 우등생 점수를 끌어당기게 될 것이다. 자신이 하고 있는 말은 하늘에 그대로 들어달라는 기도라고 한다. 그래서 그대로 이루어지면 안 될 말을 하는 문제의 습관을 줄여야 한다.

그런데 말하는 사람이나 듣는 사람이나 같은 영향을 받게 된다. 그러므로 자신의 말하는 습관도 중요하지만, 내 주변에 좋은 말을 하는 긍정적인 사람들과 함께하는 것도 지혜로운 일이다. 상대에게 지적이나 짜증 그리고 분노 등을 하게 되면 어떤 결과로 이어질 것인가를 알고 있어야 한다. 부정적인 말을 듣고 있는 사람에게는 20~30% 정도의 부정적인 결과가 초래된다. 그 이유는 상대에게 '당신은 그런 사람입니다.'라는 부정적인 명찰을 달아 주는 것이다. 자주 지적하거나 크게 분노할수록 상대에게 점점 더 커다란 부정의 명찰을 달아 주게 된다.

그런데 더 중요한 것은 말하는 사람에게는 70~80%의 더 큰 부정적인 결과가 발생한다는 것이다. 왜냐하면 자신의 생각을 말이나 행동으로 표현하는 것이고, 가장 크게 생각하고 들리는 것도 자기 자신이기 때문이다. 그러니 상대를 아무리 좋은 뜻으로 지적했다 하더라도 상대나 나의 건강과 행복에 미치는 부정적인 결과는 서로에게 바람직하지 못한 결과로 이어질 것이다.

세상을 살아가면서 언제나 모든 것을 다 잘할 수는 없다. 그렇다면 '하늘이 허용하는 부정의 허용 퍼센트는 얼마일까?'를 예측해 볼 수 있다. 하늘은 항상 10% 이내의 부정은 허용한다는 뜻이다. 그렇지만 그 부정의 허용 10%에는 중요한 고려 사항이 있다. '다른 창조물에게 피해를 주면 안 된다.'라는 단서 조항이 들어 있다.

상대에게 피해를 주지 않는 단서 조항을 기억하며, 부족한 부정이나 단점 10%마저 즐길 줄 아는 삶이 중요하다. 만일 피해를 주는 일이 발생했다면 정도에 따라 최소 2~10배 이상의 선한 영향력을 실천해야 할 것이다. 그것이 잠시 다녀가는 이번 생에 삶의 여름방학을 제대로 맞이하고 즐기는 방식이라 할 수 있다. 나를 사랑하고 다른 창조물을 기쁘고 행복하게 할 때, 하늘의 축복과 선물을 받는 하늘의 편에 줄을 서는 일이다.

9단-2 부정 다루기와 사랑의 가위

[2-1] 부정과 단점의 종류와 숨은 그림들

(1) 부정 습관

① 근심·걱정 ② 불평·불만 ③ 지적·판단 ④ 짜증·분노 ⑤ 두려움·게으름

긍정과 장점이 내 삶과 운명의 점수에 반쪽이라면 부정과 단점이 나머지 반쪽이다. 부정 다루기에서 가장 첫 번째 해야 할 일은 부정 습관을 다루는 일이다. 부정 습관도 긍정 습관처럼 자기 자신이 좋아해서 스스로 선택하고 만든 습관 중의 하나이다. 다른 사람의 지적이나 충고로 내 습관이 바뀔 가능성은 거의 없다. 지적이나 충고는 오히려 상대를 그런 사람이라는 부정의 명찰을 달아 주는 일이 된다. 스스로 인정하고 변화를 시도해야만 바뀔 가능성이 존재한다.

근심·걱정과 두려움의 부정적인 요소가 많았다면 그것은 나쁜 일만이 아니다. 다가오는 미래에 대한 준비를 할 수 있는 강력한 원천 에너지로 작용할 수 있기 때문이다. 즉 부정을 자기 삶에 위기를 극복하고 대비할 수 있는 준비 에너지로 사용할 수 있다. 불평·불만과 짜증 에너지도 마찬가지이다. 상황과 사람의 단점이나 문제점을 발견할 수 있다면, '나는 그러지 말아야겠다'라는 중요한 교훈을 얻는 그럼에도 불구하고 에너지로 활용할 수 있다.

장점에도 부정적인 요소가 일부 들어 있고, 단점에도 긍정적인 요소가 들어 있다. 즉 양날의 검이라 하여 나 자신이 어떻게 활용하느냐에 따라 그 효과가 달라진다. 생텍쥐페리는 "사막이 아름다운 것은 어딘가에 오아시스가 숨겨져 있기 때문이다."라고 했다. 삶의 프로란, 자신의 부정적이거나 부족한 과거를 현재와 미래의 건강과 행복 그리고 발전과 풍요의 삶을 달성하는 밑거름으로 만들 줄 아는 사람이다. 삶과 운명은 자신에게 다가오는 크고 작은 산들을 어떠한 각도와 관점으로 받아들이고 처리하느냐에 달려 있다.

(2) 장점 가시와 단점 숙제

장점은 자신의 긍정적인 면이자 발전과 풍요를 이루는 데 가장 큰 공을 이루는 것은 사실이다. 그런데 장점 속에는 항상 장점 가시가 들어 있다. 그 장점 가시 때문에 가까운 주변 사람들이 힘들어하고 피해를 볼 수 있다는 사실을 인지하여야 한다. 예를 들어 리더십이 강한 사람이라면 모든 일을 잘 처리하고 있을 것이다. 그런데 같이 사는 가족이나 직장 사람들이 모두 일처리를 잘하는 사람들은 아닐 것이다. 그리고 청소나 정리를 잘하는 사람은 그 기준이 높을 것이다. 자신의 기준으로 그들이 잘못하고 있다는 생각과 판단을 가지고 있거나, 그러한 말과 행동을 자신도 모르는 사이에 표현하고 있을 경우가 많다. 즉 나의 장점이 상대에게 상처가 되고 있거나, 가정이나 직장에서 부정적인 영향을 주고 있는지 한 번 더 들여다볼 필요성이 있다. 평소에 자신의 장점 속에 들은 가시가 있다는 것을 항상 기억하고 살아간다면 장점의 효과가 더욱 빛나게 될 것이다.

단점도 마찬가지이다. 단점이 항상 나쁜 것만은 아니다. 단점 속에 들어 있는 단점 숙제라는 감사와 교훈의 오아시스를 찾아야 한다. 단점은 자신의 발전을 가로막는 동아줄이자 쇠사슬이라 생각하면 된다. 그렇지만 그 단점을 숙제로 여겨 그 단점 숙제를 해결한다면, 자신의 발목에 묶인 장애물을 제거하여 세상을 훨훨 날아갈 수 있게 하는 최고의 기회가 될 수 있다. 단점 속에는 그 사람을 최대로 발전시킬 수 있는 단점 숙제라는 기회가 들어 있는 것이다. 완전히 나쁘거나 완전히 좋은 것은 없다. 그래서 세익스피어는 "좋고 나쁜 것은 없다. 마음먹기에 달렸다."라고 했다.

하늘은 우리가 극복할 수 없는 어려운 문제는 제출하지 않는다고 한다. 자신의 잠재 능력으로 풀 수 있는, 하지만 지금 자신이 가지고 있는 실력으로는 해결하기 어려운 난도 수준의 문제를 제출한다고 한다. 누구나 자기 계발을 통해 지금보다 약간 더 발전한다면 장점 가시나 단점 숙제를 쉽게 해결 할 수 있을 것이다. 자신의 잠재력을 조금 더 발휘할 수 있는 기회를 문제라는 이름으로 포장하여 배달한 것이다. 하늘은 태어난 잠재력을 발휘하여 건강하고 행복한 삶과 발전과 풍요의 계단에 오르기를 바라고 있기 때문이다.

(3) 삶의 각종 문제와 장애물들

① 실패 ② 질병 ③ 역경

삶은 영원히 배워야 하는 학교이다. 그 이유는 살아가다 보면 수도 없이 다가오는 크고 높은 산들이 있기 때문이다. 실패, 질병, 역경 등으로부터 자신의 삶의 문제점을 개선하는 감사와 교훈을 얻을 수 있다면, 문제라는 이름의 포장지에 쌓여 있는 발전의 기회를 잡을 수 있을 것이다. 실패하는 사람은 제각기 수만 가지 방식으로 실패를 하고, 성공하는 사람은 몇 가지 공통적인 방식으로 성공을 이루고 있다. 넬슨 만델라는 "인생에서 가장 큰 성공은 결코 넘어지지 않는 데 있는 것이 아니라, 넘어질 때마다 일어서는 데 있다."라고 했다.

누구나 자기 계발의 노력과 실천으로 '감사와 교훈의 안경'을 쓰고 자신의 수준과 가치를 올린다면, 그 올린 삶의 계단에서 쉽게 발견할 수 있는 더 나은 선택지들이 존재하게 된다. 실패를 성공으로 가는 과정의 또 다른 이름으로, 질병을 부정적인 요소를 개선할 수 있는 교훈으로, 역경은 문제라는 포장지에 쌓인 기회를 찾는 통로로 만들 수 있다면 자신의 삶은 프로나 명품의 계단에 높이 오르게 될 것이다. 미라 커센바움은 "내 삶에 다가오는 부정적인 일에서 찾아낸 장점이 최상위 자아로 이끌어 준다."라고 했다.

인류 역사를 통해 수많은 사람이 명언이나 책, 말씀 등을 통해 이러한 좋은 지름길을 연구하고 알려주고 있었다. 그것들은 삶의 진리와 자연과 우주의 법칙이라는 이름으로 우리에게 잘 알려져 있다. 새로운 것을 찾는 것도 필요하지만 자신과 세상을 새롭게 바라다볼 수 있는 눈을 뜨는 것이 더 중요한 일이다.

[2-2] 부정과 단점을 줄이는 3가지 방식

(1) 긍정의 힘을 늘리기

긍정과 부정은 하나의 원안에 반씩 존재한다. 그러므로 긍정의 부위를 늘려 긍정의 영역을 늘려갈수록 그에 비례하여 부정이 줄어들게 된다. 즉 긍정과 부정이 45 : 55였다면, 긍정을 10% 늘려 55%가 되면 부정은 저절로 10%가 줄어 45%로 떨어지게 된다. 긍정의 힘을 늘려 부정을 줄이는 것이 가장 좋은 방법이다. 긍정의 사랑 에너지는 필수 긍정 습관('감사-웃음-칭찬-인사-친절')이나 명품 인성 습관('존중-배려-절제-겸손-봉사·나눔')을 발전시켜 나가면 쉽게 충전할 수 있다. 그렇지만 자기 스스로 긍정의 힘을 늘리기가 부족하다면, 이럴 때에는 주변에서의 칭찬과 격려, 믿음과 기대로 긍정의 사랑 에너지를 간접적으로 늘려 줄 수 있다. 그래서 지적과 관여보다는 칭찬과 믿음이 상대의 부정 습관을 바꾸는 가장 쉽고도 강력한 에너지로도 작용하게 된다.

(2) 좋은 생활 습관(장점) 늘리기

이 방식은 우회로를 이용하는 방식이다. 플러스 생활 습관을 늘려 간다면 그 또한 간접적으로 긍정의 사랑 에너지를 추가시키는 효과가 발생한다. 그러므로 긍정 에너지가 추가되면 그만큼 줄어든 부정 에너지에 의해 부정 습관의 세기와 강도가 줄어들게 된다. 이 원리는 우리의 몸과 마음의 모든 것은 서로 통해져 있고, 그것은 사랑 에너지로 점과 선으로 가늘고 굵게 연결되어 있다. 그러므로 몸이 변하면 마음이 변하고, 마음이 변하면 몸도 따라서 변하는 이치로 움직인다. 즉 바꾸고 싶은 다른 쪽을 바꿈으로써 실제 내 안에서 긍정의 플러스 효과를 얻게 되는 지혜로운 방식이다.

예를 들어 평소보다 조금 일찍 일어나거나 정리를 조금 늘리거나 운동 시간을 약간 늘렸을 뿐인데, 그 몇 가지 플러스 생활 습관의 변화는 내 삶에 있어 긍정심과 자신감을 늘려 자존감으로 확대되어 나가게 된다. 음악 감상, 독서, 여행, 봉사 활동 등을 실천하는 것도 플러스 생활 습관 에너지를 늘리는 효과가 있다. 그래서 우리가 가지고 있는 생활 습관의 일부를 플러스로 바꾼다면 사랑 에너지가 확대되고, 그 사랑 에너지는 도미노처럼 내 삶의 다른 각 분야에도 좋은 영향을 미치게 된다.

(3) 부정이나 단점을 줄이는 사랑의 가위

우리의 삶과 운명이라는 마차는 긍정과 장점이라는 두 마리의 말이 앞에서 끌고 가고 있다. 그리고 마차의 뒷면에는 부정과 단점이 동아줄에 연결된 브레이크 역할을 하는 장애물이라 할 수 있다. 그러므로 부정과 단점을 개선하고 줄일수록 삶과 운명은 가장 빠르고 높게 날 수 있을 것이다.

부처는 "부정은 부정으로 고쳐지지 않는다. 오로지 사랑으로 해결된다."라고 했다. 여기에 답이 있다. 내 삶에 다가오는 부정적인 상황이나 각종 문제를 대하는 태도부터 바꿔야 한다. 문제라는 이름의 포장지 안에 기회와 선물이 들어 있다. 즉 모든 것은 사랑으로 이루어져 있고 사랑으로 작동되고 있다. 내 삶에 다가오는 크고 작은 문제의 산들을 내 삶을 개선하고 발전시키기 위해 찾아온 사랑의 선물이라 생각하여야 한다. 그래야 그 안에 들어 있는 사랑의 기회와 선물을 발견할 수 있을 것이다.

그런데 삶과 운명의 마차 뒤에 있는 동아줄로 엮인 장애물들을 제거하는 도구로는 사랑의 가위가 필요하다. 문제라는 이름의 동아줄은 세월이 흐를수록 자르기가 어려울 정도로 점점 더 두껍고 계속 튼튼해져 간다. 어쩌다 어렵게 몇 가지 문제를 해결했다 하더라도 여전히 굵게 연결되어 있다. 그래서 내 삶에 각종 문제들이 이미 해결될 줄 알았는데, 또다시 비슷한 상황에서 계속 장애물로 작용하게 되는 것이다. 동아줄에는 살아오는 동안 수백 수천 가닥이 꼬여 있는 것이다. 그러므로 일시적으로 한두 가지의 문제나 상황이 해결되었다 하더라도 문제를 해결하는 습관적인 패턴과 방식을 바꾸지 않았다면 항상 같은 자리에서 문제가 반복하게 될 것이다. 습관적인 패턴과 방식을 바꾸는 데는 항상 긍정의 힘, 좋은 습관(장점), 사랑의 에너지, 비우고 내려놓기 등이 작용하고 있다. 그중에서도 부정과 단점의 모든 곳에 동시 작용하는 만능 키는 '사랑'이다.

기회와 선물이라는 긍정적인 생각으로 사랑의 가위로 잘랐을 때만 동아줄이 내부까지 절단되어 가늘어지기 시작한다. 부정을 해결하는 것은 상대나 외부의 조건 상황 때문이 아니라 나 자신이 사랑 에너지를 높이는 데 있다. 상대나 외부 조건과 상황들을 일시적으로 해결한 것은 수천 겹이 쌓인 동아줄을 한두 줄만 끊은 것에 불과하다. 그러므로 내 안의 사랑 에너지를 발전시켜 동아줄을 끊어 나가야 어느 순간에 동아줄이 가벼워질 것이다. 부정과 단점은 항상 사랑의 가위로 해결해야 가장 효과가 높다. 동아줄이 임계점 이하로 가늘어지면 내 삶과 운명의 마차를 하늘로 날아오를 수 있는 풍선이 될 것이다. 즉 내 삶의 장애물들이 디딤돌로 전환되는 것이다. 모든 해결책은 내 안에 있다.

9단-3 부정을 다루는 7가지 특별한 공식들

부정 다루기는 부정과 단점을 다루는 것을 넘어, 내 안에 들어 있는 각종 한계의 벽과 삶의 패턴과 방식에서 벗어나 더욱 발전하는 과정을 의미한다. 긍정과 장점만 잘한다면 내 삶에 반쪽만 발전시킨 반편의 성공이 될 것이다. 그러므로 부정 다루기는 내 삶과 영혼의 어두운 그림자 부위를 밝게 빛내는 특별한 일생을 살아가게 만들 것이다. 사랑은 언제나 미완성의 공식이고, 부정 다루기도 영원히 해결책을 발전시켜 나가야 하는 숙제 중의 하나이다. 삶은 살아가는 동안 잘사는 법을 계속 학습해야 하는 학교이다. 삶에는 항상 영원한 정답이 없고 그 시대와 상황에 따른 해답이 있을 뿐이다.

(1) 부정이나 부정 습관을 다루는 법

긍정과 부정은 살아오면서 반복적으로 더 많이 생각하거나 좋아해서 실천한 것에 따라 그 비율이 달라진다. 만일 부정을 더 줄이거나 개선하고 싶다면, 첫 번째 방법은 긍정을 늘려서 부정을 줄이는 것이 쉽고도 좋은 방법이다. 긍정을 늘릴수록 부정이 줄어들어 갈 것이고, 장점을 늘릴수록 단점이 줄어들어 갈 것이다.

두 번째 방법은 부정 속에 들어 있는 장점을 찾아서 '그럼에도 불구하고 긍정'으로 전환시키는 것이다. 좋은 것만 있거나 나쁜 것만 있는 것은 거의 없다. 그러므로 부정 속에 들은 5-10%의 좋은 점이나 교훈을 찾아내어 긍정으로 전환시키는 것이 최상위 방식이다. 이러한 지혜로운 시각으로 바라다보면 부정이라는 장애물을 디딤돌로 활용할 수 있을 것이다.

세 번째 방법은 부정을 나쁜 것이 아닌, 처음 만들 때의 귀여운 꼬마 악동으로 만드는 것이다. 부정도 처음부터 나쁜 것은 아니다. 나 자신이 좋아해서 만든 사소한 부정적인 습관이 자라서 커다란 부정적인 습관이 된 것이다. 그러므로 부정 자체를 나쁜 것으로 바라다보지 말고, 부정을 처음 만들 때의 귀여운 악동으로 취급하는 것이다. 늑대나 하이에나 그리고 사자도 어린 새끼 시절에는 귀엽고 사랑스럽다. 그렇게 되면 생각 속에서 부정성이 가지고 있던 독기와 사기가 줄어들어 부드러워져 갈 것이다. 부정은 부정으로 제거되지 않는다. 오로지 긍정과 사랑으로 줄어들어 갈 뿐이다.

(2) 장점 가시와 단점 숙제를 다루는 법

부정을 잘 다루고 싶다면, 장점이나 긍정 속에 들은 장점 가시와 단점이나 부정 속에 들어 있는 단점 숙제를 찾는 법을 알고 있어야 한다. 장점 가시와 단점 숙제는 자신의 인풋과 아웃풋을 들여다보면 쉽게 발견할 수 있다. 삶은 숨은 그림 찾기이다. 장점 속에서도 단점이 숨겨져 있고, 단점 속에서도 장점이 담겨져 있다. 이처럼 숨은 그림 찾기의 능력에 따라 부정 다루기를 넘어 삶을 다룰 수 있는 경지에 오르게 될 것이다.

인풋에서 찾는 첫 번째 방식은, 내가 가족이나 친구 그리고 직장 동료 등으로부터 가장 많이 지적받은 사항을 '원-투-쓰리'로 적어 본다. 또는 상대가 내게 가장 크게 화를 냈던 상황을 '원-투-쓰리'로 적어 본다. 그 안에는 내가 가진 단점이나 부정성이 들어 있을 것이다. 그것은 장점 가시나 단점 숙제일 가능성이 높다.

아웃풋에서 찾는 두 번째 방식은, 내가 가족이나 친구 그리고 직장 동료에게 가장 많이 불평이나 지적했던 사항을 '원-투-쓰리'로 적어 본다. 또는 내가 그들에게 가장 크게 화를 냈던 상황을 '원-투-쓰리'로 적어 본다. 이 또한 자신의 장점 가시이거나 단점 숙제일 가능성이 높다. 이렇게 발견한 장점 가시와 단점 숙제들을 일상생활에서 주의하고 해결해 나가는 것이 삶의 계단과 질을 높일 것이다.

(3) 21 문제 해결의 성공 비책, 긍정의 주파수와 터널 : 질병, 역경, 실패 등 장애물을 디딤돌로 만드는 법

사람에겐 누구나 좋은 일과 그렇지 않은 일이 비슷하게 다가온다. 좋은 일이 다가왔을 때는 대개 비슷하게 반응을 한다. 그런데 자신이 원하지 않는 질병, 역경, 실패 등 장애물이 다가왔을 때는 대처하는 방식이 각기 다르다. 그 문제에 대한 대처 방식에 따라 삶의 계단과 질이 달라진다. 루이스 헤이는 "우리가 부족하고 한계가 있다고 믿으면, 그 생각이 우리를 부족하고 한계를 경험하게 만든다. 부정적인 것에서도 좋은 점을 찾으려 하면 삶에서 원하는 것을 얻게 된다."라고 했다.

21 문제 해결의 성공 비책 첫째는, 긍정의 주파수로 진입하는 것이다. 내 삶에 다가오는 문제를 해결하는 긍정의 주파수를 진입하는 공식은 우선 '감사와 교훈의 긍정의 안경'을 쓰는 일이다. 그리고 '나는 항상 운이 좋아, 모든 것이 다 잘될 거야!'라는 긍정의 믿음이나 자기 확신을 가져야 한다. 항상 긍정적인 시작이 반이다. 만일 근심, 걱정, 두려움 등 부정의 터널로 들어선다면 좋은 해결책이 나올 가능성은 희박해진다.

둘째는 긍정의 터널로 들어가는 것이다. 긍정의 터널에 들어설 때 '나는 할 수 있다!'라는 자신감의 표현법인 '웃음과 미소'를 띠는 것이다. 또한, 가슴을 펴고 몸을 세우는 '바른 자세'로 문제 해결에 나서는 것이다. 몸을 바로 세우고 웃으면 마음도 열리고 건강과 행운의 문도 함께 열리게 된다. 그리고 남 탓하는 '때문에'의 방향에서가 아닌, 우선 내 안에서 문제 해결의 열쇠를 찾아야한다.

셋째는 긍정의 터널을 통과하는 마지막 셀프 검문소의 차단기를 통과하는 일이다. 그 문제가 발생했을 시점보다, '어제보다 나은 오늘의 나'가 되어 조금 더 자신의 수준과 가치를 올려야 한다. 그래야 같은 문제가 반복적으로 다가올 확률을 줄일 수 있다. 자신의 수준과 가치를 약간 더 올린다면 문제 해결의 능력이 높아지게 될 것이다.

(4) '21 문제 해결의 비상구나 탈출구' 준비하기

누구나 살다 보면 이별, 실직, 은퇴, 사고, 부도, 파산 등 크고 작은 문제의 산들이 다가설 것이다. 그중에서는 감당하기 어려운 일들도 있을 것이다. 위기와 기회의 경쟁 시대이다 보니, 스트레스는 점점 더 증가하고 있다. 그래서 '21 문제 해결의 비상구나 탈출구'를 미리 작성해 두는 것은 준비된 앞서거나 다른 사람이 되는 길이다. 또는 내 삶의 슬럼프나 권태기를 벗어나는 데 도움이 되는 내 마음의 휴게실, 내 인생의 버킷 리스트 등을 미리 만드는 것은 지혜로운 일이 될 것이다. (작성과 관리법은 제2권 참조)

예를 들어, 일상의 부정적인 일이나 스트레스가 다가올 때, 그것을 해결하는 자신만의 비상구를 미리 만들어 두는 것이다. 자신만의 스트레스 탈출구로 가장 즐거웠던 일, 가장 좋아하는 맛집, 카페, 책, 음악, 영화, 전시회, 공연, 스포츠 또는 가장 멋졌던 여행지 등을 '원-투-쓰리'로 적어 놓는 것이다. 그리고 내 인생의 버킷 리스트를 적어 두고 필요할 때 들여다보거나 실천해 보는 것도 도움이 될 것이다. 스트레스나 문제가 다가올 때, 그 순간에 가장 하고 싶은 한두 가지를 실천함으로써 그것을 벗어나는 데 활용하면 도움이 될 것이다.

또는 내 마음의 휴게실에 '이번 생에 가장 보람 있던 일, 어려움을 극복한 일, 이번 생에 내 곁을 떠나가면 가장 슬플 사람, 가장 감사할 일, 좌우명…' 등을 베스트 '원-투-쓰리'로 작성해두고 살아가다 그러한 일들이 발생하면 추가해 나간다. 성공의 기회는 누구에게나 찾아오지만 행운은 항상 준비된 사람을 선택한다.

(5) 내 인생의 '하이-로우 기네스북'

부정을 다루고, 긍정의 힘을 길러 삶을 특별하게 만드는, '내 인생의 하이-로우 기네스북'이 있다. '하이-로우 기네스북'이란, 내 삶에서 일어난 좋은 일과 나쁜 일을 모두 특별한 일로 만드는 공식이다. 이것은 21세기 백년 전쟁이 진행될수록 신경·정신적 질병이 남녀노소 구분 없이 발생하게 될 것이다. 이것을 해결하는 힐링과 치유의 특급 비법 중의 하나이다. 내 삶의 하이-로우 기네스북에는 매일같이 수많은 기네스 챔피언 기록들이 만들어진다.

매일 잠들기 3분 전에 실천하면 긍정과 사랑의 에너지를 충전하는 데 도움이 된다. 언제나 평범한 것 같던 일상을, 내 일생의 특별한 기록들이 만들어지는 축제나 기념일로 만드는 공식이다. 오늘은 내가 지금까지 살아오면서 먹기, 숨쉬기, 걷기, 말하기 등 모든 것이 최고의 기네스 기록으로 등재되는 날이다. 만일 감기가 걸렸다면, 평생도록 감기 걸린 횟수가 가장 많은 기록이 세워지는 날이다. 화를 냈을 때도 역시 새로운 기록이 만들어지는 날이다. 가장 많이 먹거나 숨 쉰 기네스 챔피언 기록의 날이다. 또한, 앞으로 먹을 것과 숨 쉬는 것이 가장 줄어드는 날이기도 하다. 살아온 날이 가장 많은 날이자 앞으로 살 날이 가장 적은 날이기도 하다. 실패나 역경 등 모든 경험한 일들이 나 자신의 기네스북에 각종 챔피언 기록으로 작성된다. 그것은 자신의 삶에 특별한 추억과 활력의 도구로 활용하면 된다. 그리고 질병, 역경, 실패 등을 이겨 내는데 도움이 될 것이다.

내 인생의 하이-로우 기네스북을 작성해 나가면 언제나 오늘이 내 인생에 기념일이자 잔칫날이 될 수 있다. 하루하루를 즐겁게 살아가는 비책이기도 하고, 내 삶에 다가오는 장애물들을 기네스 기록으로 전환시켜 디딤놀로 만드는 위대한 부정 다루기 공식이기도 하다.

(6) 습관의 거대 공룡을 넘어 '참(명품) 나' 찾기

사람들은 누구나 21~25세 즈음이면, 삶을 받아들이고 처리하는 인풋과 아웃풋 등 삶의 패턴과 방식이 정해진다. 처음에는 자신이 만들었지만, 시간이 흐를수록 습관의 거대 공룡은 나 자신을 대신하거나 대표해서 일을 처리해 나간다. 그런데 사람들은 자신의 모든 권한을 위임한 습관의 거대 공룡이 나 자신이라고 착각하고 살아간다.

하지만 사람들은 누구나 백 명의 명의와 백 명 이상의 잠든 거인을 갖추고 있다. 즉 자신의 잠재 뇌에는 무엇이든 할 수 있고, 될 수 있고, 이룰 수 있는 가능성을 갖춘 '명품의 나'가 존재한다. 내 안에 잠든 거인을 깨운다면 습관의 거대 공룡을 애완견처럼 다룰 수 있게 된다. 이처럼 자기 계발의 노력으로 현재보다 더 나은 해결책 찾는, 원래 '명품의 나'를 찾아가는 발전의 방식이 부정을 다루는 최상위 방식을 선택하는 길이다.

그중에서 알아차림과 깨달음을 발전시켜 부정을 다루는 특별한 해결책이 있다. 그것은 삶과 운명을 바라보는 인생 각도인 시각과 관점을 바꾸는 방식이다. 대다수 사람은 인생의 산에 오를 때 많은 사람이 오르는 등산로를 선택한다. 그리고 그 길 외에는 다른 길이 없다고 생각한다. 하지만 조금만 시각을 바꾸어서 1도만 인생 각도를 틀어 보면, 그곳에는 삶과 운명의 고속도로가 존재할 수 있고, 그러한 고속도로와 같은 수준의 일 처리법을 가지고 있는 삶의 프로들의 장점을 따라하면 쉽게 배우게 될 것이다.

그리고 시각과 관점을 2도로 바꾼다면, 그곳에는 삶과 운명의 케이블카가 준비되어 있을 것이다. 그 2도를 바꾸었던 명품 프로들의 장점을 배운다면 누구나 가능한 일이다. 또한, 3도를 발전시킨다면, 그곳에는 삶과 운명의 헬리콥터나 비행기가 준비되어 있을 것이다. 베스트나 온리에 도달한 전설 프로들의 경험과 장점에서 최상위 해결책을 배우게 될 것이다.

그 외에도 더 좋은 공식들이 있다는 '비우고-내려놓고-낮추기'의 열린 생각으로 새로운 지름길을 하나둘 배워 나간다면 언젠가 '명품의 나'를 찾게 될 것이다. 그런데 새로운 지름길을 알아차리거나 찾기 전에는 누구에게나 그 길은 항상 어려운 일이었다. 그러나 새로운 지름길을 찾고 경험이 쌓이다 보면, 머지않아 그 해결의 길이 원래 그리 어려운 길이 아니었고 바로 내 안이나 바로 주변에 있었다는 사실을 발견하게 될 것이다.

(7) 생로병사도 내 삶과 영혼의 축복이자 선물이다.

우주에서 가장 아름다운 별인 지구별에 탄생했다는 것 자체가 최고의 축복이다. 그것도 자연과 우주 만물 중에 인간으로 태어났다는 것은 가장 큰 축복이자 선물이다. 그리고 지구 정원에서 어느 곳에 있든지 지구별의 아름다운 한 편에 위치한다는 생각이 내 삶의 모든 것에 감사하고 축복으로 여기게 될 것이다.

잠시 다녀가는 삶의 여름방학에서 일어나는 모든 일은 즐겁고 멋진 경험이 될 것이다. 만일 평범하게 살다 가는 삶은 훗날 영혼이 되어 평가한다면 그렇게 멋진 인생은 아닐 것이다. 우리가 한 편의 드라마를 보듯 가장 즐겁게 보는 것은, 그 안에 생로병사와 온갖 질병, 역경, 실패 등을 맛보았거나 극복할수록 더 멋진 작품이라고들 한다. 우리의 삶도 이처럼 영혼이 되어 바라본다면 다양한 경험을 하고 떠났을 때, 삶의 여름방학이라는 드라마 한편을 멋지게 촬영하고 돌아갔다는 생각을 하게 될 것이다.

우리는 사랑으로 태어났다. 그러므로 모든 것은 사랑 방정식의 적용을 받게 된다. 이번 생에 도저히 이해할 수 없는 상황과 일이 발생했다면 훗날 영혼이 되어 그 이유를 알아보면 될 것이다. '예외 없는 법칙은 없다'고 한다. 나이 들어서 질병의 고통이 찾아왔을 때, 이왕이면 자신의 삶의 나쁜 악업을 털 수 있거나 후손들에게 내려갈 악업을 줄여 줄 절호의 기회라는, '그럼에도 불구하고 긍정'으로 전환하면 도움이 될 것이다.

대다수가 들어본 적이 있는 '이 또한 지나가리라.' 또는 '피할 수 없으면 즐겨라.'라는 부정을 넘어서는 방식을 알려 주는 특별한 문구들이 있다. 나이가 들어갈수록 점차 피할 수 없는 각종 부정적 일들이 다가올 것이다. 그럴 때마다 이러한 특별한 문구들을 떠올린다면, 건강하고 행복한 삶의 마무리를 해 나가는 데 도움이 될 것이다. 또는 '내 삶과 영혼의 미스터리(미완성) 박스'를 만들어 두면 도움이 된다. 그 미스터리 박스에는 현재나 이번 생에 해결하지 못하는 불행, 역경, 사고 등 각종 문제를 넣어 두는 미스터리 상자를 준비해 두는 것도 건강하고 행복한 삶에 도움이 된다. 창조주 하늘은 창조물들을 사랑으로 창조하였고, 그래서 모든 것은 사랑 에너지로 작동한다. 그렇다면 생로병사에도 우리가 알고 모르는 어떤 사랑의 의미가 담겨 있을 것이다.

제5부

◇

건강 편

: 21 힐링과 치유의 조건들

11장

21세기 3대 질병

11-1 21세기 3대 질병

'성인·퇴행성-신경·정신적-전염·재난성'

21세기 들어 질병이 급속도록 늘고 있다. 1950~2000년까지 50년 동안 질병이 평균 2배 이상 늘었고, 심한 것은 5~10배 이상 증가된 질병도 있다. 21세기 들어서도 2050년까지 또다시 최소한 2배 이상 증가되고 있는 중이다. 그리고 2050~2100년에도 또다시 그렇게 증가할 것이다. 범용 인공지능 로봇의 상용화에 의한 5차 산업혁명이 예상되고 있는 2050년경부터는 점차 개인이나 가정 그리고 사회와 국가도 감당하기 어려운 수준이 될 것이다. 그래서 개인이나 가정에서 감당할 수 있는 임계점을 넘어서는 2050년 이후를 '생존과 번영의 프로 시대'라고 이름 지었다.

2050년이 되기 전에 자신과 가정을 지키기 위한 특별한 준비가 필요하다. 사회와 국가도 마찬가지다. 그러려면 우선 급속도로 증가될 질병의 3대 방향성에 대해 알고 있어야 한다. 안다고 해서 모든 것을 대비할 수는 없는 일이지만, 모르고 있다면 아무런 준비도 할 수 없을 것이다. 이제는 20세기 생각과 행동의 패턴과 방식을 더 이상 늦지 않게 '21세기 뉴-하이 플랫폼 방식'으로 전환하고, 21세기 삶의 프로인 '건강-행복-성공' 프로를 달성하는 것이 요구되는 시기이다.

(1) 성인병과 퇴행성 질병 등 기존 질병의 증가

21세기 3대 질병 첫 번째는 '성인병과 퇴행성 질병 등 기존 질병의 증가'이다. 앞에서 말한 대로 기존의 질병(고혈압, 당뇨, 고지혈증, 심장질환…)이 50년 사이에 최소 2배 증가한다고 가정하면, 10년 사이에 평균 20% 증가한다는 이야기이다. 그중에서도 장수 시대에 의한 고령화로 암, 치매, 관절염, 디스크, 뇌·심혈관계 질환 등이 가장 심각해질 것이다. 대다수가 식생활 습관성 질환이다. 식생활 습관성 질환은 정도에 따라 평균 10~30년이 지나야 발병한다. 그러므로 2050~2100년 '생존과 번영의 시대'에 대한 대비는 지금부터 시작해야 안전할 것이다.

(2) 신경·정신적 질병의 증가

21세기 3대 질병 두 번째는 '두려움과 스트레스 증가에 의한 신경·정신적 질병'이 기하급수적으로 증가할 것이다. 우울증, 공황장애, 신경성 질병, 무기력증, 만성피로 등 다양한 신경·정신적 질환이 남녀노소를 불문하고 증가할 것이다. 이 신경·정신적 질환의 급격한 증가의 원인은, 미래에 대한 희망이 줄어들고 불안감의 증가 그리고 글로벌 경쟁의 심화 등에 의해 스트레스와 정신적인 방황이 더욱 늘어나기 때문이다. 범용 인공지능 로봇이나 가상현실 등이 발달할수록 정신적 방황과 중독은 무한대로 증가할 것이다. 모든 발전에는 장단점이 동시에 포함되어 있다. 특히 5차 산업혁명이 시작되는 2050년경이면 가상현실 게임이 비약적으로 발전하게 되고, 현재 학생들의 게임 중독 수준을 넘어서서, 남녀노소 모두에게 심각한 중독성과 피해가 예측되고 있다.

가정의 행복이나 직업적인 성공에 대한 두려움에 대처할 수 있는 실력과 마음의 근육을 기르는 것이 중요한 일이다. 그러려면 우선 긍정의 힘과 인성을 기르고, 다가오는 각종 부정적인 상황들을 대비하는 삶의 프로 달성이나 부정을 다루는 특별한 훈련을 하여야 한다. 그리고 마음의 근육을 기르는 마음 수련, 요가, 생활 명상 등도 유용한 방법이 될 것이다.

(3) 전염·재난성 질병의 증가

21세기 3대 질병 세 번째는 '바이러스나 세균 등에 의한 전염성 질병'과 '환경오염과 온난화, 지진, 화산 폭발, 쓰나미, 태풍, 가뭄, 홍수 등에 의한 재난성 질병'이 크게 늘어나 인류의 생존을 위협하게 될 것이다. 조류 인플루엔자, 코로나, 메르스, 샤스, 에볼라 등 전염성이 강한 질병들이 점점 많아질 것이다. 전염성이나 재난성 질병에 대비하여 개인위생과 건강을 잘 지키려 노력해야 한다. 그리고 사회적으로도 함께하는 우리 아름다운 동행이 되어야 하고, 국가적인 철저한 준비와 대비책도 필요하다.

자신의 건강하고 행복한 삶을 위해서나 자녀에게 짐이 되는 중년이나 노후가 되어서는 안 된다. 그러려면 지금부터 자신과 가족 그리고 소중한 후손들을 위해 각자가 '21 삶의 프로'인 건강 프로를 준비하여야 한다. 앞으로 10년이 지난 2030년경이면 암과 치매 그리고 전염·재난성 질환 등을 대비한 국가적인 준비도 시작해야 한다. 2050년에 다가설수록 암, 치매 등 일부 심각한 질병들은 개인이나 가정이 감당할 수 있는 임계점을 넘어서게 될 것이다. 질병은 걸린 다음에 치료한다고 고통받는 것보다 미리 예방하는 것이 최선의 치료이다. 그리고 건강 프로를 준비하는 일은 그리 어려운 일이 아니다. 그것은 지금부터 자기 계발을 통하여 건강 우등생 습관을 하나둘 준비해 나가면 된다. 늦었다는 것을 발견한 그때가 항상 가장 빠른 때이다.

11-2 21세기 질병 발생의 3가지 결정 요소

누구나 건강하고 행복한 그리고 성공적인 삶을 바란다. 그런데 21세기 백년 전쟁의 건강과 행복의 쓰나미는 점점 더 거칠게 불어오고 있다. 현재보다 더 건강한 삶을 원하거나 지금 질병으로 고통받고 있다면, '21 질병 발생의 3요소와 질병의 3대 발병 원인 그리고 21 질병 발생의 3대 방향성'에 대한 정보를 참고로 한다면 도움이 될 것이다.

(1) 질병 발생의 3요소

① 스트레스 (60~70%)

21세기 질병 발생의 첫 번째 요소는 스트레스다. 스트레스는 만병의 원인이다. 21세기가 진행될수록 고용의 위기와 건강과 행복의 위기가 심해지기 때문에 스트레스는 기하급수적으로 증가해 나갈 것이다. 그래서 21세기에 가장 많이 증가할 질병이 공항장애, 우울증, 만성피로, 무기력증 등 신경·정신적 질병이다. 이것은 남녀노소를 가리지 않고 모두에게 동시 다발적으로 일어나게 될 것이다. 스트레스를 극복하기 위해서는 웃음과 미소가 최고의 명약이다. 그리고 분노, 짜증, 불평·불만, 근심·걱정 등 부정적인 일을 극복하고 넘어서는 긍정의 전환 장치인 '감사와 교훈의 안경' 이나 '그럼에도 불구하고 긍정' 의 능력을 높여 나가야 한다.

② 식생활 습관 (30~40%)

21질병 발생의 두 번째 요소는, 식생활 습관이다. 환경오염 증가에 의한 농약과 항생제 사용의 증가와 인스턴트식품의 증가로 먹거리가 많이 오염되고 있다. 좋은 식생활 습관이란 물 먹기, 숨쉬기, 잠자기, 씹기, 배설하기, 바른 자세 등의 기본적인 식생활 습관을 올바르게 유지하는 것이다. 그에 더해 몸에 해로운 인스턴트식품, 탄산, 당분 음료, 술, 담배 등을 줄이는 식생활 습관이다. 21세기 들어 먹거리가 풍부해져서 비만이 증가하고, 몸과 마음을 파괴하는 유해 물질로 등장한 스마트폰, 게임기, 가상현실 등 해로운 전자파가 새로운 질병의 요인으로 작용하고 있다.

③ 기타 요인 (환경, 전염, 재난, 유전 등)

21질병 발생의 세 번째 요소는, 환경이나 유전 등 기타 조건이다. 21세기가 진행되어 갈수록 환경오염이 심해져 가고, 세균과 바이러스도 전파력이 강해져서 유행성 전염성 질병이 늘어날 것이다. 그리고 기상 이변이나 온난화에 의한 해수면 상승과 사막화, 홍수, 지진, 화산 폭발 등 재난성 질병도 증가할 것이다. 유전적 요인이란 유전 그 자체의 원인도 어느 정도 있지만, 후천적인 그 집안의 식생활 습관이나 성격, 인성 등에 의해 반복되는 요인이, 질병을 만들게 하는 원인이다. 타고난 유전적 요인보다 후천적으로 만들어지는 습관이 10배 이상 강하게 삶과 운명에 작용하게 된다. 파스칼은 "습관은 제2의 천성으로 타고난 천성을 파괴한다."라고 했고, 웰링턴 경은 "습관은 천성보다 10배 강하다."라고 했다.

(2) 질병 발생의 3대 원인

① 혈액의 탁함이나 순환 이상

질병 발생의 3대 원인 첫 번째는, 혈액의 탁함이나 순환 이상이다. 혈액이 탁해질수록 그리고 순환 작용이 제대로 이루어지지 않을수록 면역력이 떨어지게 된다. 혈액이 탁해지는 주요 원인으로는 스트레스, 식생활 습관, 환경적 요인, 질병 요인 등이 있다. 혈액순환의 이상은 운동 부족, 혈관의 노화, 비만, 잇몸 염증, 올바르지 않는 자세, 물 부족, 산소 부족 등이 주요 요인이다. 현대인들은 스트레스의 증가와 환경오염 그리고 인스턴트식품의 증가로 점점 더 혈액이 탁해지고 있다. 그런데 2050년이 다가설수록 이러한 현상은 점점 더 심화될 것이다.

② 저체온

질병 발생의 두 번째 원인은 저체온이다. 체온이 낮아지면 염증이나 몸속 세균이 활성화된다. 체온이 1도 떨어지면 암 등 질병 발생률도 30%가 늘어난다고 한다. 체온이 2도 떨어지면 질병만 늘어나는 것이 아니라 생명 유지에도 문제가 발생한다. 그래서 암 치료법이나 질병 치료법에 몸을 따뜻하게 하는 온천욕이나 체온을 올리는 방법이 사용되고 있다. 찬 음식이나 몸을 차게 하는 옷차림 또는 찬바람에 심하게 노출하는 것 그리고 운동 부족이나 스트레스 등도 몸을 차게 하여 면역력을 떨어지게 한다. 특히 걷는 운동이 가장 중요하다. 체온의 60%는 하체 근력에서 오는 것이고 그것은 걷기 운동으로 보충된다. 과거에는 하루 평균 1만 보 이상을 걸었고 교통과 통신 그리고 배달 서비스 등이 발달된 현대인들은 평균 5,000~6,000보 정도를 걷는다고 한다. 몸을 따뜻하게 유지하는 것은 건강을 지키는 중요한 요인이다.

③ 저산소증

질병 발생의 세 번째 원인은 저산소증이다. 현대인은 저산소증에 시달리고 있다. 그 이유는 호흡이 너무 급하고 빨라지고 있기 때문이다. 빠른 들숨과 날숨은 몸 안에 노폐물을 충분히 밖으로 내보내지 못하는 문제점과 산소가 충분히 공급되지 못하는 두 가지 문제점을 발생시킨다. 현대인들은 스트레스의 증가와 급변하는 시대를 바쁘게 살아가다 보니, 모든 것이 급해져서 맥박도 호흡도 급하고 빨라졌다. 산소가 부족하면 면역력이 떨어지고 체력이 저하되어 활력이 떨어진다. 인체 내부 장기에 산소 공급이 부족해지면 암 등 질병이 발생할 확률이 높아진다. 그리고 호흡이 빨라지면 마음이 급해지고 성격이 예민해진다. 몸과 마음이 연결되어 있기 때문이다. 그래서 질병을 치료할 때는 산소 공급과 피톤치드가 충분히 공급되는 숲과 자연을 찾게 되는 것이다. 평소에 틈틈이 몸을 바로 세우고 가슴을 펴고 심호흡 운동을 한다면 쉽게 해결할 수 있는 문제이다.

(3) 질병 발생의 3가지 방향성과 '입안의 행복 3대 건강법'

질병은 항상 내 몸의 약한 곳이나 노화가 빠르게 진행되는 방향으로부터 발생한다. 만일 내 몸의 약한 곳이나 노화가 빠르게 진행되는 방향성을 미리 알 수만 있다면 질병과 노화를 약화시키거나 늦출 수 있는 대비책을 세울 수 있을 것이다. 그래서 필자는 입안에서 내 몸의 약한 곳과 치아와 잇몸의 질병 상태와 노화도 등을 측정하는 연구를 계속해 왔다. 그 결과 '삼상 타입-성인병 타입-오계절 타입' 등 '입안의 행복 3대 건강법'으로 완성하였다.

① 선천성 → 유전성이나 선천적으로 물려 받은 약한 부위

질병 발생의 첫 번째 방향성은 선천적으로 약한 곳이다. 즉 태어날 때부터 유전적으로 물려받은 약한 곳이 존재한다면 그쪽으로 질병이 발생할 확률이 높아질 것이다.

[입안의 행복 '삼상 타입' 건강법: '마모-퇴축-동요 타입']

→ 삼상 타입 건강법은 태어날 때부터 선천적으로 약하게 태어난 부분을 미리 관찰하는 건강법이다. 이 건강법은 뼈나 신경 쪽이 약한 마모 타입, 내부 장기와 피부 쪽이 약한 퇴축 타입, 근력과 전체적으로 약한 체질인 동요 타입으로 구분할 수 있다. 어린 시절이나 서서히 퇴화가 시작되는 25세 인체의 최정상 시점 이전에 중년 이후 성인병이 발생할 가능성이 높은 내 몸의 약한 부위를 미리 예측하여 질병을 예방하는 건강법이다.

② 후천성 → 식생활 습관, 스트레스(긍정의 힘), 환경 요인, 사고 등

두 번째 방향성은 후천적인 요인이다. 후천적인 방향성이란 태어난 후 살아가면서 식생활 습관이나 긍정의 힘에 의해 영향을 받는다. 내가 발전시키지 못한 만큼 그리고 내가 부족한 습관이나 마인드만큼, 스트레스 발생률도 높아지고 질병의 주요 발생 요인으로 작용한다.

[입안의 행복 '성인병 타입' 건강법: '스트레스-식생활 습관-기타 요인']

→ 치과의 대표적인 3대 증상이자 치료법인 '충치-잇몸 염증-시린니' 등을 잘 관찰하고 분석하여 성인병 발생 요인인 '스트레스-식생활 습관-기타 요인' 등으로 구분한다. 그에 따른 성인병 발생 요인을 줄여 주어 발병 가능성이 높은 질병을 예방하고 치유하는 데 도움을 주는 건강법이다. 그에 대한 각 개인의 성인병 타입별 처방으로, 과로 스트레스를 줄이거나 운동이나 웃음 늘리기, 양치나 식사 습관 등 식생활 습관을 개선하여 질병 예방을 권장할 수 있다.

③ 퇴행성 → 노화와 퇴화 속도가 빠른 부위

세 번째 방향성은 퇴행성 변화가 빠른 곳이다. 세 번째 퇴행성 요인은 선천적으로 약한 곳이나 후천적으로 노화나 퇴행성 변화가 빠른 부위에 질병이 발생할 확률이 더 높아진다.

[입안의 행복 '오계절 타입' 건강법: '노화-질병-기타 증상']

→ 입안에서 노화의 속도와 크기를 진단하고 질병 발생 시 치아나 잇몸에서 나타나는 특이한 증상을 찾는 건강법이다. 입안에서 노화 진행이 빠른 방향이나 특이한 질병 증상을 찾아내어 노화와 질병의 진행 방향성을 차단하거나 개선하는 건강법이다. 정도가 심할 경우는 종합병원에 정밀검사를 의뢰한다. 그 밖에 침과 혈액의 양과 점도 그리고 X-ray 검사로 치아 뿌리의 크기와 길이, 치조골 퇴축 등의 상태를 관찰하여 면역력과 활력도를 예측할 수 있는 건강법이다. 치아, 잇몸, 동요도, 혈액, 침, X-ray 등을 종합 분석하여 중년 이후의 질병 증상과 노화 속도를 진단하고 조절할 수 있는 오계절 건강법이다.

11-3 삶의 오계절 학교와 내 인생의 4대 점검

21세기 건강이란, 몸과 마음 그리고 영혼의 건강을 의미한다. 누구나 바라는 건강하고 행복한 그리고 성공적인 삶을 원한다면 평생토록 4번(예비-출발-중간-결실)의 중간 점검이 도움을 줄 것이다. 그것은 내 인생의 예비 점검(15세), 내 인생의 출발 점검(21~25세), 내 인생의 중간 점검(40세), 내 인생의 결실 점검(60세)이다. 삶은 영원히 살 것처럼 배우고 내일 떠날 것처럼 즐겨야 하는 오계절(학습-경험-성숙-결실-오계절) 학교이다. 몸과 마음의 성장 발달과 퇴화의 닥터 Park's 오계절 그래프에 따른 내 인생의 4대 점검 포인트가 있다. 그 4번의 시기별로 몸과 마음 그리고 삶과 운명에 특별한 변화가 일어난다.

꿈과 목표 그리고 계획표는 청소년기뿐만 아니라 평생토록 4번은 필요하다. 내 인생의 4대 점검은 '건강-행복-성공' 프로 달성과 발전과 풍요의 계단에 오르는 지름길이 될 것이다. 노르웨이 탐험가 아문센은 "승리는 준비된 자에게 찾아오며, 사람들은 이를 행운이라 부른다. 패배는 미리 준비하지 않은 자에게 찾아오며, 사람들은 이를 불운이라 부른다."라고 했다.

(1) 내 인생의 예비 점검 (15세 전후)

청소년기에는 내 인생의 예비 점검이 필요하다. 몸과 마음의 성장이 폭발적으로 일어나는 시기이다. 이 시기에 일생을 살아나가는 꿈과 목표를 작성하고 긍정의 언어 습관, 성공적인 대인관계 등을 학습해 나가는 시기이다. '사랑-칭찬-감동' 등 3대 물 주기에 의한 '자존감-자신감-긍정심'을 길러 주어야 한다. 가정에서의 부모와 학교에서의 스승 그리고 삶과 운명의 멘토 등과의 3대 사랑 축을 제대로 형성하여야 한다. 일생을 살아가야 하는 건강과 체력이 길러지는 가장 중요한 시기이다. 자신의 삶과 운명을 결정하는 긍정과 좋은 습관을 기르고, 습관과 인성 등이 형성되는 중요한 시기이다.

(2) 내 인생의 출발 점검 (21~25세)

21~25세 시기는 자기 직업에서 성공 프로가 되는 법과 결혼하여 행복 가정을 이루는 법을 학습하고 준비하는, 내 인생의 출발 점검을 해야 한다. '건강-행복-성공'의 점수를 높이는 플랫폼과 삶의 프로 달성 공식 그리고 삶과 운명의 사랑 방정식 등을 준비해야 한다. 이 시기에는 습관의 항상성인 '습관의 거대 공룡'이 탄생한다. 일생을 살아나갈 삶의 패턴과 방식이 정해지는 시기이다. 그리고 자신의 직업이나 일 그리고 결혼 등이 시작된다. 미리 준비되고 갖춘 그들을 21세기 삶의 프로라 한다. 행운의 여신은 항상 준비된 사람에게 미소 짓는다.

(3) 내 인생의 중간 점검 (40세 전후)

40세 전후에는 내 인생의 중간 점검이 필요하다. 내 인생의 황금기이자 반환점이라 할 수 있다. 이 시기로부터 건강의 계단이 한 계단 떨어지고 성인병이 발생하기 시작한다. 그 떨어지는 건강과 면역력을 만회하기 위해 두세 가지 식생활 습관이나 장점을 발전시킬 필요가 있다. 중년 이후에 행복한 건강 장수를 위한 특별한 준비가 필요한 시기이다. 25세 즈음에 탄생하는 '습관의 거대 공룡'보다 발전된 새로운 탄생이 요구되고, 그러한 변화와 발전을 '삶의 거듭나기'라 한다. 청소년기가 폭발적인 몸의 성장과 마음의 성장통인 사춘기였다면, 중년의 출발점인 이 시기는 건강과 체력은 한 계단 떨어지고 마음은 가장 성숙되는 사추기라 할 수 있다.

(4) 내 인생의 결실 점검 (60세 전후)

60세가 되면 내 인생의 결실 점검을 해야 한다. 새로운 출발과 삶의 유종의 미를 거두기 위한 준비를 하나둘 시작해야 하는 시기이다. 40세 즈음에 이어 또 한 번의 건강의 계단이 찾아오고, 성인병과 더불어 퇴행성 질병이 본격적으로 진행된다. 25세쯤 건강의 제1계단이 몸의 최정상 포인트였다면, 60세 전후로는 마음이 최상위로 성숙해야 하는 결실의 시기이다. 이 시기 이후로는 직업적으로나 가정적으로 많은 일이 일어난다. 은퇴, 경제 문제, 질병, 노화, 이별 등에 대한 대비와 더불어 내 일생의 유종의 미를 거두기 위한 준비가 요구된다. 80세 전후로는 가장 크고 급격한 노화가 진행된다. 그러므로 노화와 질병 등에 대비한 점검과 특별한 준비가 요구된다. 보너스의 계절로 비우고 내려놓는 용서의 시간이나 영혼의 천사를 준비해야 하는 시기이다.

21 뉴-하이 3대 건강법 I

21 뉴-하이 3대 건강법: '삼위일체-오계절-다이돌핀' 건강법

21세기에 다가올 3대 질병을 극복할 수 있는 비책으로, 21세기 뉴-하이 3대('삼위일체-오계절-다이돌핀') 건강법을 준비하였다. 첫째는 삼위일체 '하-중-상' 건강법이다. 삼위일체 건강법이란 인체를 '하-중-상'로 3등분하여 '하체-중간부-상체' 각각의 건강을 유지하는 건강법이다. 둘째는 오계절 '원-투-쓰리' 건강법이다. '일상에서 면역력을 2-3-5배 높이는 법, 중년 이후의 질병을 예방하는 5대 황금 키, 60세 이후의 행복한 건강 장수의 3대 조건들'로 구성된 삶의 학교 건강법이다.

셋째는 다이돌핀 건강법이다. 다이돌핀은 엔돌핀의 4,000배인 기적의 치유 물질로 알려져 있다. 심각한 질병에 걸렸을 때 그것을 극복하는 방향성을 제시하는 건강법이다. 암 등 불치의 병으로부터 기적의 치유가 되는 사례들의 공통점을 모아 완성한 건강법이다. 21 뉴-하이 3대 건강법을 참고로 한다면, 21세기 3대 질병을 예방하고 건강 프로 달성이 가능할 것이다.

21세기 뉴-하이 3대 건강법 I : 삼위일체 '하-중-상' 건강법

: 인체를 세 가지 파트에서 젊고 건강하게 유지하는 몸과 마음의 건강법

삼위일체 '하-중-상' 건강법이란, 인체를 세 가지 파트에서 건강과 젊음을 유지하는 몸과 마음의 건강법이다. 사람의 몸을 '하체-중간부-상체'로 삼등분하여 각 부위별로 중요한 건강과 젊음의 가장 기본이면서 중요한 핵심 요소들을 유지시키는 것이다. 그렇게 하여 질병을 예방하고 노화 속도를 늦추는 건강법이다.

언제든 삶과 운명인 '건강-행복-성공'의 점수를 높이고 싶다면 기억해 두어야 할 삶의 진리가 있다. 그것은 일상에서 가장 기본적이고 사소한 그리고 누구나 이미 잘 알고 있는 평범한 것들을 실천하여 기본사항을 잘 갖추는 것이 항상 가장 크고 중요한 역할을 한다는 점이다. 미국의 록펠러는 "성공의 비밀은 평범한 일을 비범하게 해내는 것이다. 그리고 그 비범이 일상처럼 평범해지는 어느 순간이 지나면 프로가 되고 명품이 될 것이다."라고 했다.

12-1 삼위일체 건강법 (하): 하체 1/3 건강법

: 인체를 세 가지 파트에서 젊고 건강하게 유지하는 몸과 마음의 건강법

→ 걷기, 직업이나 일에서의 걷기 운동 효과, 산책과 '공기 털어먹기'

(1) 걷기

하체 1/3의 건강법에 있어 가장 중요한 핵심 사항은 걷기이다. 걷는다는 것은, 다른 말로 하면 '건강과 체력'이라 할 수 있다. 건강과 체력의 필수 조건인 걷기를 게을리한다면 건강뿐 아니라 행복과 성공도 멀어져 갈 것이다. 걷기 운동은 체온 유지와 혈액순환 그리고 심폐 기능과 면역력 강화, 뼈와 관절 건강과 골밀도 저하 방지, 다이어트와 비만 방지, 암과 치매 등 질병 예방과 노화 방지 효과가 있다.

걷기란, 그 사람의 젊음과 활력 그리고 건강과 노화의 평가표라 할 수 있다. 현대인들은 교통과 인터넷, 통신, 배달 서비스 등의 발달에 의해 걷는 횟수가 급격하게 줄어들고 있다. 그런데 21세기 들어 걷는 횟수가 점점 더 줄어들어 하루 평균 5,000~6,000보 정도를 걷고 있다고 한다. 100년 전에는 18,000~20,000보였고, 50년 전에는 10,000~12,000보 정도였다고 한다. 그래서 50년 전보다는 걷기가 반으로 줄어들자, 건강과 체력이 반으로 줄어들었고 질병이 2배로 증가하는 부정적인 결과를 초래하였다.

걷기 운동은 일주일에 3~4회 이상, 30~40분 정도 즐겁게 걸으면 된다. 항상 가슴과 목을 바르게 펴고 전후좌우로 기울어지지 않게 하고, 바른 자세로 즐겁게 걸어야 효과가 높다. 여기서 중요한 것은, 즐거운 마음과 웃음과 미소는 모든 것을 긍정으로 전환시키고 그 효과를 몇 배로 증진시키는 위대한 신의 선물이라는 것을 기억해 두어야 한다. 결국 삶의 어느 곳이든 즐거운 웃음과 미소가 없다면 '건강-행복-성공'의 꿈도 멀어지게 된다는 의미이다.

평소 걷을 때나 일상생활에서 몸의 중심축이 기울어져 있다면 건강과 체력보다는 질병과 피로가 쌓이게 될 것이다. 걷기 운동 시에 빠른 걸음과 약간 빠름 그리고 보통과 천천히 걷기를 섞어서 걸으면 운동 효과가 더욱 높아진다. 점심이나 휴식 시간에 계단 오르기도 근력 보강에 도움이 된다. 그리고 하루에 출퇴근이나 틈틈이 시간 날 때 걸으면 된다. 하지만 특별한 경우를 제외하고는 항상 자신의 건강과 체력에 무리가 가지 않을 정도의 강도와 속도로 진행해야 한다. 그리고 출발 전후나 걷기 운동 중간에 가벼운 스트레칭이나 심호흡을 추가하는 습관은 즐거운 걷기 운동의 효과를 많이 높일 수 있다.

(2) 직업이나 일에서의 걷기 운동 효과

걷기는 건강과 체력의 시작점이라고 할 수 있다. 현대인들은 줄어든 걸음을 늘리기 위해서는 언제든 시간이 나는 대로 틈틈이 걷기 운동을 늘리는 것이 좋다. 그렇지만 21세기 위기와 기회의 경쟁시대에 아무리 늘려도 건강을 유지하는 적정 걸음 수인 8,000~10,000보를 채우는 것은 쉬운 일이 아니다. 그러므로 그 부족한 걷기를 보충하는 최고의 좋은 방법이 있다.

그것은 일상생활과 직업에서의 걷는 것을 운동이라고 생각하며 즐겁게 실천하는 방식이다. 그런데 즐겁게 일을 하지 않는 사람은 피로물질이 주로 쌓여 무리할 경우 오히려 과로와 질병의 원인이 된다. 무슨 일이든 그 일을 좋아하고 즐기면 긍정으로 전환되는 효과가 발생한다. '피할 수 없으면 즐겨라'라는 교훈을 되새겨서, 이왕 생활이나 일을 할 때 그것을 건강과 체력 에너지로 전환시킬 수 있는 21세기 건강 프로가 되어야 할 것이다.

모든 것이 마음먹기에 달려 있다. 생각하고 말하는 대로 운명이 흘러간다고 한다. 그러니 이왕 일상생활이나 직업에서의 필요에 의해 걷는 것을 자신의 걷기 운동으로 보탬이 되는 방향으로 전환시키면 된다. 즉 일상이나 직업으로의 일을 운동이라 여기고 즐겁게 할 때 걷기 운동의 효과가 발생한다.

좋아하고 즐기는 긍정의 전환 공식에 더해 또 한 가지 특별한 비법은 몸과 마음의 생각의 그물과 한계의 벽을 조절하는 것이다. 예를 들어, 자신의 체력으로 즐겁게 고객을 맞이할 수 있는 하루 평균 숫자를 50명 정도로 정해 놓았다면, 하루 고객이 50명에 가까워져 오면 저절로 몸과 마음에서 힘이 든다는 여러 가지 증상들이 나타나기 시작할 것이다. 그리고 자신이 스스로 정한 한계 숫자인 50명이 넘게 되면, 몸과 마음에 과부하가 걸리기 시작해서 질병과 노화가 촉진되는 부작용이 발생할 것이다. 결국 자기가 알게 모르게 만들어 놓은 생각의 그물과 한계의 벽이라는 함정 속에서 허우적거리게 될 것이다.

그 생각의 그물과 한계의 벽은 스스로가 마음속에서 그렇게 정한 것이다. 그런데 만일 자신의 한계 숫자를 방문 고객 100명으로 정해 놓았다면, 평소에 하루 평균 숫자인 50명을 넘었을 때는 자기 한계의 반밖에 일을 안 한 것이므로 힘이 반이나 남아 있을 것이다. 최대 한계치란 실제 할 수 있는 것이 아닌, 나의 잠재력을 최대로 계발했을 때의 한계치로 정하면 된다. 자신의 최대 한계치나 한계의 벽을 높게 정하는 것은, 누구의 눈치를 보아야 하거나 힘들거나 비용이 드는 일이 전혀 아니다. 이처럼 일상에서 자신의 한계와 목표치를 적절하게 잘 활용한다면 오히려 온종일 힘과 활력이 가득하고 몸과 마음에 여유와 즐거움이 뿜뿜하게 넘치게 될 것이다.

(3) 산책과 '공기 털어먹기'

몸과 마음은 서로 통해져 있어서 상호 보완적으로 활용될 수 있다. 내 스스로가 생각과 감정으로 그렇게 믿고 있을 때, 실제 내 몸에서는 그런 특별한 화학 반응이 일어나 건강과 체력으로 전환되는 놀라운 효과가 발생하게 된다. 그래서 산책 효과를 이용해서 내 마음의 활력 에너지를 충전시키는 방향으로 사용할 수도 있다. 현대인은 스트레스를 많이 받고 있다. 그리고 그 스트레스는 질병과 노화의 주요 원인이 되고 있다. 그래서 21세기 경쟁의 시대에 스트레스를 해소하는 좋은 방법으로 걷기 운동 중 하나인 산책이 있다.

산책은 마음의 휴식이나 에너지의 충전 그리고 어떤 생각을 창조해내는 특별한 효과도 있다. 산책의 방식은 공기 맑은 산속이나 정원을 거닐어야 되는 것만은 아니다. 집에서 방안을 천천히 왔다 갔다

하는 것으로도 산책이라고 생각하면 어느 곳이든 산책의 효과가 날 수가 있다. 실제로도 우주에서 가장 아름다운 지구별의 한편을 걷는다는 마음으로 걸으면 모든 것이 지구별의 아름다운 정원으로 바뀌게 될 것이다. 산책을 할 때에는 천천히 여유 있게 즐기는 마음으로 근심 걱정 내려놓고 걷는 그 순간을 만끽하는 기분으로 걷는 것이다.

산책의 첫 번째 포인트는, 스스로 마음의 휴식과 재충전을 시키는 비책이라고 생각하는 것이다. 산책의 효과를 높이려면 건강과 삶에 도움이 되는 즐거운 산책이라는 특별한 생각과 상상으로 실천하면 된다. 내가 아직 젊고 건강해서 두 다리로 걸을 수 있다는 것에 감사하는 마음으로 즐겁게 걸으면 사랑 에너지가 더욱 충전된다.

두 번째는 '공기 털어먹기' 호흡법을 추가하는 것이다. 산책을 할 때 시작이나 마무리 또는 중간에 잠깐 멈춤 시간을 갖는다. 멈춰 서서 가슴을 활짝 펴고 호흡을 천천히 약간 길게 한다는 느낌으로 숨을 들여마시는 심호흡을 하면서 공기 중의 산소와 빛 에너지를 흠뻑 들이마신다는 생각을 한다. 그리고 숨을 내보내는 호흡을 할 때는 몸의 노폐물과 부정적인 그림자 에너지를 배출한다는 느낌으로 심호흡을 한다. 몸과 마음으로 건강과 활력 에너지가 내 안을 가득 채운다는 상상과 느낌을 갖는다. 이러한 활력과 건강을 채우고 몸과 마음을 재충전하고 정화시키는 특별한 호흡법이 '공기 털어먹기' 호흡법이다.

산책 시간이 아니더라도 아침이나 저녁 또는 언제든 시간 날 때, 하루에 단 몇 분이라도 이런 '공기 털어먹기'를 한다는 생각으로 즐긴다면 언제든 몸과 마음이 재충전되는 특별한 효과가 발생할 것이다. 산과 바다 그리고 해와 달 또는 북극성 등 별을 바라보며 실천하거나 또는 마음속에서 그러한 아름다운 지구 정원 한 편에 서 있는 모습을 상상하면서 '공기 털어먹기'를 시도하면 활력과 재충전의 명상 효과가 더욱 높아질 것이다.

12-2 삼위일체 건강법 (중): 중간부 1/3 건강법

: 인체를 세 가지 파트에서 젊고 건강하게 유지하는, 몸과 마음의 건강법

중간부 1/3의 건강법은 바른 자세, 호흡법, 물 먹는 법과 '물 씹어먹기'이다. 중간부 1/3 건강법의 핵심도, 누구나 잘 알고 있고 별로 어렵지도 않은 건강에 대한 기본적인 핵심 사항들을 잘 알고 실천하느냐에 달려 있다. 그리고 기본 사항에다 몇 가지 특별한 생각이나 방식을 약간 추가하거나 전환시킴으로써 특별한 효과를 추가하는 것이다.

식생활 습관성 질환은 잘못된 습관이 심할 경우에는 10년 이내 발생하고, 보통의 경우에는 평균 20~30년 후에 질병으로 발생한다. 그래서 대다수 사람이 지금 자신이 하고 있는 부적절한 자세나 행동 그리고 부정적인 마음 등을 대수롭지 않게 여기고 있다. 하지만 그것은 자신이 알게 모르게 서서히 질병과 불행의 씨앗을 심고 가꾸는 일이라는 생각을 잊어서는 안 된다. 그래서 삶과 운명은 그것이 좋은 것이든 나쁜 것이든, 어디서 줍는 것이 아니라 자신이 스스로 만들어 가는 것이라 한다.

(1) 바른 자세

삼위일체 건강법 중간부 1/3의 건강법에 가장 중요한 파트는 바른 자세이다. 바른 자세란, 등을 바로 세우고, 가슴을 펴고 머리를 바르게 들고, 몸을 동서남북, 상하좌우로 기울이지 않고 바르게 몸의 중심축을 유지하는 것을 의미한다. 즉 척추를 바르게 세우고 가슴을 펴서 올바른 호흡이 가능하고 혈액순환과 내부 장기를 활성화시키고 보호하는 자세를 바른 자세라 한다. 앉거나 서 있을 때 그리고 공부나 일을 할 때 특히 컴퓨터나 스마트폰 등을 사용 시 바른 자세가 중요하다.

올바르지 못한 자세로 몸의 중심축이 기울어져 있다면 시간이 흐를수록 질병과 노화의 원인으로 작용하게 된다. 그러한 부적절한 자세로 일을 계속하게 되면 시간이 흐를수록 쉽게 피로를 느끼게 되어 지속력이 부족하게 되고 집중력도 떨어지게 된다. 결국 중심축이 바르지 못하면 건강과 체력에 각종 문제점이 발생하게 된다.

또한, 21세기 인류의 수명이 급속도로 늘어나고 있다. 그럴수록 퇴행성 질병인 허리와 어깨, 목, 무릎 부위의 관절과 디스크에 질병 발생 가능성이 높아지고 점차 심해질 것이다. 그리고 기울어진 부위에 지속적인 혈액순환의 이상과 산소 공급 부족으로 인한 염증 발생과 기능 저하를 초래하여 암 등 심각한 질병의 원인을 제공하게 된다. 이것은 질병으로 인한 고통과 삶의 질을 저하시키는 주요 원인으로 작용하고 있다.

(2) 힐링과 치유 호흡법

인체의 중간부 1/3의 건강은 바른 자세와 호흡법에 영향을 받는다. 호흡은 삶과 건강의 시작과 마무리이다. 호흡은 코를 통해 폐에서 산소를 공급하고 노폐물을 배출하는 중요한 역할을 한다. 그런데 평소에 바른 자세를 유지하지 않고, 구부리거나 기울어진 채 살아간다면 호흡이 빨라지고 얕아질 것이다. 그렇게 되면 산소의 흡입량도 적어지고 노폐물의 배출도 원활하게 이루어지기 어렵다. 결국 내 몸에 산소 부족과 독소 축적으로 노화와 질병의 원인이 될 것이다.

현대인들은 점점 더 호흡이 빨라지고 있다. 스트레스의 증가와 급변하는 21세기를 살아가다 보니 몸과 마음이 저절로 급해지고 있는 것이다. 그러므로 조금 더 여유를 가지고 들숨과 날숨을 아주 약간만 더 길고 깊게 호흡하는 습관이 필요하다. 호흡이 빠르고 거칠다면 성격도 급하고 거칠어지며 질병의 원인이 된다. 일상에서 이미 습관이 되어 전체 호흡을 조금 더 천천히 깊고 길게로 바꿀 수 없다면, 하루에 시간이 날 때 틈틈이 하는 심호흡이나 '공기 털어먹기'로 보충하면 된다.

우선 코로 숨을 쉬는 호흡법이 중요하다. 코로 숨을 쉬어야 하는 이유와 장점은 폐로 출입되는 공기 온도의 적절화, 공기 중의 불순물 제거, 흡입 세균의 정화 등 중요한 역할을 하기 때문이다. 그러므로 비염이나 입을 벌리고 자는 습관 등은 미리 치료하고 개선해 둘 필요가 있다. 만일 입으로 호흡을 한다면, 코로 호흡하는 장점들이 없어지게 되고 각종 부작용이 발생한다. 구강 건조증과 잇몸 염증이 증가하고, 면역 기능을 담당하는 편도선의 세균 침범으로 인해 알레르기나 면역성 질환에 노출되기 쉬워진다.

호흡이 빨라지고 얕아질수록 행복한 건강 장수하고는 멀어져 갈 것이다. 특히 건강의 계단이 한 계단 떨어지는 40세를 전후하여 성인병 발생이 많아지기 시작한다. 중년 이후에 건강을 지키고 노화를 방지하고 싶다면 심호흡 운동을 추가해 나가야 한다. 그 이유는 이 시기부터는 탄수화물 대사에서 산소 대사로 서서히 전환이 되기 때문이다. 점점 더 산소가 내 몸의 중요한 에너지원으로 작용하게 된다. 그래서 나이가 들어갈수록 걷기 운동과 더불어 심호흡 운동이나 '공기 털어먹기'는 점점 더 건강 장수의 중요한 요소가 될 것이다.

특히 '공기 털어먹기'의 몸과 마음의 힐링과 치유의 활용법이 있다. 아침이나 잠들기 전에 해나 달을 바라보며, 산소와 빛 에너지 그리고 자연과 우주 만물의 사랑 에너지가 온몸과 마음을 통해 밀려들어와 가득 충전되는 상상으로 숨을 들이 마신다. 그리고 내보내는 호흡과 온몸과 마음으로 노폐물과 부정적인 그림자가 모두 배출되는, 생각으로 '공기 털어먹기'를 실천한다. 그러면서 몸과 마음에서 건강과 치유 작용이 발생한다는 즐거운 상상을 하면서 '공기 털어먹기'를 실천하면 힐링과 치유의 명상 효과가 탁월해진다.

21세기 행복한 건강 장수를 바란다면, 우선 일상의 올바른 호흡법과 더불어 언제든 잠시 시간이 날 때, 심호흡이나 '공기 털어먹기' 등을 추가하면 도움이 될 것이다.

(3) 물 먹는 법과 '물 씹어 먹기'

인체의 중간부 1/3의 건강은 물 먹는 법과 '물 씹어 먹기'에 영향을 받는다. 물은 인체의 70~80%를 차지하고 있는 삶과 건강에 가장 중요한 요소이다. 그러므로 올바른 물 먹기는 건강을 지키는 가장 기본이면서도 질병을 예방하는 핵심 사항이라 할 수 있다. 그에 더해 특별한 물먹기인 '물 씹어 먹기'를 일상에 적용하면 몸과 마음의 건강과 행복에 도움이 된다. '물 씹어 먹기'는 몸과 마음의 안정과 스트레스 해소 그리고 활력 충전의 효과가 있다. 그리고 특히 중년 이후의 구강 건조증 치료에 탁월한 효과가 있다.

중간부 1/3 부위에는 면역력을 담당하는 아주 중요한 소화기관계가 모여 있는 곳이다. 위와 장 등 내 몸의 건강을 위해서 첫 번째로 중요한 요소는 물과 산소이다. 특히 장은 제2의 뇌라 불리며 면역력을 담당하는 중요한 기관이다. 물과 산소는 몸과 마음 그리고 뇌와 장 등의 건강과 면역력을 지키는 필수 요소이다. 하루에 8~10잔 정도의 물을 마시는 것이 건강 장수의 필수 조건이라는 것은 모두가 알고 있다.

아침에 눈 뜨자마자 먹는 한 잔의 물은 몸을 해독시키는 보약과 같다. 그런데 평소에 스켈링이나 잇몸 정기 관리를 안 하는 사람은 입속에 세균이 너무 많으므로 가급적이면 양치를 한 후에 물을 먹는 것이 좋다. 평소 잇몸 염증 관리를 잘하는 사람은, 잠들기 전에 양치를 철저히 하고 소금물로 혀와 목 안까지 충분히 헹구어 주었다면 아침에 눈 뜨자마자 물을 마셔도 된다. 인체 면역력을 결정하는 장내세균의 90%는 입안 세균이 들어간 것이므로 양치와 잇몸 염증 관리는 건강 장수의 필수 조건이다.

또한, 잠들기 2시간 전에 물 한 잔을 마시는 것은 몸의 노폐물을 제거하고 잠드는 습관도 건강을 지키는 중요한 요소이다. 두 시간 이전에 물을 먹는 이유는 수면 시간 동안 화장실을 가는 불편을 줄이기 위해서이다. 나머지 6~8잔의 물은 중간중간 필요에 따라 먹으면 된다. 그런데 중년이 넘어 수분이 부족해지면 구강 건조증, 안구 건조증, 피부 건조증 등에 의한 노화 증상이 발생하게 된다. 그러므로 특별한 질병이 있어 물을 제한하는 경우 이외에는 한두 잔의 물을 더 섭취하여 열 잔에 가까운 물을 먹는 것이 좋다.

21세기 급변하는 시대에 스트레스가 심하거나 퇴행성 변화와 질병으로 각종 건조증 등이 생기기 시작한다면 '물을 씹어 먹는 법'을 실천하는 것이 도움이 된다. 특히 구강 건조증이 오면 잇몸 염증과 입냄새 그리고 혀나 입속 구내 염증도 심해진다. 그리고 맛을 잘 못 느끼게 되고 활력이 떨어지고 예민해진다. 이럴 때 '물을 씹어 먹는 법'이 통증과 증상의 완화와 마음을 진정시키는 치유 효과 등 건강과 행복에 도움이 될 수 있다.

'물을 씹어 먹는다는 것'은 물을 한 모금 입에 넣고 혀를 입천장에 대고 천천히 움직이거나 치아를 살살 부딪쳐서 침이 충분히 고이면 천천히 여러 번에 나누어 삼키는 방식을 '물을 씹어 먹는다'고 한다. '물 씹어 먹기'는 허준의 《동의보감》이나, 중국의 《황제내경》등에서도 건강과 마음 수련의 효과가 있다고 알려져 있다. 입안의 침은 항상 내 몸 최고의 명의라고 생각하면 된다. 침은 독소 제거뿐만 아니라 내 몸의 활력과 건강과 젊음을 돕는 최상위 명약이다.

60세 이후에 각종 퇴행성 질병이 진행되면 침의 양이 줄어들어 구강 건조증과 더불어 입 냄새와 잇몸 염증이 심해진다. 그리고 입병이 많아져서 예민해지고 불면증 등 삶의 질이 떨어지게 된다. 이럴 때는 물 섭취를 두세 잔 더 늘리고 '물 씹어 먹는 법'을 추가하는 것이 도움이 된다. 그리고 평소에 올바른 양치나 정기적인 잇몸 염증 관리로 구강 세균을 줄여 주고, '덕분에 감사합니다'라는 감사의 마음으로 실천하면 침의 효능이 좋아져서 '물 씹어 먹기' 효과가 더욱 높아진다.

그런데 나이 들어 점점 더 입이 마르다 보니 침이 적어져서 운동이나 일을 할 때 쉽게 피로하고 지치는 경우가 많다. 이럴 때 껌이나 사탕을 이용하는 사람들이 많다. 하지만 껌이나 사탕은 충치나 잇몸 염증을 유발하므로, 무말랭이로 대체하는 것이 좋다.

무말랭이는 공해 시대 중금속 해독 작용이 있고, 소화효소가 들어 있고, 칼슘분이 풍부하고, 칼슘 흡수를 돕는 비타민 D도 들어 있는 건강 장수의 보약이다. 생각하고 말하는 대로 운명이 흘러간다. 입이 마를 때 무말랭이를 입안에 몇 개 넣고, '지금 입안에 있는 무말랭이는, 내 몸과 마음에 보약이 되는, 밭에서 나는 산삼이다.'라고 생각하는 것이 중요한 포인트이다. 그리고 아주 천천히 침으로 녹여 먹거나, 치아로 살살 오랫동안 씹어 주어 침이 충분히 고이면, 감사의 마음으로 서서히 여러 번에 나누어 삼키는 방식이 '무말랭이 녹여 먹기'이다.

'무말랭이 녹여 먹기'는 구강 건조증을 줄여 주고 몸과 마음에 활력

에너지를 충전하는 특별한 비법이다. 무말랭이를 녹여 먹는 동안 씹는 즐거움을 늘리기를 원하거나 씹는 맛을 더하기를 바란다면, 가끔씩은 중간중간에 도라지, 더덕, 수삼, 뱅어포, 방울토마토, 고구마, 바나나 등을 작게 자르거나 말려서 천천히 오래 씹거나 녹여 먹으면 된다. 일상에서 올바른 물먹기와 '물 씹어 먹기', '무말랭이 녹여 먹기' 등을 실천한다면 몸과 마음의 건강 장수에 한 걸음 더 다가서게 될 것이다. 삼위일체 건강법 실천 시에 공통적인 고려 사항은 언제든 즐거운 웃음과 미소 그리고 감사하는 마음으로 실천할수록 효과가 높아진다는 것이다.

12-3 삼위일체 건강법 (상): 상체 1/3 건강법

: 인체를 세 가지 파트에서 젊게 유지하는 몸과 마음의 건강법

삼위일체 건강법 '하'의 하체 1/3 건강법은 걷기, 직업이나 일에서의 걷기 효과, 산책과 '공기 털어먹기'이다. 그리고 중간부 1/3 건강법은, 바른 자세, 호흡법, 물 먹는 법과 '물 씹어 먹기'이다. 그리고 상체 1/3 건강법은, 웃음과 미소, 씹기, 수면과 '건강 이미지'이다.

(1) 웃음과 미소

웃음과 미소는 모든 곳에 적용되는 만병통치의 명약이다. '건강-행복-성공'의 모든 분야에 관여 하는 필수 조건이다. 특히 만병의 원인인 스트레스를 치유하는 탁월한 효과가 있다. 또한, 세계 어디서든

통용되는 만국 공통의 여권이라고 한다. 웃음은 음식을 씹는 것만큼의 안면 근육의 운동 효과를 동반한다. 또한, 엔돌핀을 발생하게 하여 면역력을 높이는 특별한 장치이다. 웃음과 미소는 내 몸과 마음을 치유하는 내 안의 명의 중 대표 주자라 할 수 있다.

크게 한 번 웃는 웃음의 효과는 5분 동안 운동을 한 효과가 있다고 한다. 여기서도 감사하는 기쁨으로 웃을수록 힐링과 치유의 효과가 높아진다. 웃음과 미소를 짓는다고 해서 모든 것이 이루어지고 해결되는 것은 아니지만, 웃음과 미소가 없다면 내가 바라는 '건강-행복-성공'의 점수가 높아질 가능성이 희박해질 것이다.

(2) 씹기

씹기는 상체 1/3 건강법에 있어서 21세기 건강과 치유에 가장 필요한 파트이다. 씹는 것은 뇌 건강과 젊음 유지에 걷기만큼의 효과가 있다. 그 이유는 21세기 들어 환경오염으로 농약과 항생제 사용이 증가하여 동식물 등 먹거리가 오염되어 가고 있다. 또한, 방부제와 보존제 등 인스턴트식품의 범람으로 유해 물질이 점점 증가하고 있다. 21세기가 진행될수록 이러한 조건은 점점 더 악화되어 갈 것이다. 가급적이면 좋은 먹거리와 음식 등을 선택해서 섭취하면 바람직하겠지만, 본인 스스로가 모든 것을 직접 재배하고 만들어서 먹을 수는 없을 것이다.

그리고 먹는 음식에 대한 세척과 소독에도 한계가 있다. 그런데 다행히도 우리의 침은, 음식을 작게 잘라서 입에 넣고 30번 이상 씹으면 그 먹거리 속에 포함된 유해 물질의 많은 부분을 줄일 수가 있다.

침 속에는 프록시다아제라는 강력한 해독제와 면역 글로불린, 소화효소가 포함되어 있다. 또한, 젊음을 유지하는 파로틴이라는 호르몬도 들어 있다. 침은 우리 인체가 가지고 있는 백 명의 명의 중에 대표 주자라 할 수 있다. 그러므로 평소에 30번 이상 씹는 연습과 훈련을 통해 21세기 건강을 지키는 씹기 운동을 실천하여야 한다. 만일 30번 씹기가 정말 힘들다면 음식을 칼이나 가위로 더 작게 잘라서 침을 묻힐 기회를 늘리면 된다.

40세를 전후로 하여 성인병이 발생하기 시작하는 중년이 되면 건강의 계단이 한 계단 떨어지게 된다. 그래서 떨어지는 면역력을 만회하기 위해서는 면역력을 올리는 두세 가지 식생활 습관이나 긍정의 힘을 늘려야 한다. 그중에서도 음식을 작게 잘라 천천히 오래 씹는 것이 건강 장수의 첫 번째 조건이라 할 수 있다. 이러한 식사법은 나이가 들어 치아, 위, 장 등 인체 모든 부위의 기능이 저하되어 갈수록 점점 더 필요한 건강 장수의 습관이다.

음식을 빠르게 먹고 크고 딱딱하게 먹을수록 치아의 마모가 심해지고, 그 결과로 잇몸 염증과 치아가 흔들리는 풍치 등 질병과 노화가 빠르게 진행될 것이다. 그리고 턱관절염과 목 디스크로 진행되고 어깨 결림과 편두통 등의 원인이 되기도 한다. 또한, 앞니가 길어지고 뻐드러져서 얼굴이 변형이 된다. 그리고 치아의 마모가 빨라지고 안면 근육의 퇴화가 진행되면 뇌 부위의 퇴화도 빠르게 진행되어 노화와 치매의 원인이 된다.

그런데 '세 살 버릇 여든 간다'는 속담이 있다. 나이 들어서 갑자기 습관을 바꾸려면 쉬운 일이 아니니다. 그러니 일찍부터 음식을 작게 잘라 천천히 오래 씹는 좋은 식생활 습관을 몸에 베게 하는 것이 21세기 건강을 지키는 중요한 요소라 할 수 있다. 천천히 오래 씹는 씹기 운동은 안면 근육에 적절한 운동이 되어 노화를 방지하고 혈액순환을 돕는다. 그래서 질병 예방과 노화를 방지하는, 행복한 건강 장수를 위한 필수 조건이라 할 수 있다.

(3) 수면과 건강 이미지

① 수면

상체 1/3의 건강에 있어서, 우리 몸과 마음 그리고 잠재 뇌에 휴식과 건강을 유지하는 데에는 수면이 중요한 역할을 한다. 수면 시간은 평균 6~8시간 사이가 필요하며 숙면을 취하는 것이 중요하다. 그리고 충전과 휴식을 취하는 좋은 방법 중 하나는 낮잠을 10~15분 정도 즐기는 것이다. 중간에 휴식을 취해 주는 것은 재충전의 효과가 있다. 수면 중에는 코로 호흡을 하는 것이 중요하다. 그러므로 입을 벌리고 자거나 비염이 있을 경우에는 건강한 수면을 위해 코로 호흡을 할 수 있게 준비해 두어야 한다.

잠들기 전에는 오늘 하루를 정리하며 털어 버리고 긍정적인 생각과 좋은 마음으로 잠이 드는 것이 중요하다. 그런데 하루를 반성하고 터는 것과 근심 걱정은 1~2분 이내로 마무리 지어야 한다. 그리고 좋은 생각과 미래를 그리며 감사하는 마음으로 잠드는 좋은 습관이 건강하고 행복한 삶을 위해 긍정의 주파수를 유지하는 중요한 일이다.

그리고 수면의 힐링과 치유의 골든 타임인 11시에서 2시 사이에는 잠들어 있는 건강한 수면 습관이 필요하다. 성장 호르몬, 멜라토닌 등이 분비되는 중요한 시간대에 잠들어 있는 것이 피로 회복과 스트레스 해소, 숙면과 재충전 등에 유리하다. 특히 여성은 건강한 피부 미인이 되고 싶거나 난소 기능이나 생리 주기와 통증 등 건강한 생식세포와 유전자를 확보하기 위해서 필수적인 건강 습관이다. 그리고 갱년기나 폐경기 등이 다가올 때 불면증이나 신경성 병으로 진행될 확률을 줄여 준다.

11시에서 2시까지의 골든 타임에 잠들어 있는 힐링과 치유의 수면 습관은 21세기 질병의 주요 원인인 각종 스트레스의 좋은 해결책 중 하나이다. 또한, 나이가 들어 성인병이 발생하는 시기로부터는 건강과 치유의 역할과 비중이 점차 더 커져갈 것이다. '세 살 버릇 여든 간다.' 즉 어려서부터 좋은 습관을 하나둘 갖추는 것은 자신의 삶과 운명의 계단과 질을 높이는 가장 쉽고도 강력한 길이다.

② 건강의 셀프 이미지

'내가 할 수 있거나 될 수 있다고 믿고 있지 않는 일은 결코 내 삶에서 일어나지 않는다' 고 한다. 자신이 건강하다고 생각하고 믿고 있지 않다면 건강할 가능성이 그만큼 줄어든다. 자신의 건강이나 면역력을 믿는 긍정의 확신이 건강과 치유의 가장 중요한 관문 중의 하나이다. 면역력도 자신이 생각하고 평가하고 있는 수준으로 작용한다고 한다. 예수도 기적의 치유를 행한 후 항상 "너 자신의 믿음이 너를 고쳤노라."라고 말했다고 한다. 성공도 성공에 대한 확신과 자신감이 중요한 결정 요소이고, 행복과 행운도 자신이 행복하고 운이 좋다고 생각하고 믿는 사람에게 찾아오게 된다.

많은 사람이 현재 아픈 곳이 있는데 어떻게 건강 이미지를 갖는가에 대한 의구심을 품고 있다. 누구나 잠재 뇌에는 무엇이든 할 수 있고 될 수 있는 백 명의 명의와 잠든 거인을 갖추고 있는 명품의 나가 존재한다. 그런데 나 자신이 원래는 건강할 수 있는 사람인데 현재 내가 가지고 있는 긍정의 힘이나 식생활 습관이 부족해서 질병이 발생한 것이다. 그 부족한 것들을 개선할 수 있는 기회가 질병으로 나타난 것이다.

그러므로 질병 속에 들어 있는 내 삶의 부정적인 걸림돌이자 장애물들을 제거할 수 있는 좋은 기회를 맞이한다는 새로운 각도로 들여다보아야 한다. 그래서 '실패는 성공의 어머니'라고 한다. 언제든 삶에서 다가오는 각종 문제들의 해결책은 그 안에서 '감사와 교훈'을 찾을 수 있는 '그럼에도 불구하고 긍정'의 능력에 달려 있다.

21 뉴-하이 3대 건강법 II

21 뉴-하이 3대 건강법 II : 오계절 '원-투-쓰리' 건강법

→ 몸과 마음, 그리고 영혼에 대한 삶의 오계절 학교 건강법

오계절 건강법 '원-투-쓰리'는 삶의 학교에서 건강과 행복을 추구하는 방식과 태어나서부터 평생토록 성장 발달과 퇴화의 오계절 그래프에 의한 건강법이다. 건강의 점수를 높이고 싶다면 건강뿐만 아니라 행복과 성공도 동시에 준비해야 한다. 오계절 '원-투-쓰리' 건강법은 '건강-행복-성공'의 점수를 높이는 몸과 마음 그리고 삶과 영혼에 대한 삶의 학교 건강법이다.

13-1 오계절 건강법-'원'

: 일상생활에서 면역력을 '2-3-5배' 높이는 법

[1] 면역력을 2배 높이는 법

(1) 올바른 식생활 습관 (소식, 천천히 오래 씹기, 바른 자세, 좋은 음식 등)

많은 사람이 올바른 식생활 습관이 무엇인지 거의 알고 있다. 부적절한 식생활 습관은 정도의 차이는 있지만, 평균적으로 10년에서 30년 정도 지나야 질병이 된다. 그래서 많은 사람이 자신의 잘못된 사소한 습관들을 아무렇지 않다거나 대수롭지 않게 생각하고 있다. 그러다 보니 문제점을 적극적으로 찾아서 개선하려는 노력을 별로하지 않는 편이다. 하지만 좋은 일이든 나쁜 일이든 '시작은 미약했으나 끝은 창대하리라!' 라는 삶의 진리가 삶과 운명에 알게 모르게 작용되고 있다.

(2) 감사하는 기쁨과 나 자신을 사랑하기

감사는 사랑의 가장 고귀한 표현법이며, 내 삶으로 모든 좋은 것을 끌어당기는 시동 키이다. 론다 번은 "감사하는 마음은 당신이 부정적인 감정에서 벗어나서 사랑의 힘을 이용하도록 이어 주는 다리다." 라고 했다. 매사에 감사하는 기쁨은 내 삶과 운명인 '건강-행복-

성공' 의 점수를 높이는 필수 키라는 뜻이다. 감사가 없다면 내 인생의 아무런 좋은 일도 발생하지 않는다는 뜻이기도 하다. 그리고 내 삶으로 모든 좋은 것들을 끌어당기는 긍정의 끌어당김 법칙은 사랑에너지로 작동된다. 사랑 에너지는 나 자신을 사랑하는 것으로부터 충전된다. 감사하는 기쁨으로 살아가는 것은 면역력과 치유력을 높이고 건강하고 행복한 삶과 운명을 끌어당기는 공식이다.

(3) 운동 (걷기, 스트레칭, 심호흡, 근력 등 무리하지 않는 운동 습관)

운동이 중요하다는 것을 모르는 사람은 아무도 없을 것이다. 운동은 일상생활에서 바른 자세로 즐겁게 잘 걷기만 해도 건강과 체력의 많은 부분을 갖출 수 있다. 21세기 건강 장수의 삶을 원한다면, 지금부터 걷기와 스트레칭 등을 실천하는 꾸준한 운동 습관을 만들어야 한다. 그리고 중년이 될수록 유산소 운동에 더해 심호흡 운동과 근력 운동을 추가하는 것이 좋다.

[2] 면역력을 3배 이상 높이는 법

(1) 웃음과 미소 (면역력 증진 최고의 명약)

하늘이 준 최고의 선물이자 비용이 들지 않는 최고의 명약은 웃음과 미소이다. 즐거워서 웃으나 그냥 억지로 웃으나 내 몸에서는 엔돌핀이 분비되고 면역력이 높아진다. 웃음과 미소는 '건강-행복-성공' 점수의 시작이자 반이라 해도 과언이 아니다. 건강하고 행복해서 웃기보다는, 웃다 보면 건강하고 행복해지는 길이 삶의 진리이다. 웃으면 만복이 온다.

(2) 칭찬과 존중 (자존감과 자신감을 길러 주고 삶에 활력 에너지 높임)

칭찬과 존중은 말하는 사람이나 듣는 사람 모두의 면역력을 올린다. 그리고 자존감과 자신감을 길러 주고 삶에 활력 에너지를 높여 준다. 상대를 기쁘고 행복하게 하는 감동의 사랑 에너지이다. '나와 상대의 장점을 칭찬하고, 단점을 있는 그대로 받아들이고 존중하기'는 힐링과 치유의 관문이다. 또한, 이것은 인성의 관문으로 습관과 더불어 삶의 계단과 질을 높이는 핵심 역할을 한다.

(3) 웃으며 박수 치기 운동 (면역력을 높이는 최고의 운동법)

면역력을 최대로 높이는 운동은 즐겁게 웃으며 손뼉치기 운동법이다. 우리의 뇌와 몸은 억지로 웃으나 기쁜 일로 웃으나 같은 엔돌핀을 분비한다. 그리고 노화와 질병을 예방하는 효과가 있다. 만일 운동의 효과를 더욱 높이고 싶다면 손뼉을 칠 때 동요, 가요, 유행가 등 좋아하는 음악에 맞춰 가사를 '하하', '호호', '히히', '깔깔' 등으로 바꾸는 것이다. 그리고 아침·저녁 운동으로 편안하게 앉거나 누워서 손과 발 등으로 손뼉치며 즐겁게 웃는 것도 효과를 높이는 좋은 방법이다.

[3] 면역력을 5배 이상 높이는 법

(1) '그럼에도 불구하고 긍정'과 용서 (힐링과 치유의 관문)

사람에게는 누구나 좋은 일과 나쁜 일이 비슷하게 일어난다. 그런데 그것을 받아들이고 처리하는 능력에 따라 좋은 일과 특별한 일이 될 수 있다. 내 삶으로 다가오는 장애물을 디딤돌로 만들 수 있는 긍정의 전환 장치가 '그럼에도 불구하고 긍정(오케이, 예스)'이다. '그럼에도 불구하고 긍정'이란 내 삶으로 실패, 질병, 역경 등이 다가왔을 때, 그 안에서 감사와 교훈을 찾을 수 있는 능력을 의미한다. 21세기 '건강-행복-성공'의 쓰나미를 극복하는 21세기 삶의 프로가 갖추어야 할 최상위 무기이다.

사랑은 감사로 시작하여 용서로 완성된다. 마하트마 간디는 "약한 자는 용서하지 않는다. 용서하는 마음은 강한 자만이 가질 수 있는 특성이다."라고 했다. 용서는 사랑의 가장 훌륭한 실천법으로 힐링과 치유의 사랑 에너지를 분출한다. 루이스 헤이는 "모든 질병은 용서하지 않으려는 마음에서 비롯된다. 가장 용서하기 어려운 사람이야말로 당신의 건강하고 행복한 삶을 위해 제일 마음에서 내려놓아야 할 사람이다."라고 했다.

(2) 감동이나 깨달음 (오계절 다이돌핀 발생)

감동은 사람이 갖추어야 할 실력 중 최상위 능력이다. 21세기는 고객 감동의 시대이다. 만일 '부드럽고 친절한 미소와 말투 그리고 품격 있고 존중하는 태도와 목소리'를 추가한다면, 서로의 사랑 에너지를 감동의 수준으로 발전시킬 수 있다. 알아차림이나 깨달음으로 사람이 변하면 우선 마음의 창인 눈과 입가의 웃음과 미소가 변하고, 그와 더불어 목소리와 말투가 달라진다. 자기 계발을 통해 습관이나 인성의 계단을 발전시키면 삶의 시각과 패턴이 달라진다. 태어난 잠재력을 최대로 발휘하여 내 안에 잠든 거인을 깨운다는 것은 이번 생에 자신과의 승부에서 위대한 승리를 거두는 길이다.

(3) 건강 이미지와 절대 긍정, 명상과 기타 (마법의 삶과 기적의 치유)

모든 것은 마음먹기에 달렸다. 건강과 치유에는 자신의 건강과 면역력 등에 대해 스스로 믿고 있거나 평가하고 있는 건강 이미지가 가장 중요하다. 자신이 건강하고 면역력이 강하다고 스스로 믿고 있는 셀프 건강 이미지에 의해 몸과 마음에 힐링과 치유 작용이 영향을 받는다. 생각하고 말하는 대로 운명이 흘러간다. 현재 몸이 약하거나 질병이 있는 사람이라면 건강 이미지를 갖기가 어려울 것이다. 이럴 때는 부정적이거나 식생활 습관을 몇 가지 개선한다면, 원래의 건강한 나로 돌아갈 수 있다는 것을 믿으면 된다.

그러므로 평소에 무엇이든 할 수 있고 이룰 수 있다는 긍정적인 생각과 말을 하는 좋은 습관을 갖고 있는 것이 중요하다. 마음 수련과 명상을 통해 마음 근육을 키우거나 절대 긍정이나 초월에 다가설수록 힐링과 치유의 능력이 최대치로 오르게 될 것이다. 21세기는 명상의 시대가 예측된다. 환경오염과 급속도로 늘어갈 각종 문제들에 의해, 스트레스는 증가할 것이고 몸과 마음은 점차 약해져 갈 것이다. 이를 극복하는 좋은 방법으로 '힐링과 치유의 명상법' 의 중요성이 점점 더 높아져 갈 것이다.

13-2 오계절 건강법-'투'

: 중년기(40±5세), 건강프로의 5대 황금 키

그동안 건강에 무관심했다면 우선 삼위일체 '상-중-하' 건강법을 통해 건강의 기본 사항들을 먼저 갖추어야 한다. 그리고 '중년 이후, 질병 예방과 노화 방지의 5대 황금 키'를 실천하는 것이 21세기 건강 장수와 힐링과 치유의 효과를 높일 것이다. 강한 자가 이기는 것이 아니라 상황과 변화에 잘 적응하는 자가 강한 자이다.

(1) '탄수화물 줄이고 산소 공급 늘리기'

중년 이후에는 인체의 에너지 대사가 탄수화물 대사에서 서서히 산소 대사의 중요성이 높아져 간다. 그러므로 탄수화물 섭취를 약간 줄이고 산소 공급을 늘려야 한다. 그럴 때 중년 이후에는 에너지 대사율이 낮아지므로 질병과 노화의 주요 원인인 복부나 내장 비만이 되기 쉽다. 그래서 만일 탄수화물 섭취를 20% 정도 줄였다면, 그 줄인 것의 반인 10% 정도만 칼슘 식품이나 견과류, 신선한 채소 등으로 늘려야 한다. 그리고 심호흡을 통하여 산소 공급을 늘리고, 그동안 몸에 쌓인 노폐물을 배출하는 것이 필요한 시기이다. 21세기 들어 점점 더 호흡이 빠르고 얕아지고 있다. 그러므로 평소에 호흡을 약간 천천히 깊게 하거나, 시간이 날 때 틈틈이 몸을 바르게 펴는 스트레칭과 심호흡 운동을 추가하는 것이 건강을 지키는 중요 포인트이다. 이럴 때 즐거운 건강 장수와 힐링과 치유의 호흡법인 '공기 털어먹기'를 실천하면 도움이 될 것이다.

(2) '음식을 작게 잘라 천천히 오래 씹기'

중년이 넘으면 대표적인 노화 증상으로 흰머리, 노안, 풍치 등이 다가오게 된다. 즉 내부 장기, 근력, 골질과 골밀도 등 인체의 모든 기관의 기능이 한 계단 떨어지게 된다. 치아뿐만 아니라 위와 장 등 소화기관계도 약해지므로 그것을 보충해 주기 위해서는 음식을 작게 잘라 천천히 오래 씹어 입자를 작게 해야 한다. 음식을 크고 빠르게 먹을수록 치아의 마모가 빨라진다. 그리고 치아의 빠른 마모는 노화를 촉진하고 턱 관절염, 목 디스크, 어깨 결림, 편두통, 치매 등을 유발한다. 만일 중년이 넘어 10~20대처럼 백 미터 달리기를 한다면 관절 등 온몸에 무리가 올 것이다. 치아와 잇몸도 나이가 들었는데 젊어서 백 미터 달리듯이 음식을 크고 빠르게 씹는다면 잇몸 염증과 치아 마모와 동요도 증가 등으로 무리가 와서 일찍 뽑게 될 것이다. 위와 장 그리고 간과 신장에도 염증 발생이나 무리가 갈 것이다. 21세기 즐거운 건강 장수의 관문인 작게 잘라 천천히 오래 씹기를 통과하려면, 치아를 오래 보존하고 잇몸 염증을 줄이는 올바른 양치와 정기 스켈링 등 잇몸 염증 관리를 실천하여야 한다.

(3) '바른 자세와 걷기와 스트레칭과 근력 운동'

나이가 들어갈수록 자신도 의식하지 못한 채 몸의 중심축이 전후좌우로 기울어져 간다. 그래서 가슴을 펴고 머리를 세우고 바른 자세로 걷기와 스트레칭은 건강과 체력을 보존하고 노화와 질병을 예방하는 필수 운동이다. 요즘은 컴퓨터나 스마트폰 등을 장시간 사용하여 젊은 사람들도 몸이 기울어져 가고 있다. 앉는 자세나 일할 때도 바른 자세를 유지하는 것이 중요하다. 평소에 스트레칭을 통하여 몸을 바르게 유지하고 관절을 보호하는 운동이 필요하다. 그리고 팔굽혀 펴기, 스쿼트, 줄넘기, 계단 오르기, 아령, 수영 등 근력 유지 운동을 무리하지 않게 추가해야 한다.

(4) '질병을 예방하는 물 먹기와 물 씹어 먹기'

그동안 물 먹는 법을 제대로 지키지 않았다면 이제부터라도 '삼위일체 상-중-하' 건강법을 지켜나가는 것이 건강 장수의 출발점이다. 중년이 넘으면 대표적인 노화 증상이자 퇴행성 질병의 출발점인 안구 건조증, 구강 건조증, 피부 건조증이 점차 심해진다. 그러므로 '물 씹어 먹기'와 더불어 아침에 일어나서 그리고 잠들기 두 시간 전에 물 한 잔 먹기를 물 두 잔 먹기로 늘리는 것이 좋다. 마시는 물은 뜨겁거나 찬물이 아닌 실온이나 미지근한 물이 좋다. 건강의 계단이 한 계단 떨어지는 중년 이후에는 잇몸 염증이나 물이나 음식의 뜨겁고 찬 자극은 성인병 발생과 구강암과 식도암 등의 주요 원인이 된다.

(5) '웃음과 미소 그리고 즐거운 긍정 늘리기'

스트레스는 만병의 원인이다. 그리고 웃음과 미소는 스트레스를 해소하는 명약이다. 중년이 넘으면서 급격하게 줄어드는 것 중 하나가 웃음과 미소이다. 줄어든 웃음과 미소의 자리에는 언제든 질병과 불행이 찾아든다. 밝은 웃음과 미소는 만복을 끌어당기는 하늘이 인간에게 준 최고의 선물이다. 현재 하고 있는 일상의 크고 작은 일들을 즐겁게 실천할 수 있는 능력을 늘려야 한다. 일이 즐거우면 엔돌핀이 발생되어 건강과 행복 충전에 도움이 되고, 그렇지 않으면 피로물질이 쌓여 질병과 불행의 원인이 된다. 만일 하루에 웃을 일이 별로 없다면 웃으며 손뼉치기 운동을 실천하면 된다.

13-3 오계절 건강법-'쓰리'

: 노년기(60±5세), 행복한 건강 장수의 3가지 조건들

강한 자가 이기는 것이 아니라 변화에 적응하는 자가 강한 자이다. 노년기인 60세 전후에는 제3 건강의 계단이 시작된다. 중년보다 면역력이 한 계단 더 떨어지고 본격적인 노화와 퇴행성 질병이 발생한다. 이 시기에는 떨어지는 면역력을 보충하기 위한 몇 가지 특별한 준비가 행복한 건강 장수를 위한 대비책이 될 것이다. 그 특별한 준비는 '한 가지씩 늘리기-한 단계씩 줄이기-유종의 미 거두기' 등 세 가지 방향에서 변화를 추구하는 것이 효과적이다. 목표는 2~3% 정도 발전시키는 것이고, 종목은 아래 설명한 것 중 자신이 원하거나 필요한 것으로 3~5가지 정도면 된다.

만일 이러한 변화와 발전을 하지 않고 건강의 계단을 맞이한다면 예정되어 있는 자신에게 다가올 질병들을 그대로 맞이하게 될 것이다. 하지만 몇 가지를 미리 준비한다면 노화와 질병을 예방하고 다가오는 문제의 산들을 약하게 줄일 수 있을 것이다. 그리고 80±5세에 가장 크게 떨어질 제4 건강의 계단을 대비하여야 한다. 행복한 건강 장수에 대한 준비는 인생의 반환점인 중년부터 시작할수록 유리하다. 삶에 있어서 최종적인 승리는 유종의 미를 거두는 것이다. 건강하고 행복한 그리고 성공적인 삶이란 '건강-행복-성공'의 점수가 높은 사람이다. 그렇다면 항상 미리 준비하고 변화에 적응하여 앞서가는 '건강-행복-성공' 프로가 최종적으로 승리하는 게임이라 할 수 있다.

(1) 한 가지씩 늘리기

→ 감사할 일, 즐겁거나 재미난 일, 맛있는 것, 웃음과 미소…

행복한 건강 장수의 첫 번째 준비는 한 가지씩 늘리는 일이다. 감사할 일, 즐겁거나 재미난 일, 맛있는 것 등을 찾고 늘리는 동안 긍정의 힘이 증진된다. 그래서 힐링과 치유의 사랑 에너지도 높아져서 떨어지는 면역력을 극복하는 데 도움이 된다. 둘레길 걷기, 산책, 전시회, 박물관, 축제, 영화, 음식, 운동, 명상, 취미, 노래, 맛집 순례 등 자신이 좋아하거나 필요한 것을 찾아서 추가하면 된다. 그리고 과로 스트레스를 치유하기 위한 최고의 명약인 웃음과 미소를 늘려야 한다. 즐겁거나 창조적이거나 보람 있는 일이 뇌세포의 퇴화 속도를 줄여 준다. 감사하는 기쁨은 뇌의 퇴화 속도를 줄여 주어 젊음을 유지하는 명약이다. 하늘은 언제나 사랑으로 창조한 자신의 창조물들이 기쁘고 행복하게 살아가기를 바란다.

만일 치아나 잇몸이 약한 사람이라면 골다공증과 관절염 디스크 예방을 위해 한 가지씩 늘리기 항목에 음식을 작게 잘라 천천히 오래 씹는 횟수 늘리기를 추가한다. 본격적인 퇴화가 시작되는 40대에는 치아뿐만 아니라 위와 장 등 내부 장기와 뼈와 관절 등 인체의 모든 부분의 기능도 줄어든다. 그래서 40세부터는 음식을 반으로 자르고 5, 6, 7학년에 올라갈수록 음식을 한 번씩 더 작게 자르고 천천히 오래 씹는 지혜가 필요하다. 30번 이상 씹으면 침의 살균 작용으로 오염과 독소가 제거된다. 신경 예민, 우울증, 치매 등을 예방하기 위해 칼슘 음식(무말랭이, 무청, 뱅어포, 두부 등)을 한 젓가락 더 늘리기를 권장한다. 칼슘은 인체에서 치아와 뼈를 튼튼하게 하고, 혈액의 산성을 중화시키고, 신경 예민을 줄여 주는 중요한 역할을 한다. 그런데 칼슘은 입자가 크기 때문에 작게 잘라서 오래 씹어서 침을 충분히 묻혀 주어야 장에서 쉽게 흡수가 가능하다.

(2) 한 단계씩 줄이기

→ 운동, 일, 과음, 흡연, 과식, 분노, 근심·걱정, 지적·짜증…

행복한 건강 장수의 두 번째 준비는 한 단계씩 줄이는 일이다. 떨어지는 건강과 면역력을 보충하기 위해 과음, 흡연, 과식, 분노, 근심·걱정, 지적·짜증 등을 한 단계씩 줄여 주어야 한다. 일이나 운동을 건강의 계단에 맞추어 줄여야 한다. 60세가 넘으면 그동안 해오던 일이나 운동의 강도 몸과 마음의 퇴화 정도에 따라 조절해야 한다. 그동안에 해오던 일과 운동도 자신의 뼈와 근력에 무리가 갈 수 있다. 노년기의 관절염이나 디스크 등을 예방하기 위해 적절하게 줄이는 지혜가 필요하다. 그리고 몸과 마음에 부정적인 생각과 말, 행동 등을 한 단계씩 줄여야 건강과 행복이 유지될 것이다. 한 번 분노할 때마다 수십만 개의 뇌세포가 줄어든다. 나이 들어갈수록 무언가 나쁜 식생활 습관이나 부정성을 한 가지씩 줄인다는 가벼운 생각으로 즐겁게 실천해 나가는 것이 노화와 질병을 예방하는 지름길이다.

만일 치아나 잇몸이 약한 사람이라면 한 단계씩 줄이기 항목에 추가할 사항이 있다. 잇몸 염증이 심하거나 치아가 흔들리는 풍치가 진행되는 나이가 되면 관절이나 디스크에 무리가 갈 수 있는 특히 타격 운동(골프, 야구, 테니스 등) 시에 강도와 양을 줄여 주어야 한다. 그리고 성인병과 퇴행성 질병이 발생되는 60세 전후로는 구강암과 식도암의 원인인 뜨겁고 찬 음식을 줄여야 한다. 또한, 올바른 양치법과 정기 잇몸 염증 치료로 입속 세균을 줄여 주어야 한다. 장내세균이 인체의 면역력을 결정한다면, 장내세균의 90% 이상은 입속 세균이 들어간 것이다. 입속 세균은 침과 혈관을 타고 이동하여 구강암, 식도암, 췌장암, 대장암 등과 연계되어 있으며, 뇌로 이동하여 치매에도 영향을 준다. 내부 장기의 암이나 염증성 치매를 예방하기 위해 입속 세균을 관리하고 줄이는 것은 행복한 건강 장수의 첫걸음이라 할 수 있다.

(3) 유종의 미 거두기

→ '1일 3선' 실천 공식, 비우고 내려놓기, 삶과 영혼의 숙제 점검…

누구에게나 첫 출발만큼이나 중요한 것이 유종의 미를 거두는 일이다. 내 삶과 운명에 대한 이러한 통찰과 예지력을 갖춘다는 것은 이번 생을 즐기고 사랑하며 멋지게 살아나갈 수 있는 자격증을 갖추는 일이다. 그리고 하늘 은행에 선업을 저축하는 일로써 영혼의 천사를 준비하는 일이기도 하다.

① '1일 3선의 위대한 하루 실천 공식'

'1일 3선의 공식' 은 '하루에 한 번 이상, 내가 먼저 웃으며 친절하게 인사하기-내가 먼저 미소로 감사와 칭찬의 말 전하기-그럼에도 불구하고 화낼 일 넘어서고 용서하기' 이다. 긍정의 언어 습관과 성공적인 대인관계의 실천법이다. 하루에 세 가지 선업을 쌓는다는 생각으로 살아가는 것은 좋은 인성을 만들어 힐링과 치유의 사랑에너지를 높여 준다. 복과 덕을 쌓는 선한 영향력의 하루하루를 살아가다 보면, 어느새 긍정의 사랑 에너지가 증진되고 하늘 은행에 선업으로 저축되어 간다. 그러다 보면 행복한 건강 장수의 방향으로 살아가고 있을 것이다.

'1일 3선의 공식' 은 삶에서도 건강과 행복 그리고 힐링과 치유의 점수를 높이는 탁월한 효과가 발생하고, 영혼에게는 하늘 은행에 선업을 저축하여 용서의 다리를 건너고 하얀 천사를 미리 준비하는 일이 될 것이다. 로마 황제이자 《명상록》의 저자인 마르크스 아우렐리우스는 "신이 있다면 죽는 것도 즐겁지만, 신이 없다면 사는 것도 슬프다."라고 했다.

② 삶과 영혼의 숙제 점검

모든 것은 시작과 끝이 있다. 내 인생의 결실 점검이 필요해진다. 그래야 한 번뿐인 이번 생에서 덜 후회하고 떠나는 나름대로의 의미 있는 인생이 될 것이다. 내 삶과 영혼의 숙제를 얼마나 해결하고 가는지 들여다보는 것이 도움이 될 것이다. 가장 큰 숙제는 첫째, '자신의 부모나 가문 그리고 조상으로부터 내려온 가문의 장점을 조금이라도 더 발전시켰는가?' 이다. 이것은 자신의 태어난 잠재력을 최대로 계발하는 숙제를 해결하는 일이다. 둘째, '물려내려온 가문의 단점을 한 가지라도 개선하였는가?' 이다. 부모나 배우자 또는 자녀 등으로부터 단점이나 개선할 점을 찾으면 된다. 만일 개선하였다면, 부모와 조상이 이웃이나 세상에 진 빚을 갚아드리고 후손을 위해 훌륭한 일을 해낸 것이다.

셋째는, '나는 이번 생에 무엇을 얼마나 어떻게 사랑했고, 그 사랑을 언제 얼마나 어떻게 배달했는가?' 를 점검하는 일이다. 하늘은 사랑으로 창조한 자신의 창조물들이 감사하는 기쁨으로 즐겁게 살아가기를 바란다. 그리고 다른 창조물들을 기쁘고 행복하게 하는 말과 행동으로 이웃 사랑을 실천하기를 바란다. '부드럽고 친절한 미소와 말투 그리고 품격 있고 존중하는 태도와 목소리' 로 사랑

배달을 실천할수록 사랑 에너지가 더욱 높아져 가고 하늘의 편에 줄을 서게 될 것이다. 이번 생에 삶과 영혼의 방문 목적은 '휴양지-수련원-사랑 배달부' 라고 한다.

③ 비우고 내려놓기 훈련법, '행운의 보너스 천사 게임'

행복한 건강 장수를 이루고 유종의 미를 거두기 위해서는 비우고 내려놓는 연습과 훈련이 필요하다. 이 시기에는 건강의 계단이 떨어져 성인병과 퇴행성 질병이 본격적으로 심해지는 시기이다. 질병을 대하는 태도가 긍정적인가 부정적인가에 따라 힐링과 치유의 능력은 수십 배의 차이가 난다. 가정에서도 자녀들의 결혼, 이별이나 사별, 그리고 새로운 만남 등이 발생하게 된다. 직업으로도 퇴직이나 정년 등 삶의 커다란 변화가 찾아온다. 그런데 누구에게나 노화와 질병, 이별과 은퇴 등은 어차피 피할 수 없이 진행되는 것이다. 인간관계든 모든 면에 있어서 비우고 내려놓는 연습과 훈련이 자신의 행복한 건강 장수를 증진시키는 방향으로 살아가게 할 것이다.

60세 이후의 행복한 건강장수를 위한 비우기 내려놓기 훈련법으로 '행운의 보너스 천사 게임' 이 있다. 보너스 천사 게임은 살아가다 자신에게 보너스로 주어진 행운의 선물과 축복을 아무런 조건 없이 주변으로 약간이라도 돌려주는 사랑 나누기 게임이다. 20세기까지는 평균 수명이 60세 이하였다. 그런데 21세기 들어 평균 수명이 급속도로 늘어 80세에 이르고 있고, 머지않아 90~100세에 육

박할 것으로 보고 있다. 그러니 60세 이상의 삶은 20세기 평균 수명이상의 보너스 게임이라 할 수 있다. 그런데 평균 7~10년 이상이 질병으로 고통받거나 약으로 연명되는 기간도 늘어가서 행복한 건장 장수와는 거리가 멀어지는 사람들이 점점 더 늘어가고 있다. '행운의 보너스 천사 게임' 은 건강하고 행복한 삶을 이루기 위해 그리고 암과 치매 등 질병 예방과 노화 방지에 쉽고도 강력한 효과가 있는 실천법이다. '행운의 보너스 천사 게임' 은 평균 60세부터 시작하고 매년 한 가지씩 늘려나가는 게임이다.

21세기부터 매년 내가 받은 행운의 장수 보너스를 매년 주변의 가장 가까운 사람에게 일부라도 나누어 주는 행운의 보너스 나누기 게임이다. 그러므로 가정에서 배우자나 자녀 또는 직장에서 동료나 직원 등 가장 가까운 한 사람 이상을 선택해서 한 가지 보너스를 주는 천사 게임이다. 상대의 단점 한 가지를 내 마음속에서 있는 그대로 인정해서 넘어서거나 또는 용서하거나 허용해 주는 게임이다. 그 인정하거나 용서하고 허용하는 한 가지 종목은 내가 스스로 정하고 행운 나누기를 실천한다. 특정한 사람이나 종목 그리고 허용 범위의 크기와 내용도 상대와는 전혀 상관없이 모든 것은 나 자신이 원하는 대로 결정하면 된다.

가급적이면 자신이 실천 가능한 수준과 범위 이내로 정하는 것이 성공 확률을 높인다. 중간에 실패한다 해도 꾸준히 지속적으로 실천하다 보면 성공하는 날이 늘어갈 것이다. 만일 첫해가 목표만큼의 성공적인 실천이 어려우면 다음 연도에 다시 도전하면 된다. 이 보너스 게임의 규칙은 자신이 실천하지 못한 것에 대한 반성이 아니라, 단 1~2%라도 실천한 것을 스스로 잘했다고 칭찬하며 진행하는 것이 성공의 결정 키가 된다. 만일 매년 한 가지씩 늘려 3년 정도 실천하여 3가지 정도를 넘어설 수 있게 된다면, 그 전과는 전혀 다른 건강하고 행복한 삶이 자신에게 다가와 있는 것을 스스로 느끼게 될 것이다.

보너스 천사 게임의 장점은 첫째, 자신의 행복한 건강 장수의 첫 관문을 통과하는 일이다. 암과 치매 등 질병 예방과 노화 방지에 가장 큰 장애물인, 그동안 용서하지 못한 부정적인 일과 상황을 제거하는 최상급 효과가 발생한다. 둘째는 내게 온 행운의 보너스 사랑 에너지를 내가 먼저 조건 없이 상대에게 제공하는 천사 게임이다. 내가 먼저 주기를 실천한 선한 영향력의 사랑 에너지는 메아리와 거울의 법칙으로 돌아와 서로의 힐링과 치유의 에너지로 확장된다. 셋째는 상대의 단점을 있는 그대로 인정하고 허용하는 선한 영향력을 실천할수록 하늘 은행에 선업이 저축되어 갈 것이다. 그것은 내 영혼이 건널 용서의 다리를 쌓는 것이요, 하늘 은행에 하얀 천사가 되는 적금을 드는 일이기도 하다.

그런데 보너스 천사 게임은 60세가 아니더라도 살아가다 자신에게 특별한 행운, 좋은 만남, 기념할 일 등 축하할 상황이나 사건이 발생했을 때 실천하면 된다. 이른 시기에 실천할수록 건강과 행복 그리고 발전과 풍요의 점수가 높아지고, 삶과 운명의 계단이 한층 더 밝고 향기로워질 것이다. 이 21세기 특별한 천사 게임은 이번 생에 자신과의 승부에서 승리하고 떠나가는 삶의 거듭나기에 성공한 훌륭한 삶과 영혼이 되어 갈 것이다.

21 뉴-하이 3대 건강법 Ⅲ

21 뉴-하이 3대 건강법Ⅲ: 오계절 다이돌핀 건강법 '1-2-3 관문'

- 21 마법의 삶과 기적의 치유, 엔돌핀의 4,000배 '오계절 다이돌핀' -

엔돌핀, 도파민, 세로토닌, 다이돌핀 등 인체의 호르몬들은 몸과 마음의 면역력을 높여 암 등 질병의 치유 효과가 있다. 또한, 스트레스를 해소하는 효과와 삶의 건강과 활력을 증진한다. 그중에서도 다이돌핀이란, 엔돌핀의 4,000배인 기적의 치유 물질로 알려져 있다. 다이돌핀은 엄청나게 큰 감동을 받았거나, 전율하는 희열이나 행복감 등을 느꼈을 때 발생한다고 한다. 그래서 감동 호르몬이라고도 한다. 다이돌핀이 분출되는 순간은 책, 영화, 음악, 미술, 스포츠, 풍경, 사건 등에서 굉장한 감동을 받았을 때, 운명적인 사랑이나 보람 있는 일에 빠졌을 때, 감사하는 기쁨이나 행복으로 희열이 충만 될 때, 알아차림이나 깨달음의 순간 등이다. 그중에서도 새로운 알아차림이나 깨달음의 순간이 가장 강력한 다이돌핀이 분출된다고 한다.

기적의 치유를 발생시켰던 각종 사례를 연구해 왔다. 그중에서 첫 번째는 암 등 불치의 병으로부터 치유된 사람들의 수많은 사례에서 공통점을 찾아서 정리했다. 두 번째는 기적의 치유가 발생했던 종교적인 사건이나 자연 치유 등의 특별한 사례를 수집 분석했다. 세 번째는 질병의 3대 발생 요소와 발병 원인에 따라 면역력 증진과 질병 예방의 공식에 대입했다. 오계절 다이돌핀 건강법으로 질병이 모두 완치된다는 것이 아니다. 기적이란 원래 0.1%대 이하에서 일어나는 특별한 일이기 때문이다. 다이돌핀이 의학적으로 존재의 유무에 대한 논란도 있다. 그렇지만 삶의 학교 오계절 다이돌핀 건강법의 가장 중요한 활용법은 힐링과 치유의 목적만이 아니라 질병을 예방하고 건강하고 행복한 삶을 이루는 데 참고하면 많은 도움이 된다는 점이다.

21세기 들어 암, 치매, 퇴행성, 신경성, 전염성 등 각종 질병들이 급속도로 늘고 있다. 그리고 의학과 수술법, 과학적 치료 기계 발명, 치료약, 인공지능 로봇 수술, 유전자 치료 등도 빠르게 발전하고 있다. 그 결과 조기 발견과 진단 시 치유와 완치율도 점점 높아지고 있다. 만일 암 등 심각한 질병이 걸렸다면 우선 병원의 지시에 따라 정밀한 진단과 치료를 받아야 한다. 그리고 21세기 들어 의학의 발전과 더불어 명상, 기, 자연 치유 등 다양한 연구와 계발도 점점 더 활발해지고 있다. 21세기 행복한 건강 장수를 바란다면, 질병은 언제든 미리 예방하는 것이 가장 중요한 치료이고 건강은 항상 건강할 때 지켜야 한다는 것을 기억해 두어야 한다.

14-1 오계절 다이돌핀 '1 관문': 긍정의 힘과 기적의 치유

(1) 힐링과 치유의 출발점, 회복 의지와 긍정적인 확신

질병은 살아오면서 자신이 스스로 알게 모르게 만들어 온 것이다. 자신의 식생활 습관과 스트레스가 주요 발병 원인이다. 살아오는 동안 몸과 마음에 쌓인 부정이나 단점이 주로 작용하고, 그동안 발전시키지 못한 긍정과 장점에 문제가 발생한 것이라 할 수 있다. 그러므로 일단 질병이 발생했고 치유를 바란다면, 질병이 발생한 시점의 현재의 나보다 무언가 몇 가지를 더 발전시키거나 개선해야 힐링과 치유의 출발점이 될 것이다. 삶의 모든 좋은 것들과 해결책은 언제든 긍정의 주파수로 출발해야 성공할 확률이 높아진다는 점을 항상 기억해 두어야 한다.

무엇보다도 병을 치유하고자 하는 본인의 긍정적인 회복 의지가 가장 중요하다. 자신이 치유되어야만 하는 이유가 확실하게 존재해야 한다. 그래야 자신의 살아온 삶에서 문제점을 찾아 개선하려는 동기 부여와 실천 의지가 발생한다. 그리고 본인이 스스로 변화하려는 회복 의지와 개선하려는 도전 의식이 있어야만 치유 가능성의 문이 열리기 시작하기 때문이다. 그에 더해 나는 반드시 회복될 수 있다고 믿는 긍정적인 확신과 '나도 할 수 있다'는 자신감이 필요하다. 그런데 이루려고 하는 목표가 너무 크거나 멀리 있다고 생각되면 성공 가능성도 그만큼 줄어든다. 생각하고 말하는 대로 운명이 흘러간다. 회복 의지와 긍정적인 자기 확신은 힐링과 치유의 출발점이다.

(2) 건강과 힐링과 치유의 선한 영향력, '웃음과 미소' 5단계

'웃음과 미소'는 건강의 씨앗이므로 힐링과 치유를 바란다면 가장 먼저 점검하고 변화와 발전을 시도해야 할 종목이다. 선한 영향력으로 긍정의 사랑 에너지를 늘려나가는 최고의 명약인 '웃음과 미소'를 5단계로 발전시켜 힐링과 치유의 점수를 높이는 특별한 공식이 있다. 처음에는 1단계로부터 출발해서 점차 단계를 높여나가는 것이 성공의 지름길이다. 건강하고 행복해서 웃기보다는 웃다 보면 건강하고 행복해지는 꿈과 목표를 이루는 것이 가장 쉽고도 강력한 방식이다.

■ 1단계: 좋은 일이나 축하할 때의 웃음과 미소

→ 좋은 일에 축하와 웃음은, 내게도 그런 일을 끌어당기는 출발점이다.

■ 2단계: 일상의 크고 작은 평범함 일에 웃음과 미소

→ 건강과 행복 그리고 발전과 풍요의 단계에 이르는 지름길이다.

■ 3단계: 실패, 질병에서 감사와 교훈을 얻는 '그럼에도 불구하고, 긍정'

→ 내 삶으로 모든 좋은 것을 끌어당기는 전환점인 장애물을 디딤돌로 전환시켜 긍정의 주파수로 진입하게 하는 힐링과 치유의 웃음과 미소

■ 4단계: 선한 영향력으로 영원히 기억되는 미소 천사

→ 누구의 가슴속에 내가 만난 베스트 '원-투-쓰리'로 기억되는 최고의 이웃 사랑 실천의 미소 천사. '21 마법의 삶과 기적의 치유'의 출발점이다.

대표적으로는 염화시중의 미소나 모나리자의 미소처럼 많은 사람의 가슴속에 영원한 감동과 힐링으로 남는 절대 긍정의 미소라 할 수 있다.

■ 5단계: '기쁜 마음, 좋은 감정'의 절대 긍정의 미소

→ '매사에 감사하는 기쁜 마음'과 '모두가 잘되기를 바라는 좋은 감정'의 웃음과 미소이다. 그것은 세상 모두와 자연과 우주 만물 그리고 창조주 등에 대한 긍정과 사랑의 마음으로 감사와 기쁨을 전하는 웃음과 미소이다. 5단계는 정화와 평화를 넘어 절대 긍정의 치유로 진행되는 지름길이다.

(3) 힐링과 치유 그리고 인성의 3관문에 도전

습관이 삶의 계단을 결정한다면 인성은 삶의 질을 결정하는 요소이다. 인성은 습관에 생각과 감정 그리고 경험과 가치관들이 쌓여 형성된다. 그래서 인성을 바꾸는 것은 질병이나 사물을 대하는 생각과 감정, 즉 관점과 시각을 변화시키는 작용을 한다. 인성을 발전시키는 것은 긍정의 사랑 에너지를 높이고 부정과 단점을 개선하는 효과가 발생하여 힐링과 치유의 능력이 강해진다. 예방이나 치료하고자 하는 질병에 따라 단계를 높여 나가면 된다.

인성과 힐링과 치유의 첫 관문은 '나와 상대의 장점을 칭찬하고, 단점을 있는 그대로 받아들이고 존중하기'이다. 나를 사랑하는 공식이기도 하며 힐링과 치유의 차원을 한 단계 높이는 관문이다. 있는 그대로 받아들이는 존중은 배려와 용서의 시작점으로 '마법의 삶과 기적의 치유'의 출발점이다.

두 번째 관문은 '그럼에도 불구하고 긍정'이다. 내 삶으로 다가오는 질병, 역경, 실패 등에서 '감사와 교훈'을 찾을 수 있는 훌륭한 능력이다. 살아가다 보면 다가오는 각종 장애물들을 디딤돌로 바꿀 수 있는 최상위 긍정의 전환 장치가 '그럼에도 불구하고, 긍정'이다.

세 번째 관문은 '덕분에-이루어 감사'이다. 내 삶으로 다가오는 모든 것과 이루어지는 모든 것에 감사하는 능력이다. 그것은 매사에 감사하는 기쁜 마음과 모두가 잘되기를 바라는 좋은 감정으로 살아가는 일이다. 사랑은 감사로 시작해서 용서로 완성되고 '덕분에-이루어 감사'로 초월이 된다. '비우고 내려놓기'를 통해 절대 긍정이자 초월의 단계에 진입하여 삶의 다이돌핀을 분출시켜 나가는 방식이다.

14-2 오계절 다이돌핀 '2관문': 좋은 습관과 기적의 치유

(1) '삼위일체 건강법'과 '오계절 건강법'에서 부족한 부분 개선하기

다이돌핀이 분출되는 좋은 습관이란, 질병의 원인이 되었던 자신의 부족했거나 부적절한 식생활 습관을 몇 가지 개선하는 것을 의미한다. 만일 질병에 걸려서 치유나 회복을 바란다면 일단 건강을 지키는 기본에서 벗어난 부분을 찾아서 개선해야 한다. 그러려면 우선 건강 프로이자 우등생을 달성하는 21세기 건강 정보를 참고로 해야 한다. 문제 해결의 기준점이자 건강 프로 달성 정보 첫 번째는 건강과 치유의 가장 기본 필수 사항인 21세기 건강 정보인 '삼위일체 상-중-하 건강법'을 점검하여 부족한 단점을 한두 가지 개선하거나 장점을 하나둘 발전시키면 된다. 두 번째는 중년과 노년의 건강의 계단에 따른 대비책이자 행복한 건강 장수의 황금 키인 '오계절 원-투-쓰리 건강법'을 점검하고, 부족한 문제점을 한두 가지 보충하거나 개선하면 된다.

세 번째는 건강 프로 달성의 21세기 특별한 장애물들을 제거해야 한다. 특히 21세기는 과식으로 인한 비만이 질병의 주요 원인이 되고 있다. 건강 체중 유지와 소식하는 습관이 필요하다. 질병이 걸렸다면 일단 표준 몸무게를 찾는 것으로부터 질병의 치유를 시작하는 것이 가장 좋은 방식이다. 몸무게가 표준 체중으로 환원되면 질병의 대표적인 원인이 제거되는 힐링과 치유의 효과가 발생한다.

그리고 스마트폰과 컴퓨터 사용 증가로 인해 유해 전자파에 과잉 노출되고 있으며, 사용 시 바른 자세에도 특별한 주의가 필요해졌다. 과잉 노출 전자파에 의한 질병의 발생은 정도에 따라 10~30년 후에 발생할 것이다. 그러므로 과음, 흡연처럼 지금 괜찮다고 정말 끝까지 괜찮은 것이 아니라는 점을 항상 기억해 두어야 한다. 그런데 술, 담배, 도박 등에 대한 중독이 몸과 마음의 건강에 해롭다는 것을 알고는 있지만, 전자파 중독은 그러한 해롭다는 생각마저 없다는 것이 나중에 더 큰 문제를 발생하게 할 것이다.

또 한 가지는 오염과 독소 제거의 비책인 '30번 이상 천천히 오래 씹기'이다. 환경오염의 증가로 각종 먹거리가 농약, 항생제, 방부제 등으로 오염되어 있다. 입안의 침은 오염과 독소를 줄이는 최고의 명약이다. 그러므로 만일 질병이 걸렸다면 평균 30번 이상 육류나 질긴 음식은 40~50번 정도 씹어서 오염과 독소를 줄여서 위와 장에 염증 발생과 혈액의 탁함을 줄이는 것이 질병 치유와 행복한 건강 장수의 식생활 습관이다.

(2) 행운을 끌어당기는 감동 영향력, '목소리와 말투' 5단계

'목소리와 말투'는 '웃음과 미소'와 더불어 힐링과 치유의 사랑에너지의 가장 큰 확장 키이다. 사람이 진정으로 바뀌거나 삶의 계단이 달라지면 목소리와 말투가 바뀐 것으로 확인을 할 수 있다. 행운을 끌어당기는 감동 영향력을 발휘하는 '목소리와 말투 5단계'가 있다. 알아차림과 깨달음의 경지나 삶의 계단과 질이 높아져서 목소리와 말투가 바뀌는 것은 훌륭한 일이다. 그런데 웃다 보면 건강과 행복이 다가서듯이 '목소리와 말투'를 미리 바꾸어 삶과 운명 그리고 힐링과 치유의 점수를 최대로 높이는 것은 자신의 일생에서 가장 잘한 선택이자 위대한 결정이 될 것이다.

■ 1단계: 밝고 상냥한 목소리와 말투

→ 내 삶으로 모든 좋은 것들을 끌어당기는 긍정의 주파수로 전환된다.

■ 2단계: 부드럽고 친절한 목소리와 말투

→ 존중과 배려의 마음으로 실천할수록 힐링과 치유의 효과가 높아진다.

■ 3단계: 부드럽고 친절한 미소와 말투, 품격 있고 존중하는 태도와 목소리

→ 목소리와 말투에 웃음과 미소를 추가하여 고객 감동의 공식으로 발전시킨다. 힐링과 치유 효과가 수직으로 상승된다.

■ 4단계: 누구가의 가슴속에 영원히 기억되는, 감동 천사

→ 내가 만난 특별한 사람 베스트 '원-투-쓰리'로 기억되는 이웃 사랑 실천으로, 감동 천사의 영향력을 발휘하는 단계로, 마법의 삶과 기적의 치유의 효과가 발생한다.

■ 5단계: 삶의 등불이 되고 있는 깨달음의 목소리와 말투

→ 인류의 가슴속에 감동 영향력으로 영원히 남아 있는 명언, 말씀 등으로 삶의 등불이 되고 있는 정화와 평화의 목소리와 말투이다. 내 삶에 좌우명이자 이정표로 삼을 수 있는 명언이나 말씀을 몇 가지 외우고 항상 되새기면 그것이 삶의 방향성을 이끌어가게 될 것이다. 삶의 진리와 자연과 우주만물 그리고 창조주 등에 대한 알아차림과 깨달음의 단계이다. 마법의 삶과 기적의 치유의 경지에 이르는 삶이다.

(3) 삶의 다이돌핀 발생의 특별한 알아차림과 깨달음들

삶의 다이돌핀의 분출은 주로 알아차림과 깨달음으로 분출한다. 그런데 삶에 대한 새로운 시각과 관점을 갖게 하는 알아차림과 깨달음은 일상의 작고 사소한 생각과 행동의 변화로부터 출발한다. 질병의 치유를 바란다면, 긍정과 장점을 기르는 것도 필요하지만 부정과 단점을 줄이는 것이 더 큰 영향을 미치게 된다. 질병은 부정과 단점에 의해 주로 발생하기 때문이다. 그러므로 분노, 불평, 짜증, 욕심 등을 한 번, 두 번, 세 번씩 더 절제하고 즐거이 넘어서는 비우고 내려놓기 훈련법인 '오뚝이 절제 고개 3번 넘기' 훈련과 실천이 힐링과 치유의 출발점이 될 수 있다. 그것은 힐링과 치유뿐만이 아니라 삶과 운명인 '건강-행복-성공'의 점수를 우등생 수준으로 높이는 데 절제와 용서는 항상 필수조건으로 작용하고 있다.

사람이 한 번에 다른 사람이 되는 경우는 드물다. 기적의 치유 다이돌핀도 일상의 삶의 패턴과 방식 그리고 시각과 관점을 조금씩 바꾸기 시작하는 것으로 출발하고 진행하여야 한다. '세 가지 잘못'에 대한 부처의 말씀을 기억하는 것도 알아차림에 도움이 될 것이다. 부처는 어떠한 경우에도 항상 염화시중의 미소를 짓고 있었다. 제자들이 "스승님은 어떻게 화를 내지 않고 항상 모든 것을 웃으며 넘어가실 수 있습니까?"라고 질문했다. 그러자 부처는 "만일 상대가 화를 냈을 때, 내가 화를 낸다면 세 가지 잘못을 하는 것이다. 상대처럼 똑같이 화를 냈으므로 그것이 첫 번째 잘못이요, 내가 참지 못했으므로 내 자신이 더 발전할 수 있는 기회를 놓친 것이 두 번째 잘못이요, 내가 화를 냈으므로 주변과 세상 모두를 오염시킨 것이 세 번째 잘못이다."라고 답을 하였다. 여기에서 우리는 무엇을 어떻게 해야 할지 해답을 얻을 수 있을 것이다.

살아가다 치료되기 어려운 큰 질병이나 벗어날 수 없는 역경에 처

했다면 우선 질병과 역경의 원인으로 작용한 자신의 부정과 단점을 찾아야 한다. 그런데 질병과 불행의 핵심 요인으로 작용하고 있는 부정과 단점은 나 자신보다 다른 사람들 눈에 더 잘 보이는 특성이 존재한다. 그러므로 살아오는 동안 가까운 주변의 다른 사람들로부터 가장 많이 지적이나 비난을 받았거나 상대가 내게 크게 화를 냈던 상황들 속에 들어 있을 것이다. 또는 내가 주변 사람들에게 가장 자주 했던 지적이나 짜증 그리고 크게 화를 낸 사건들 속에 들어 있을 확률이 높다. 그러니 자신의 인풋이나 아웃풋을 자세히 들여다보고 점검한다면, 힐링과 치유를 위해 개선해야 할 필요성이 있는 자신의 부정이나 단점을 찾을 수 있을 것이다. 자신에게 다가온 크고 작은 문제가 무엇인지 안다고 해서 모든 것이 해결되지는 않겠지만, 문제의 원인을 모른다면 어떠한 것도 해결될 가능성이 없을 것이다. 어쩌면 내게 다가온 부정적인 사람이나 문제의 상황이라고 생각했던 일들은 하늘의 부탁으로 내 삶의 각종 크고 작은 장애물을 디딤돌로 만들어 주는 '마법의 비상 키'를 전달하러 온 특별한 훈련 조교나 사랑 배달부들이라는 것을 알아차리고 깨달아야 한다.

생로병사도 하늘의 사랑이라 한다. 창조주 하늘이 사랑으로 창조했다는 것을 믿거나 인정하는 것이 오계절 다이돌핀 분출의 확률을 높인다. 여기서 창조주 하늘은 특정 종교를 떠나 누구나 자신이 믿는 절대자이면 된다. 그래야 우리에게 주어진 모든 것이 사랑으로 주어지고 이루어진 것이라는 것을 인정하기 쉬워진다. 하늘은 우리가 이겨내지 못할 역경은 결코 주지 않는다고 한다. 그것을 믿는다면 실패, 질병, 역경 등에서도 감사와 교훈을 얻기가 쉬워질 것이다. 내 삶으로 다가오는 크고 작은 문제의 산들이 나의 단점과 부정성을 줄여주거나 발전과 풍요를 위한 '감사와 교훈의 안경 쓰기 하늘의 훈련법'이라는 생각과 알아차림도 가능해질 것이다.

이러한 경지가 되면, 하늘에게 주로 무언가를 해달라고 하던 기도를 넘어서서 나 자신이 '더 잘해 드리지 못해서 미안합니다. 사랑해서 미안합니다.'라는 진정한 감사의 기도가 가능해질 것이다. 이것은 '매사에 감사하는 기쁜 마음과 모두가 잘되기를 바라는 좋은 감정'으로 살아가는 것으로, 절대 긍정이자 절대 사랑의 경지에 접근하는 일로써 감동의 호르몬인 삶의 다이돌핀에 한 걸음 더 다가서게 할 것이다. 물론 이번 생에 도저히 이해나 용서가 안 되는 경우도 있을 것이다. 그것은 자신의 남겨진 나머지 삶의 건강과 행복을 위해 훗날 영혼이 되어 알아보기로 미루어 두어야 한다. 인류의 짧은 역사로는 우리가 하늘의 뜻이나 자연과 우주 만물의 예외 법칙을 다 알 수는 없는 일이다.

14-3 오계절 다이돌핀 '3관문': 기적의 치유의 특별한 조건들

(1) 모든 것은 100% 나의 책임이다.

암이 걸린 후 남을 탓하거나 부정적인 상황이나 조건 탓으로 돌린다면 스트레스가 늘어 치유의 가능성이 희박해진다. 100% 나의 책임으로 있는 그대로 받아들이고 인정하는 긍정의 마인드가 치유의 첫 번째 관문을 넘어서는 것이다. 여기서 내 탓이란, 전적으로 나의 잘못이라는 부정의 주파수나 터널을 뜻하는 것이 아니라, 내 안에서 문제점을 찾아서 해결하거나 발전시킨다는 긍정의 주파수를 의미한다.

만일 상대나 주변 상황에 문제 발생의 원인이 있다 하더라도 그것은 언제 바뀌거나 개선될지 모르는 일이다. 그러므로 내가 먼저 변화하고 바뀌는 것으로 진행해야 그 문제가 해결될 가능성이 존재할 것이다. 브라이언 트레이시는 "내 인생에 대한 책임은 나에게 있다. 내 행복에 대한 책임도 내게 있다. 그렇게 말하기 전까지, 그 족쇄는 결코 풀리지 않는다."라고 했다. 건강과 성공도 마찬가지다.

모든 것은 마음먹기에 달렸다. 암 등 각종 질병은 자신의 부정적인 마인드와 부적절한 식생활 습관 등이 원인이 되어 발생한다. 누군가가 스트레스를 주었더라도 내가 받지 않았으면 되는 것이고, 실패, 질병, 역경도 더 잘되기 위한 교훈이나 발전의 밑거름으로 여겼다면 스트레스를 줄일 수 있었을 것이다. 부처는 "모든 문제에 대한 답은 항상 자신의 내면에 가지고 있다. 언제나 내 안에서 해결책을 찾아야 한다."라고 했다.

(2) 진심으로 암과 하늘에 고마워하기

암 등 질병은 나를 사랑하는 창조주가 내린 사랑의 선물이다. 두 번째 관문은 암과 하늘에게 다시 한번 기회를 주셔서 감사하다는 마음을 전하는 것이다. 질병은 자신의 더 발전되고 나은 건강과 행복한 미래를 위해 자신의 마인드나 식생활 습관을 개선할 기회를 제공하는 것이다. 그리고 실제로도 암은 나 자신의 목숨을 살리기 위한 내 몸의 최후의 방어 수단이다. 즉 내 몸과 마음의 상태가 악화되어 마지막 단계인 건강과 안전의 최종 임계점을 넘어서면, 인체의 마지막 자정 작용으로 독소, 오염 물질, 활성산소 등 나쁜 물질들을 한데 모아 가두어 놓은 것이 암이라는 것으로 밝혀지고 있다.

그런데도 자신에게 한 번 더 발전하거나 치유되어 살 기회를 준 하늘을 원망하거나 암을 미워하면 점점 더 악화된다. 지금까지 살아오는 동안의 자신의 부정적인 마인드와 식생활 습관을 개선할 기회로 여기고 최선을 다해 노력하고 진심으로 감사하게 될 때 기적의 치유가 일어나게 된다. 삶에서 부정적인 것일수록 그것을 나쁘게 생각하거나 부정적인 말로 대하면 더욱 성이 나고 커진다. 그러므로 진정 자신의 건강하고 행복한 삶을 바란다면, 다가오는 문제들에 대해 조금은 더 지혜롭게 대처할 필요성이 존재한다.

(3) 암도 칭찬하면 이길 수 있다.

화초에 사랑과 감사의 물을 주면 잘 자란다. 그리고 칭찬과 감동의 물을 주면 더욱더 잘 자라게 된다. 개나 고양이 등 애완동물도 마찬가지다. 우주 만물은 알고 모르는 사랑 에너지로 가늘고 굵게 연결되어 있다. 칭찬은 나와 상대의 사랑 에너지를 최대로 확장하는 필수 긍정 습관이다. "칭찬은 고래도 춤추게 한다."라는 말이 있듯이, 우리의 삶에 있어서 칭찬의 효과는 대단할 정도를 지나 암의 치유 등에 있어서도 경이로운 효과를 거둘 수도 있다. 처음에는 쉽지 않겠지만 암을 보면서 생각을 전환하여 내게 한 번 더 살 기회를 제공해 준 암에게 "너는 내생명의 은인이야. 감사해요!"또는 "너는 내 세포 중에 가장 특별한 부분에서 1등이야, 고마워!"라고 칭찬의 말을 전하는 것이다. 아나스 로에일은 "작지만 '고맙다'라는 말에는 마법이 들어 있다."라고 했다.

과연 암이든 동식물이든 아니면 신이든 '1등'이라는데 싫어하는 우주 만물이 있겠는가? 모든 우주 만물은 믿어 주는 대로 칭찬받은 대로 잘하고 싶을 것이다. 암마저도 신경과 혈관이 있는 세포이므로 그리고 아마도 태어나서 거의 들어본 적이 없는 칭찬이었기에 더욱 크게 감동할 것이다. 그동안 주인을 괴롭힌다고만 생각해 왔던 암은 '암은 좋은 것이다'라는 자신을 진정으로 알아주는 칭찬을 받은 것에 감동을 하게 되고, 그것은 치유의 효과로 나타나게 되는 것이다. 이것이 암에게 '칭찬의 물'을 줌으로써 감동을 느끼게 해서 치유를 유도하는 특별한 '감동의 물 주기' 방식이다. 이러한 생각과 말을 하는 것이 기적의 치유 물질인 삶의 다이돌핀을 분출하기 위한 필수 조건인 마음을 비우거나 절대 긍정의 상태로 전환시키는 데 도움을 줄 수 있다는 것이다.

아인슈타인은 우리에게 살아가다 고난이나 어려운 상황에 빠졌을 때는 "문제가 발생한 시점에서 그것을 해결하려고 하면 절대 불가능하다. 중요한 것은 관점의 전환이다. 문제를 바라보는 관점을 전환시키면 고난 가운데 기회가 보일 것이다."라는 중요한 해결책을 제시하고 있다.

<글을 마치며 : 사랑배달부의 바람과 기도>

이 책을 끝까지 읽어 준 특별한 행운의 독자들에게 감사드린다. 이 책은 21세기의 백년전쟁의 절정기인 '생존과 번영의 프로 시대'(2050~2100년)와 그 이후를 살아가야 하는 22세기 후손들을 위해 50년(1976~2026) 세월 동안 기획되고 사랑과 열정으로 준비하였다. 그 새로운 생존과 번영의 공식으로, '21삶의 건강-행복-성공 프로 달성과 명품화에 도전'이라는 특별한 방식을 채택하였다.

총 1~3권의 시리즈로 출간될 책들이 5차 산업혁명 기간 동안 진행될 로봇과 인간의 공존 시대이라는 지각 변동의 시대에 자신과 가정 그리고 소중한 후손들의 '건강-행복-성공'의 안전선 통과에 조금이라도 도움을 줄 수 있기 바란다. 또한 급변하고 예측 불허의 위기와 기회의 경쟁 시대를 살아가고 있는 이 시대의 사람들에게 작은 비상구나 해결책이라는 희망의 촛불을 전하는 일이 될 수 있기를 바란다.

21세기 백년 전쟁이 마무리 되었을 때, [21세기 청소년들의 베스트 멘토 '원-투-쓰리']로 불리는 것을 목표로 최선을 다해 왔다. 먼 훗날, 이 책이 누군가 한 사람에게라도 자신과 가족의 삶과 운명을 변화시킨 [내 일생의 베스트 북 '원-투-쓰리']로 선정될 수 있기를 기대해 본다. 이 모든 일들이 조상과 나라를 빛내고, 인류를 위한 창조주 하늘의 사랑을 배달하는 일이 될 수 있기를 기도한다.

2023년 3월, 사랑배달부 박금출

습관을 고치는 것은 쉬운일이다

1판 1쇄 인쇄 2023년 3월 15일
1판 1쇄 발행 2023년 3월 25일
1판 2쇄 발행 2023년 5월 25일

지은이 | 박금출
펴낸이 | 박정태
편집이사 | 이명수
출판기획 | 정하경
편집부 | 김동서, 전상은, 김지희
마케팅 | 박명준
온라인마케팅 | 박용대
경영지원 | 최윤숙, 박두리

펴낸곳 BOOK STAR
출판등록 2006. 9. 8. 제 313-2006-000198 호
주소 파주시 파주출판문화도시 광인사길 161 광문각 B/D 4F
전화 031)955-8787
팩스 031)955-3730
E-mail kwangmk7@hanmail.net
홈페이지 www.kwangmoonkag.co.kr

ISBN 979-11-88768-65-3 03190
가격 20,000원